죽으면 다 끝나는가?

죽으면 다 끝나는가?

| 삶, 죽음에 길을 묻다 |

W i l l i t b e o v e r w h e n I d i e ?

오진탁 지음

자유문고

서문

미국 예일대의 셜리 케이건(Shelly Kagan)이 1995년부터 시작한 철학 강의 'DEATH'는 아이비리그를 대표하는 3대 명강으로 꼽힌다. 『죽음이란 무엇인가』에서 그는 주장한다. "죽음은 육신을 파괴하지만 그 이후에도 계속 살아남을 수 있다고 말하는 사람이 있다. 하지만 이 책에서 나는 영혼은 없다고 주장한다. 나는 죽음을 바라보는 이와 같은 견해가 잘못되었다는 것을 보여주겠다." 과연 그럴 수 있을까? 케이건은 이 말에 책임을 질 수 있을까?

철학 교수인 그는 죽음을 직접 체험하지 못했으며, 또 책 속에 적혀 있는 죽음만 알고 있을 뿐 죽음과 직접 연결된 연구를 진행하지 못했으므로, 죽음을 얼마나 알고 있는지 의심스럽다. 더구나 철학 문헌은 죽음을 다양하게 말하고 있어서 갈피를 잡기 힘들다. 이처럼 문헌과 이론을 중심으로 하는 연구는 죽음 현장과 괴리될 수밖에 없다. 죽음을 잘 아는 것처럼 말하는 케이건, 그러나 놀랍게도 그는 여러 번 죽음을 모른다고 솔직하게 말하고 있다.

"물론 우리는 죽음을 알지 못한다."
"육체적 죽음 이후에 나는 계속해서 존재할까? 우리는 이 질문에 대해 정답을 갖고 있지 않다. 비물질적인 존재들이 어떻게 움직이는지에 대해서 나는 아는 바가 없다."

죽음을 모르면서 왜 영혼은 없다고 단정적으로 말하는가? 케이
건은 자기 말에 책임을 져야 할 것이다. 케이건처럼 대다수 사람들
은 죽음을 충분히 알지 못하면서, 마치 잘 아는 것처럼 '죽으면 다
끝난다'고 섣부르게 단정하다가, 죽은 뒤 끝이 아니라면 얼마나 당
황하게 될까? 죽음을 모르면서 잘 아는 것처럼 말하는 대신, 차라
리 죽음을 모른다고 하는 것이 현명하지 않을까?

죽음 문제를 연구함에 있어서 문헌 중심의 이론 연구는 분명히
한계가 있다. '책 속의 죽음'에 불과하기 때문이다. '생사학'은 책에
적혀 있는 죽음이 아니라 죽음에 최대한 접근하는 것을 모색한다.
실제 죽음과 무관한 '책 속의 죽음'이 무슨 의미가 있겠는가? '책 속
에 제시된 죽음'은 책 속에만 있는 것이다. 필자가 죽음을 연구하면
서 철학은 접어두고 생사학에 초점을 맞추고 있는 것도 '박제된 죽
음'이 아니라 '죽음의 실제'에 접근하기 위함이었다. 케이건은 철학
교수이지 생사학 전문가는 아니다.

생사학은 아직 우리 사회에 생소한 분야이지만, 생사학은 삶
에만 치우치기를 거부하고 죽음에 편향되는 것 역시 배척한다.
삶과 죽음의 균형, 정상적인 관계를 모색한다. 'Thanatology'는
'Thanato'(죽음)+'Logos'(이성, 학문), 우리말로 '죽음학'을 뜻한다.
하지만 생사학은 영어로 'Life and Death – Studies', '삶과 죽음에

6

대한 연구'를 뜻하므로, 죽음에만 초점을 맞추지 않는다. 또한 필자가 미국의 퀴블러-로스에 주목하는 것은, 그가 의사임에도 불구하고 1960년대 미국 시카고의 병원에서 적절한 보살핌을 받지 못한 채 병원 구석에서 임종 앞둔 말기환자를 직접 보살피면서 죽음 연구에 헌신했기 때문이다.

죽음을 30여 년간 연구하다 보니까, 죽음 문제의 핵심은 바로 다음에 있었다. "죽음, 삶의 끝인가? 새로운 시작인가?" "죽으면 다 끝나니까, 자살하면 고통도 없어지는 게 아닌가?" 죽음은 눈에 잡히지도 않고 체험할 수도 없으므로, 우리는 죽음의 문턱을 넘어가기 쉽지 않다. 그래서 생사학 연구와 함께 field work 작업을 진행하면서, 죽음과 자살 관련 영상자료를 통해 체험교육을 실시하기 위해 지난 30여 년간 약 3천GB를 수집했다. 또 다큐멘터리를 촬영해 "죽음, 끝이 아니다"는 증거를 화면으로 직접 보여주기도 했다.

필자는 1997년부터 대학생을 대상으로 생사학을 가르치면서, 죽음과 자살에 관련된 동영상을 보여주었더니, 수강생들이 크게 바뀌고 있다. 자살을 시도했거나 우울증에 걸렸던 대학생들이 왜 바뀌게 되었는지, 어떻게 바뀌었는지, 직접 자발적으로 증언하는 영상을 유튜브에서 직접 보고 들을 수 있다. 무언가 힘든 일이 있어서 우울한 경험이 있거나 지금 그런 아픔이 있는 학생, 혹은 자살을 시도했거나 지금 그런 고민을 하고 있는 학생, 그리고 죽으면 다 끝난다고 생각하는 학생들은 「죽음의 철학적 접근」(인터넷 강좌)을 수강하라고 한림대에서 공개적으로 말하고 있다.

　최근 우리 사회에는 연명의료 중단, 안락사, 존엄한 죽음, 웰다잉, 그리고 자살문제 등 죽음과 관련된 다양한 현상이 주목받고 있다. 죽음을 어떻게 이해하느냐 여부에 따라 거부감이나 터부를 야기하므로, 죽음 이해는 중요한 의미를 지닌다. 우리가 잘 의식하지 못하지만, 뇌사와 심폐사처럼 죽음을 육체 중심으로 이해함으로써 많은 문제가 일어나고 있다. 의료현장에서 치료는 육체 기능의 유지와 개선에 초점을 맞추는 방식으로 전개되었고, 과학으로 설명하기 어려운 죽음 현상은 자연히 주변부로 밀려나게 되었다. 죽음은 삶의 자연스러운 과정임에도 불구하고 아무 준비 없이 죽음을 맞게 되니까, 죽음은 절망, 두려움과 동의어로 인식되고 있다.

　육체 중심의 죽음 이해에서 벗어나지 못하면 우리 사회의 죽음 이해는 성숙할 수 없고, 죽음의 질뿐 아니라 삶의 질 역시 향상될 수 없으며, 사회는 세속적·물질적 가치 추구에서 벗어날 수 없다. 죽음을 어떻게 이해하느냐 하는 문제는, 우리가 자기 자신을 어떻게 이해하고 어떤 삶을 영위하느냐 하는 문제와 직결된다. 죽음은 우리가 몇십 년 뒤 죽을 때 비로소 문제되는 것으로 착각하지만, 죽음 이해는 자기 자신에 대한 이해, 자기가 삶을 영위하는 방식과 밀접한 관련이 있다. 우리 사회가 죽음을 육체 중심으로 이해한다는 말은 우리가 자기 자신을 육체 중심으로 이해하고 삶을 살아가고 있다는 뜻이다.

그래서 인도 출신 디팩 쵸프라는 다음과 같이 말한다. "의식 영역을 보다 확장시켜야 우리 자신뿐만 아니라 죽음을 잘 이해할 수 있다. 그렇지 않고서는 우리 자신과 죽음을 제대로 이해할 수 없다." 티벳의 소걀 린포체도 "죽은 이후 영혼이 있느냐 없느냐 하는 문제는 증명이나 논증의 문제라기보다, 지금 이 삶에서 자기 자신과 인간 존재를 얼마나 깊이 있게 이해하느냐 여부에 달려 있다"고 말한다.

따라서 죽음을 묻기 전에 먼저 '나는 누구인가? 나는 육체만의 존재인가?'를 묻는 게 순서가 아닐까? 죽음 이해는 A가 B를 어떻게 설득하느냐 하는 문제가 아니다. 자기가 자신을 어떻게 이해하는가, 자기가 자신을 바라보는 관점이 문제라는 뜻이다. 그러므로 나는 육체만의 존재인가? 죽으면 나는 어디 있는가? 죽으면 다 끝나는가? 새로운 시작인가? 나는 죽음을 얼마나 알고 있는가? 이런 질문을 끊임없이 자기 자신에게 던져야 한다.

세계보건기구에서 호스피스 돌봄은 육체적, 사회적, 심리적 보살핌과 함께 영적 보살핌이라고 분명히 규정하고 있듯이, 인간의 죽음은 뇌사나 심폐사처럼 죽음 판정의 육체적 기준만으로 충분할 수 없고 의학적 접근만으로는 부족하다.

이 책에서 필자는 현대 사회는 죽음을 어떻게 이해하는지, 생사학은 죽음을 어떻게 이해하는지, 그리고 죽음 이해의 차이점과 문제점은 무엇인지 등을 5가지 질문을 통해 분명하게 드러내고자 한다. 현대인은 (1) 육체 중심으로 죽음을 이해하므로, (2) 죽으면 다 끝나고, (3) 영혼을 부정하고, (4) 죽음을 두려움이나 절망으로 간주하며, (5) 이런 죽음 이해가 현대 사회에 널리 퍼져 있다. 그러나 생사학은 (1) 인간존재를 육체만으로 이해하지 않으므로, (2) 죽는다고 다 끝나는 게 아니고, (3) 영혼을 부정하지 않고, (4) 죽으면 다른 세상으로 떠나므로 죽음을 절망이나 두려움으로 여기지 않는다. (5) 하지만 죽음을 이렇게 이해하면서 삶을 살다가 죽음이 찾아오면 편안히 떠나는 사람, 주위에서 찾아보기 쉽지 않다.

우리가 죽음을 받아들이지 못한다는 말은, 이 삶을 전부로 안다는 뜻이다. 그래서 사는 동안만이 아니라 죽는 순간, 죽음 이후에도 육체 중심의 죽음 이해와 세속적인 가치관에서 벗어나지 못하게 되는 것이다. 삶을 전부로 아니까 죽어도 이 세상을 떠나지 못하는 등 값비싼 대가를 치르게 된다. 우리는 죽어야만 하는 인간의 한계, 세속의 울타리와 육신의 감옥에 갇혀버리고 만다.

생사학의 관점에서 보면, 자살 현상의 근저에는 '죽음에 대한 잘못된 인식'이 자리하고 있다. 죽음 문제에 비하면 자살문제는 그야말로 빙산의 일각에 불과할 뿐이다. 바닷물 아래에 잠겨서 우리 시야에는 잘 잡히지 않지만, 자살 현상의 몸체에는 우리나라 사람들이 죽음을 맞이하는 방식에 문제가 도사리고 있다. 죽음 이해와 임종을 맞이하는 방식에 문제가 많다 보니 결과적으로 자살이 자주 일어나는 것일 뿐이다.

왜냐하면, 사람들은 '죽으면 다 끝나니까 고통 역시 사라진다'고 생각하기 때문이다. 따라서 자살을 효과적으로 예방하기 위해서는, 자살 자체에 초점을 맞추기보다는 수면 아래 숨어 있는 죽음에 대한 오해와 편견, 불행한 죽음 방식을 심층적으로 재검토하고 새로운 방향을 모색해야 한다. 눈앞에 보이는 자살만 문제 삼고 올바른 죽음 방식을 일깨우는 데 관심을 쏟지 않는다면, 우리 사회에서 자살문제는 결코 줄어들지 않을 것이다.

J양은 자살을 두 번이나 시도했으며, 주변에 자살자가 세 명 있었다. 수업을 듣기 전에는 '자살은 용기 있는 선택'이라 생각했다. 그러나 수업을 다 듣고 나서 생각이 바뀌었다. 수업을 듣기 전에는 고통스러운 현실에서 벗어나리라는 기대감으로 자살을 시도했다. 수업을 듣고서는 자신의 어리석음에 소름이 끼친다고 했다.

우리 사회에 효과적인 자살 예방법이 없는 것은, 죽음과 자살에 대한 충분한 이해 없이 위기대응 위주로 자살 예방을 진행해 왔기 때문이다. 자살의 개인적 원인과 사회문제 해결을 통한 자살 예방은 사실상 불가능하지만, 생사학의 치유 효과가 제시하듯이, 죽는다고 다 끝나는 게 아니고 또 자살한다고 고통이 없어지지 않는다는 사실, 다시 말해 죽음을 정확하게 가르침으로써 자살을 효과적으로 예방할 수 있다.

학교와 사회에서, 첫째 죽음은 무엇을 의미하는지, 둘째 자살한다고 고통이 왜 해결될 수 없는지, 셋째 삶을 어떻게 영위해야 하

고, 넷째 삶을 아름답게 마무리하기 위해서는 죽음을 어떻게 준비
해야 하고 어떻게 죽어야 하는지, 하나하나 차분히 가르치는 게 바
로 삶의 기본 교육이자, 죽음 준비 교육이다.

2020년 9월
춘천 봉의산에서
오진탁 손모음

제1부 현대인의 죽음 오해

제2부 생사학의 죽음 이해

제3부 자살자의 죽음 오해

제4부 생사학의 치유 효과

제5부 아름다운 마무리를 위한 수행

제1부

현대인의 죽음 오해

1장

우리 사회 죽음 문화의 현주소

＼

우리 사회가 죽음을 어떻게 이해하고 있는지 질문을 제기해본 적이 있는가? 아니, 나는 죽음을 어떻게 이해하고 있는지 자신에게 진지하게 물어본 적이 있는가? 죽음을 정확하게 이해하지 않고 삶을 제대로 살 수 있을까? 죽음을 정확하게 이해하지 않고 인간을 제대로 이해할 수 있을까? 죽음을 바르게 이해하지 못하면서 자기 자신을 제대로 이해할 수 있을까? 1996년 12월 12일 우리나라가 경제협력개발기구에 29번째 회원국으로 가입한 지 25년이 훌쩍 지났다. 세계10위 권의 중견국가로서 지위를 확보한 상황에서, 이제 우리 사회는 죽음을 어떻게 이해하고 있는지, 나는 죽음을 어떻게 받아들이고 있는지 차분히 질문을 던져 우리 사회 죽음 이해의 현주소를 점검해볼 때가 되었다.

의료현장에서의 치료는 육체 기능의 유지와 개선에 초점을 맞추는 방식으로 전개되어 왔고, 학교의 교육 과정에서는 과학적 사고가 교육의 핵심 내용으로 자리 잡으면서 과학의 패러다임으로 설명하기 어려운 죽음 현상은 자연히 주변부로 밀려나게 되었다. 그 결과 우리는 '죽는다'는 사실을 당연하게 생각하면서도, 죽음을 바르게 이해하기 위한 준비를 하지 않은 채 삶만 바라보면서 세속적 가치에만 몰입할 뿐이다. 죽음은 삶의 자연스러운 과정임에도 불구하고 아무 준비 없이 죽음을 맞게 되니까, 죽음은 절망, 두려움, 불행과 동의어로 인식되고 있다. 최근 한국 사회에서 갈수록 증가하고 있는 '죽음의 의료화 현상', 자살문제, 고독사의 증가 등 불행한 죽음의 양산, 연명치료 중단과 안락사 논란, 삶의 질과 죽음의 질 문제는 우리 사회에 죽음 문제에 대한 근본적인 성찰을 요구하고 있다.

1) '죽음의 의료화 현상': 아름다운 마무리에 관심없다

1997년 서울 보라매병원의 연명의료 중단이 살인죄로 판결나면서 임종 환자의 병원 퇴원이 어려워졌지만, 2009년 세브란스병원에 입원한 김 할머니에 대한 대법원의 연명의료 중단 결정을 거치면서 연명의료 중단 결정에 대한 법제화 논의가 활발해졌다. 논의 주제는 말기 환자의 연명의료 중단 결정의 문제, 생명의 자기 결정권, 가족이 대신 연명의료 중단을 결정하는 문제, 연명의료 중단의 의학적 객관성 확보 문제, 연명의료 대상 환자의 범위, 병원의 윤리위원회 구성과 적절한 활동 가능성, 호스피스 완화의료의 제도화 등

주로 의학 중심으로 논의가 진행되었다. 죽음과 임종을 의학이 주도적으로 결정하는 현상을 '죽음의 의료화 현상'이라고 부른다. 최근 들어 더욱 심화된 '죽음의 의료화 현상'으로 인해 인간의 죽음 역시 '심폐사와 뇌사' 같은 의학의 죽음 이해만 고려하면 충분한 것으로 간주되고 있다.

아무런 준비 없이 맞이한 죽음이 얼마나 큰 비극을 초래하는지 주위에서 어렵지 않게 찾아볼 수 있다. 현대 의학의 연명의술 발달로 인해 죽어가는 환자도 죽음을 늦출 수 있게 되면서, 현대인은 갈수록 죽음을 기피하게 되었다. 의료기술이 발전해 수명이 늘어나면서 임종 과정 또한 길어지고 의료화하는 것은 세계적인 흐름이다. 그러나 기계에 매달린 채, 준비가 안 된 상태에서 죽음을 비참하게 맞이하는 것이 바람직하지 않다는 문제도 함께 제기되었다. 국가생명윤리 심의위원회에서 구성한 사회적 합의기구인 '무의미한 연명치료 중단 제도화 특별위원회'의 입법 권고가 나오면서, '호스피스·완화의료 및 임종 과정에 있는 환자의 연명의료 결정에 관한 법률'이[1] 2016년 2월 국회를 통과했고, 연명의료 중단은 2018년 2월 4일부터 시행되고 있다.

최근 들어 병원에서 임종하는 일이 많아지면서 전통 사회에서처럼 가족의 따뜻한 보살핌 속에서 마지막 순간을 보냈던 임종 모습은 찾아보기 어렵게 되었다. 죽음에 대한 거부감이 사회에 만연되

---

1   앞으로 '연명의료결정법'으로 약칭한다.

어 있어서 호스피스가 활성화되기 어렵고, 편안하게 임종하는 사람 역시 찾아보기 어렵다. 차가운 병실에서 가족은 배제된 채, 현대의 의료기계들에 둘러싸여 의료진이 죽음을 선언하는 냉랭한 방식으로 바뀌었다. 인간은 육체만의 존재인 것처럼 의료 현장에서는 육체의 죽음에만 초점을 맞추고 있고, 인간다운 보살핌과 가족들과의 정겨운 작별인사는 생각하기 어렵게 되었다. 병원에서는 임종 순간 평

세미나 포스터 - 우리 사회 죽음 이해가 크게 부족하다.

온한 분위기 속에서 마지막 시간을 보내도록 인도하는 게 아니라, 심장이나 호흡, 뇌 기능이 언제 멈추는지 여부에만 관심을 둔다. 의료기관에서 진행되는 이와 같은 마지막 임종 모습은 우리 사회 전체의 죽음 이해를 결정짓고 있다. 의학에 의한 심폐사와 뇌사 같은 육체적 죽음의 판정 기준 이외에 포괄적이고 깊이 있는 죽음 이해를 우리 사회는 가르치고 있지 않다. 결국 인간은 육체만의 존재이고 죽으면 모든 게 끝난다고 우리 모두 암묵 속에 동의하고 있는 상황이다. 이런 정상적이지 않은 인간 이해, 세속적인 삶의 방식으로 인해 현대 사회는 많은 것을 잃고 있다.

언론에서는 연명치료 중단 여부, 의학적·법률적 논의에만 초점

을 맞추고 있을 뿐이며, '사전연명의료의향서'를 작성해 연명치료를 중단하기만 하면 바로 존엄한 죽음, 웰다잉이라는 기사가 계속 이어지고 있다. '사전연명의료의향서'에 서명한 것으로 웰다잉한다고 생각한다면 커다란 착각이다. 웰다잉은 우리 사회에서 죽음에 대한 거부감이 강해 대신 사용하게 된 용어로 '아름다운 마무리'를 뜻하는 한국식 영어표현이다. '연명의료결정법'이 제정되면서 언론에서는 이 법을 '웰다잉법' 혹은 '존엄사법'으로 부르고 있다. '웰다잉법'은 네이버 지식백과에서도 "회생 가능성이 없는 환자가 자기의 결정이나 가족의 동의로 연명치료를 받지 않을 수 있도록 하는 법"으로 해설되어 있다. 그러나 이 법은 웰다잉과 존엄사에 관한 법이 아니고, 연명의료 중단 결정에 관한 법률일 뿐이다. 단지 '사전연명의료의향서'에 서명해 연명의료 중단을 결정했다고 해서 바로 웰다잉일 수 없고 존엄사일 수 없기 때문이다. 우리 사회는 연명의료중단 결정이 웰다잉, 아름다운 마무리와 어떻게 다른지 구분하지 못하고 있다. 다시 말해 우리는 죽음에 대한 인식이 크게 부족하고, 삶을 아름답게 마무리하는 웰다잉에 별다른 관심을 보이고 있지 않다.

2) 자살예비군 양산: 정부의 자살 예방 대책 재검토

자살방지 대책은 예방(prevention), 위기개입(intervention), 사후관리(postvention)의 세 가지 방식으로 진행되는데, 정부의 정책 방향은 위기개입 위주의 임시방편 수준에 머무르고 있어서 자살 예방은 실질적인 효과를 거두지 못하고 있다. 자살 예방을 위한 장기계획이 없고 정부부서 간 유기적 협조체제도 아직 부족하다. 사회 저명인사 혹은 유명 연예인 자살사고가 일어날 때마다 이벤트 식으로 접근하니까, 일회성에 불과할 뿐이어서 지속적인 예방효과를 기대하기 어렵다. 또 자살 고위험군 선별검사를 한 이후, 고위험군이 상담과 치료를 받아 어떻게 되었는지 그 이후에 대한 자료가 제시된 적이 없다. 자살 예방 프로그램이 현장에서 어떻게 운영되고 있고, 어떤 효과가 있었는지에 대한 결과 보고 역시 제시된 적이 없다.

자살률은 1997년 말 외환위기 이후 지난 20여 년간 지속적으로 상승했고, 자살대국 일본을 추월한 지 오래되었다. 자살 예방이 사회적 현안이 된 지 오래지만, 정말 문제는 자살자 13,513명(2015년), 13,092명(2016년), 12,463명(2017년), 13,670명(2018년) 13,799명(2019년)이 아니다.[2] 최근 자살자가 조금씩 줄었다가 다시 조금씩 늘어나고 있다. 문제의 핵심은 자살자가 아니다. 2019년 자살자가 13,799명이면, 실제 자살 시도자와 충동자는 과연 몇 명이나 될까.

(1) 취업포탈 '사람인'에서 조사, 2011년 2030세대 1,837명을 조

---

2   정부의 자살 예방 통계도 통계청과 경찰청으로 이원화되어 있어 어떤 통계를 믿어야 할지 판단이 서지 않는다. 자살 예방의 시작은 정확한 자살자 통계에서 시작되므로, 우리는 아직 자살 예방을 위한 사회적 노력을 시작도 하지 않았다고 말할 수 있지 않을까.

사한 결과 22.5%가 자살을 시도한 적이 있다고 답했다. 스트레스가 심각한 수준은 50.4%, 스트레스가 극심한 수준은 12.9%, 합치면 63.3%나 되었다. 자살 충동자가 42.5%였다.[3]

(2) 교육부 2012년 전국의 초중고 학생 648만 명 조사, 상담과 관리 같은 지속적인 관심이 필요한 학생이 105만 4,000명 (16.3%).[4]

(3) 보건사회연구원 2013년 조사, 정신건강 고위험군이 368만 명, 우리나라 사람 중 27.6%가 평생 한 번 이상 정신건강질환을 앓고 우울증을 경험.[5]

(4) 한국대학교육협의회 2018년 실태조사 결과, 대학생 2,600명 조사, 자살 위험군 14.3%, 불안증상 74.5%, 우울 증상 43.2%가 앓고 있었다.[6]

취업포탈 '사람인'의 조사결과는 2011년 통계이기는 하지만, 2030세대 1,837명 대상으로 조사했더니, 22.5%가 자살을 시도했다는 조사결과는 특히 주목된다. 대학생을 대상으로 교육하다보니까, 자살을 시도했던 아픔을 아무에게도 말하지 않았다고 고백

3　아시아경제신문, 2011년 5월 30일. 이 조사결과도 놀랍지만, 조사한 시점이 2011년이니까, 9년 전 통계라는 사실에 유념해야 한다.

4　한겨레신문, 2013년 2월 8일.

5　보건사회연구원, 2013년 정신건강 고위험자 관리체계 정립방안에 대한 연구.

6　내일신문, 2018년 5월 3일.

하는 대학생들을 자주 보았다. 부모마저도 자녀가 자살을 시도했는지 모를 수 있다는 뜻이다. 자살시도자가 2030세대에서 무려 22.5%나 된다? 도대체 이 조사결과가 말이 되나? 자살을 시도한 사람이 안 했다고 하거나 말하지 않을 수는 있어도, 자살 시도를 하지 않은 사람이 했다고 답하지는 않을 것이다. 이런 조사결과가 2030세대의 실제 모습을 사실 그대로 보여주는 것이 아닐까. 따라서 문제의 핵심은 자살자 13,799명(2019년)이 아니라 경제적·사회적 상황 악화로 인해 자살자보다 훨씬 많은 자살예비군이 대기 중이라는 사실에 있다. 한국대학교육협의회 2018년 실태조사를 보면, 자살 위험군이 14.3%, 불안 증상은 74.5%, 우울 증상은 43.2%라는 조사결과가 그 증거다.

IMF의 라가르드 총재는 2017년 9월 서울을 방문해 20대 여성들과 대화하고 나서 다음 같이 말했다. "결혼 안 하고 출산율이 떨어지면 성장률과 생산성이 떨어지게 돼 있고, 그럼 재정이 악화된다. 이런 악순환의 고리가 바로 집단적 자살 현상이 아니겠느냐. 이게 한국의 문제다."[7] 1997년 '외환위기', 2002년 '카드대란', 2009년 '국제금융 위기', 그리고 2012년 '유로존 위기'를 거치면서 이젠 경제 위기를 넘어 사회 위기가 지속적으로 반복되고 있다.[8] 사회 위기

---

7 중앙일보, 2017년 10월 25일.

8 또한 최근 전염병도 갈수록 기세가 등등하다. 2003년 사스, 2009년 신종플루, 2015년 메르스에 이어, 코로나19는 2020년 전 세계를 휩쓸면서 경제 위기와 세계대전 이상의 혼란에 빠트리고 있다. 2020년 7월 31일 현재 전

는 경제 위기보다 훨씬 심각하다. 경제적 가치 편중과 물질만능, 가족관계의 약화 혹은 해체, 외로운 노인의 증가, 폭력적인 인터넷 문화, 스트레스와 우울증의 만연, 가치관의 붕괴와 새로운 가치관의 부재 등 사회병리 현상은 일단 생겨나면 쉽게 없어지지 않는다. 국내 인문학계의 원로 김우창 교수도 지금의 한국 사회를 '정신적 불행이 일상화된 사회'라고 진단한다.

한국 사회는 정신적 폐허 속에 있다. 우리가 직면한 위기상황의 심각성은 결코 가볍지 않다. 서양에서는 셰익스피어나 괴테를 읽어도 오늘을 사는 데 도움이 된다고 하지만, 마음속에 계속돼야 하는 정신적 성찰이 누가 폭격하지 않아도 다 없어졌다는 점에서 우리도 정신적으로는 전후 독일과 같은 폐허 속에 있다. 지금 우리 사회가 역사상 그 어느 시기보다도 큰 외면적 번영을 누리고 있음에도 불구하고 우리 국민이 행복을 느끼지 못하는 것은 공동체의 붕괴로 인해 우리의 정신까지 붕괴되었기 때문이다. 우리 사회의 불행을 치유하기 위해서는 거대 대중화된 산업사회에 걸맞은 새로운 공동체 가치의 모색과 정립이 필요하다.[9]

세계 누적 확진자는 1,703만 명, 사망자는 66만 명이나 되지만, 코로나19가 언제 종식될지 예단하기도 어려운 상황이다.

9 중앙일보, 2014년 1월 21일.

다음 카페 '한국생사학협회' '오진탁의 생사학 이야기' 폴더에는
110여 가지 글이 공개되어 있어서 누구나 접속해 읽을 수 있다.

얼마 전 유명 연예인의 자살로 사회가 큰 충격을 받자, 교육부에
서 전국의 교육청에 공문을 보내 다음 날까지 학생들을 대상으로
자살 예방교육 실시를 지시한 적이 있다. 강원도 교육청은 자살예
방 전문가를 초빙하지 않고 담당 과장이 형식적으로 관내 학교의
교사 1명씩을 소집해 교육시켰고, 교사들은 자기 학교로 돌아가 전
체 교사들에게 전했으며, 담임교사들은 곧바로 학생들을 교육시켰
다고 한다. 일선 학교에서는 교육부 지시대로 전체 학생들에게 자
살 예방교육을 시켰다고 공문을 올렸다. 이런 식으로 자살 예방교
육이 형식적으로 진행되고 있으니, 무슨 예방 효과가 있겠느냐고
일선교사들은 하소연하고 있다.

3) 고령화 시대 고독사의 확산: 혼자 살다 쓸쓸히 죽는다

최근 3년 만에 새 소설집 『연대기, 괴물』을 낸 소설가 임철우. 그는 소설을 통해 연속된 수난의 현대사를 주인공들의 연대기로 복원해 나가면서, 고비마다 들끓었던 폭력을 포착해낸다. 그는 1997년 광주민중항쟁을 다룬 대하소설 『봄날』을 내면서 이렇게 말한 적이 있다. "지난 10년여 동안 나는 내내 5월 그 열흘의 시간을 수없이 다시 체험해야만 했고, 수많은 원혼들과 함께 잠들고 먹고 지내야 했다. 그러는 동안 가끔은 정서적으로나 정신적으로 몰라보게 피폐되어 가는 듯한 나 자신을 깨닫고 깜짝깜짝 놀라기도 했다."[10]

　그의 작품들은 대부분 죽음을 눈앞에 두고 있거나 죽은 사람의 이야기다. 인물들은 불가항력적인 역사의 희생자인 경우도 있지만, 스스로도 어쩌지 못하는 정념으로 인해 파멸을 자초하기도 한다. 이런 어둡고 쓸쓸한 이야기가 왜 우리에게 필요한 걸까. "기억은 윤리적 행위이며 기억만이 우리가 죽은 자들과 관계를 이어나갈 수 있는 유일한 길이기 때문"이라는 게 소설가 임철우의 생각이다.[11] 임철우의 단편소설, 「세상의 모든 저녁」은 노인의 고독사가 소재다. 변두리 도시 다세대 주택 쪽방들에서 노인들은 끔찍한 모습으로 죽어나간다. 양쪽 허벅지가 벽에 닿을 정도로 비좁은 화장

10　중앙일보, 2017년 3월 18일.

11　중앙일보, 2017년 3월 18일.

실 변기 위에서 죽어 부패된 채 발견되는 노인도 있다. 일흔세 살 허만석도 마찬가지. 연명을 위한 최소한의 식사를 하다 냄비에 머리를 처박고 급사한다. 소설은 일주일째 아무도 찾는 이 없어 주검이 부패되는 참혹한 과정을 또랑또랑 의식이 살아 있는 허만석 영혼의 시점에서 적나라하게 전한다.

그는 한참을 어리둥절해 있다. 한없이 깊은 잠에서 막 깨어난 느낌. 도대체 여기가 어디일까. 조심스레 주위를 살펴본다. 기이하리만치 투명해진 시야 안으로 사물의 윤곽이 차츰 선명해진다. 소형 냉장고, 싱크대, 밥솥, 간이 옷장. …… 눈에 익숙한 그것들을 보니 비로소 마음이 놓인다. 여긴 내 방이로구나. 그런데, 뭔가 이상하다. '아니, 저건 누구야. 웬 늙은이가 남의 방에 멋대로 들어와 앉아 있어?' 그는 혼란에 빠져 허둥거린다. 지금 그의 눈앞에 한 사내가 앉아 있다. …… 혹시 죽은 건가. 사내의 모습이 어딘지 눈에 익숙하다. 헐렁한 파자마와 누런 러닝셔츠, 앙상한 어깨가 영락없이 누군가를 닮았다. 마침내 그는 냄비 가장자리로 비죽이 나와 있는 뒷머리의 백발을 알아본다. '설마! 저 늙은이가 나라는 말이여?' …… 비로소 그는 자신이 처한 상황을 어렴풋이 깨닫기 시작한다. 하지만 지금 맞은편 괴상한 모습의 노인은 더 이상 그 자신이 아니다. 그건 빈껍데기 육신이다. 조금 전까지 그가 담겨 있었던 가죽 포대기, 텅 빈 자루일 뿐이다. 뭐라고? 그렇다면 지금 여기에 있는 나는 무엇이란 말인가. 그는 손으로 몸을 더듬어보다가 기겁을 한다. …… 그는 형체 없이 허공에 아지랑이처럼 푸르스름하니 떠 있는 자신을 뒤늦게 발견한다. …… 그는 힘없이 바닥에 주저앉는다. 이젠 모든 것이 자명해졌다. 그는 이미 죽었다. 그리고 혼이 되어 몸에서 빠져나온 것이다. 눈앞의 저것은 이젠 껍데기에 지나지 않는다. …… 결국 난 그렇게 죽음을 맞은 거로구나.[12]

「세상의 모든 저녁」에서 묘사했듯이, 혼자 사는 노인들이 사고나 질병으로 쓸쓸한 죽음을 맞는 일이 끊이지 않고 있다. 몸이 불편한데도 돌봐주는 사람 없이 방치되거나, 열악한 환경에서 생활하나가 무더위 혹은 추위에 지쳐 변을 당하는 경우가 대부분이다. 이웃과 단절된 홀몸 노인들의 증가로 변을 당한 뒤 곧바로 발견되지 않는 일도 흔하다. 외롭게 고된 삶을 살던 노인들이 마지막 죽음마저 비극적으로 맞이하는 일이 우리 사회에서 되풀이되고 있다는 것이다.

핵가족 시대를 거쳐 급속한 고령화 시대를 맞이하면서 독거노인 숫자가 증가하고 있고, 1인 가구 역시 계속 증가추세에 있다. 통계청의 '한국 사회 동향 보고서'에 따르면 전체 가구 중 1인 가구는 1990년 9%, 2000년 15.5%, 2005년 20%, 2010년 23.9%, 2015

12 임철우, 「세상의 모든 저녁」, 『연대기, 괴물』, 문학과지성사, 2017, 140~142쪽.

년 27.2%로 증가했다. 2045년에는 36.3%로 증가될 것으로 예상했다. 지난 30년 사이에 큰 변화가 있었고, 앞으로 이런 흐름은 지속될 것이라는 얘기다. 1인 가구가 늘어나면서 죽은 지 몇 개월 지나서 발견되는 고독사 관련 보도가 계속 이어지고 있다. 고독사의 경우 2010년 580명, 2012년 741명, 2014년 1,379명, 2015년 1,676명, 2016년 1,820명, 2017년 2,008명이었다. 또 노인 계층만이 아니라 사회활동이 활발한 50대 무연고 사망이 늘어나는 등 다양한 연령층으로 확산되고 있다.[13]

4) 아름다운 마무리를 위해 우리 사회도 죽음을 가르치자

우리 사회는 죽음을 가르치지도 않고 죽음을 준비하지도 않으므로, 불행한 죽음이 계속 이어지고 있다. 이에 비해 법정 스님의 아름다운 마무리는 좋은 귀감이 된다. 2007년 겨울 폐암으로 미국에서 항암치료를 받은 후 법정 스님은 '고마움'과 '나눔'을 자주 이야기했다. 수행자답게 생사의 문제에 담담했던 스님은 2009년 병이 재발하자 주위에서 수술을 권했지만 받아들이지 않았다. 2010년 3월 2일 병실을 찾은 청학 스님이 "생과 사의 경계가 없다고 하는데, 지금 스님은 어떠십니까?" 하고 물었다. 말을 정상적으로 할 수 없었던 스님은 종이에 "원래부터 생과 사가 없어"라고 쓰며[14] 생사를

---

13 연합뉴스, 2019년 5월 7일.

초탈한 모습을 보여줬다. 생명의 기능이 나가버린 육신은 보기 흉하고 이웃에게 짐이 될 것이므로, 스님은 조금도 지체할 것 없이 없애주기를 바랬다. 시신은 벗어버린 헌옷이니까, 물론 옮기기 편리하고 이웃에게 방해되지 않을 곳이라면 아무데서나 다비茶毘해도 무방하다는 것이다.

병상에서 스님은 병수발 드는 시자에게 이렇게 말씀했다. "지금 내 소원이 뭔지 알아? 사람들에게 폐 끼치지 않고 하루 빨리 몸 벗어나서 다비장 장작불에 들어가는 거야!"[15] 생전에 법정 스님과 알고 지냈던 사람들은 이 말에 스님의 철학이 들어 있다고 고개를 끄덕였다. '단순하고 소박하게 사는 것', '남에게 폐를 끼치지 않는 것', 이것이 스님의 구도 철학이었다. 스님이 죽고 난 뒤에 관을 만들지 말고, 사리도 수습하지 말고, 만장도 만들지 말고, 영결식도 못하게 유언한 것도 같은 맥락이다. 불교의 고향, 인도에서 하던 대로 육신을 바람에 날려 보내도록 했다. "내 소망은 단순하게 사는 일이다. 그리고 평범하게 사는 일이다. 내 느낌과 의지대로 자연스럽게 살고 싶다. 그 누구도, 내 삶을 대신해서 살아줄 수 없기 때문에 나는 나답게 살고 싶다."[16]

좀 더 단순하고 보다 간소한 삶을 추구하셨던 스님은 "허례허식

---

14 오진탁, 『삶, 죽음에게 길을 묻다』, 종이거울, 2010, 280쪽.

15 다큐 「법정 스님의 의자」, 2011년.

16 법정, 『오두막 편지』, 이레, 2007, 32쪽.

의 장례절차가 이뤄진다면 죽은 시신이라도 벌떡 일어나 그만두라고 소리칠 테니 내 뜻에 따르라"고 거듭 말씀하셨다. 스님의 생전 소원은 '보다 단순하고 보다 소박하게 사는 것'이었다. 사는 곳이 번거로워지면 '버리고 떠나기'를 통해 당신의 초심을 잃지 않았고, 아름다운 마무리를 통해 사후 장례절차까지 철저하게 당부하셨다. 입적 하루 전날 제자들에게 다음과 같은 말씀을 남겼다.

한글서예, "나는 죽음이 궁극적인 종말 같은 것이라기보다 낡아서 해졌을 때 갈아입는 옷과 같은 것이라고 생각합니다." (달라이 라마)

모든 분들에게 깊이 감사드린다. 내가 금생에 저지른 허물은 생사를 넘어 참회할 것이다. '내 것'이라고 하는 것이 남아 있다면 모두 맑고 향기로운 사회를 구현하는 활동에 사용하여 달라. 이제 시간과 공간을 버려야겠다. 삼일장 하지 말고 지체 없이 화장하라. 평소의 승복을 입은 상태로 다비하고 사리를 찾지 말고 탑, 비도 세우지 말라.[17]

---

17 오진탁, 『삶, 죽음에게 길을 묻다』, 279~281쪽.

서로가 더 많은 것을 소유하려는 진흙탕 싸움의 현실세계에서 스님은 '비어 있으나 충만한' 무소유의 삶을 살았다.『무소유』,『텅 빈 충만』등 수많은 스테디셀러를 쓴 스님은 인세 전부를 가난한 이들에게 소리 없이 나눠주고는 그 일을 깨끗이 잊었다. 남을 도왔다는 생각마저도 놓아버린 스님의 무소유는 말 그대로 '텅 빈 충만'이었다.

소유를 범죄처럼 생각했던 간디에게 깊이 공감한 스님은 관도, 수의도 없이 평소에 입던 가사 그대로 걸치고 좁은 평상에 누운 채로 다비의 불길에 들어갔다. 그 흔한 꽃도, 만장도, 추모사도, 임종게臨終偈도, 아무것도 없었다. 스님은 '무소유'를 평생 설파했고, 마지막 가는 길에서도 그 길을 좇았다. "우리는 필요에 의해서 물건을 갖지만, 때로는 그 물건 때문에 마음이 쓰이게 된다. 따라서 무언가를 갖는다는 것은 다른 한편으로 무언가에 얽매인다는 것. 그러므로 많이 갖고 있다는 것은 그만큼 많이 얽혀 있다는 뜻이다."[18] 소유하지 않는 것이 무소유가 아니라, 불필요한 것으로부터 자유로워지는 것이 무소유라고 스님은 말했다. 스님은 평소에 물건을 두 개 이상 갖고 있지 않았다. 작은 물건이라도 두 개가 생기면 늘 남에게 나눠 주었다. 출판사에서 인세가 들어오면 불교와 봉사 단체에 아무도 모르게 전했다. 아무리 좋은 일이라도 남에게 알려지는 것을 극구 싫어했다. 스님이 남긴 무소유, 그 텅 빈 충만은 신선하고 활기 있는 큰 울림으로 우리 곁에 남아 있다.

하지만 우리 사회에서 임종하는 모습은 어떠한가? 육체 중심의

---

18 법정,『무소유』, 범우사, 2010, 24쪽.

죽음 판정 기준이 죽음의 정의를 대신하는 그런 사회는, 바로 우리 사회가 그렇듯이, 결코 죽음 문화가 성숙될 수 없고 자살처럼 불행한 죽음만 양산될 뿐이다. 이제 죽음 정의는 물질적이며 육체적인 것을 넘어 영혼, 정신, 삶의 의미같이 순전히 물질적인 삶과 생존 이상의 무언가 지속 되는 것이 있음을 고려해야 한다면서, 죽음이 끝이 아니라는 것은 종교나 믿음의 문제가 아니라 상식 혹은 사실의 문제라고 퀴블러-로스는 말한다.[19] 인간의 죽음은 뇌사나 심폐사처럼 죽음 판정의 육체적 기준만으로 설명될 수 없고 그렇게 되어서도 안 된다. 의학적, 법적인 접근은 단지 죽음의 육체적 측면, 즉 죽음 전체를 보지 않고 일부분만 다루는 격이다. 뇌사 혹은 심폐사처럼 죽음 판정의 육체적 기준 제시에만 초점을 맞추지 말고, 보다 큰 틀에서 죽음의 정의 문제를 원점에서부터 다시 차분히 논의를 시작할 필요가 있다.

5) 행복, 세계 하위권: 육체 중심의 죽음 이해, 삶의 질 떨어뜨린다

물질적 풍요와 경제성장, 과학과 의학의 발전은 선진국 수준이지만, 한국의 소득 증가세에 비해 삶의 만족감은 경제협력개발기구(OECD)에서 밑바닥이다. 한국인의 삶의 만족도(2016~2017년)는

---

19 오진탁, 『마지막 선물』, 세종서적, 2007, 142쪽. ; 퀴블러-로스, 박충구 역, 『삶과 죽음에 대한 기억』, 가치창조, 2001, 225~236쪽.

10점 만점에 5.95에 불과해 31위로 최하위권이다. OECD 국가의 삶의 만족도 평균은 6.66이었다. 경제성장은 최상위권이지만, 삶의 질은 하위권에 해당된다. 한국의 행복지수가 OECD 국가 중 하위권이듯이, 각종 '삶의 질' 지수에서도 하위권이다. 죽음의 질이 좋지 않으므로 삶의 질 역시 좋을 수 없고, 행복 만족도 역시 개선되기 어렵다. 죽음의 질 향상 없이 자살을 예방하기 어렵고 삶의 질 향상을 기대할 수 없다.

육체 중심의 죽음 이해에서 벗어나지 못하면 우리 사회의 죽음 이해는 성숙할 수 없고, 죽음의 질뿐 아니라 삶의 질 역시 향상될 수 없으며, 사회는 세속적·물질적 가치 추구에서 벗어날 수 없을 것이다. 죽음을 어떻게 이해하느냐 하는 문제는, 우리가 자기 존재를 어떻게 이해하고 어떤 삶을 영위하느냐 하는 문제와 직결된다. 죽음 이해, 삶의 이해, 인간 이해는 삼위일체의 관계에 있다. 죽음을 어떻게 이해하는가 하는 문제는 인간 이해와 삶의 이해에 관건이 되는 문제이다. 죽음 이해가 부족하다는 말은 그 사회의 삶의 질이 만족스럽지 못하다는 뜻이기도 하다. 달라이 라마는 죽음이란 삶의 일상적인 전개 과정으로, 우리가 살아가는 한 자연스럽게 수용해야 할 통과의례라고 말한다. 우리의 삶이 폭력으로 가득 차 있거나 성냄, 집착, 공포 같은 감정으로 마음이 크게 혼란스럽다면 평화롭게 죽을 수 없음 또한 자명한 일이다. 따라서 죽음을 바르게 맞이하고자 한다면 올바르게 사는 법을 배워야 한다. 평온한 죽음을 희망한다면 우리의 마음과 자신의 삶 속에서 평화를 일구어야 한

다고 달라이 라마는 말한다.[20]

삶을 품위 있게 마무리하는 생명 교육을 통하여 죽음의 질 뿐만 아니라 삶의 질도 향상시킬 수 있지만, 학교와 사회 교육에서 생명 교육이 이루어지지 못하고 있다. 생명 교육은 죽음 준비 교육이기도 하지만 삶의 준비 교육이기도 하므로, 미국이나 독일 같은 선진국에서는 학교와 사회 교육에 포함

한글서예, "죽음을 바르게 맞이하고자 한다면 올바르게 사는 법을 배워야 합니다." (달라이 라마)

시켜 교육하고 있다. 대만도 2005년부터 고등학교 3년 재학기간 중 한 학기 동안 매주 2시간씩 생명 교육을 실시하고 있다. 고령화 시대를 맞이하여 '의미 있는 삶, 아름다운 마무리'를 사회 운동으로 확산시키기 위하여 생명 교육을 학교와 평생 교육에 포함시켜야 할 것이다.

---

20 소갈 린포체, 오진탁 역, 『티벳의 지혜』, 민음사, 1999, 7~8쪽.

2장
연명의료결정법, 생사학으로 비판한다

1) '연명의료결정법'의 구성

최근 현대의학의 발달에 따라 전에 찾아보기 어려웠던 뇌사, 식물인간, 안락사, 임사체험, 호스피스 등 죽음과 관련된 다양한 현상들이 주목받고 있다. 현대의학이 급속도로 발달함에 따라 죽어 가는 환자도 적절한 의학적 조치가 취해지기만 한다면 몇 년간이나 죽지 않게 할 수 있다. 안락사 문제와 함께, 과연 어떻게 죽는 것이 인간적인 죽음이냐 하는 문제가 세계적인 관심사로 되고 있다. 우리 사회에서 갈수록 증가하고 있는 자살 현상도 성숙한 죽음 문화의 부재와 관련된다. 생사학, 죽음 준비 교육, 자살 예방 교육도 새로운 연구와 교육 분야로 형성되면서 인간으로서 존엄한 죽음 권리, 바람직한 죽음 문화의 모색 등도 관심사로 떠오르고 있다. 이에 우리 사회도 1997년 보라매병원의 연명의료 중단 결정을 거쳐, 2009

년 세브란스병원 김 할머니 사례를 계기로 존엄사와 안락사에 대한 활발한 논의를 거쳐 '연명의료결정법'을 제정했고, 2018년 2월부터 시행하고 있다. '연명의료결정법'은 다음 순서로 구성된다.

제1장 총칙
제2장 연명의료 중단 등 결정의 관리체계
제3장 연명의료 결정 등 이행
제4장 호스피스 완화의료
제5장 보칙
제6장 벌칙, 그리고 부칙

제1장 총칙에는 이 법안의 핵심 내용이 제시되어 있다. 제2장과 제3장은 연명의료 중단 결정, 제4장은 호스피스를 언급하고 있다. 제1장 총칙은 분량이 A4로 2장에 불과하지만, 법안의 기본 방향과 핵심 내용이 제시되어 있는데, 제1장 총칙은 다음과 같이 구성된다.

제1조 목적
제2조 정의
제3조 기본원칙
제4조 다른 법률과의 관계
제5조 국가 및 지방자치단체의 책무

제6조 호스피스의 날 지정

제7조 종합계획의 수립 시행

제8조 국가 호스피스 연명의료 위원회

제1장 총칙의 제1조 목적, 제2조 (용어) 정의, 제3조 기본원칙에
이 법안의 중심 내용이 제시되어 있다. 제1장 총칙의 제1조 목적
전문은 다음과 같다.

이 법은 호스피스·완화의료와 임종 과정에 있는 환자의 연명의
료와 연명의료 중단 등 결정 및 그 이행에 필요한 사항을 규정함
으로써 환자의 최선의 이익을 보장하고 자기 결정을 존중하여
인간으로서의 존엄과 가치를 보호하는 것을 목적으로 한다.

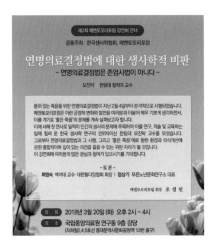

세미나 포스터 – 연명의료결정법 비판

제2조 (용어) 정의에서는 '임종
과정, 말기 환자, 연명의료 중단
결정, 호스피스'에 대한 개념을 정
의하고 있다. 4가지 개념 역시 연
명의료 중단 결정과 호스피스에
관련된다. 제1조 목적, 제2조 정
의, 제3조 기본원칙의 내용을 함
께 검토하면, 이 법안의 핵심 내용
은 '말기 환자의 연명의료 중단 결

정과 호스피스 완화의료'인데, 이 법은 언론에서 '웰다잉법'으로 일컬어지고 있다. 웰다잉은 호스피스나 연명의료 결정과 어떤 관계에 있는지, 왜 '웰다잉법'으로 약칭하고 있는지, 함께 사용해도 무방한지, 아무런 차이가 없는 것인지 등등 보다 분명하고 정확하게 검토할 필요가 있다.[21]

2) '연명의료결정법', 죽음의 의미와 가치가 담겨 있는가?

과연 우리 사회는 죽음 문화의 성숙을 위해 과연 어떤 노력을 했는지, 존엄사 법제화를 논할 정도로 충분히 준비되었는지 한 사람 한 사람에게 묻고 싶다. 죽음은 바르게 이해되고 있는가? 죽으면 다 끝나는 것인가? 인간은 육체만의 존재인가? 임종하는 사람들을 보살피는 의사와 간호사들은 죽음을 제대로 이해하고 있는가? 전국의 의과대학에 죽음을 가르치는 생사학 관련 교과목과 전문가는 있는가? 죽음 준비 교육은 초등학교, 중고등학교, 대학에서 실시하고 있는가? 또한 평생 교육의 방식으로 웰다잉 교육은 다양한 연령층에 실시하고 있는가? 생사학을 연구하고 죽음 준비 교육을 할 수 있는 전문가는 있는가? 나아가 한 사람 한 사람이 죽음 준비는 어

---

21 우리 사회는 웰다잉이 사용되고 있는데, 초고령화사회 일본에서는 노인들이 스스로 자신의 임종을 준비하는 '슈카쓰(終活)'가 일반화되고 있다. '인생의 끝(終)을 위한 활동(活)'이란 뜻의 슈카쓰는 8년 전 신조어로 등장하더니, 이제는 60대 이상 장년층에겐 통과의례가 됐다.

느 정도 하고 있는가? 연명의료 중단 결정이 아름다운 마무리를 뜻하는 웰다잉, 생사학,[22] 죽음 이해, 죽음 정의 문제와 어떤 관계가 있는지, 상호 관련성과 차이를 분명히 검토해야 한다.

연명의료 중단 결정과 호스피스의 대상은 임종이 얼마 남지 않은 말기 환자이다. 하지만 웰다잉은 '행복한 삶과 아름다운 마무리'를 추구하는 것으로, 말기 환자를 포함해 모든 연령을 대상으로 한다. 연명의료 중단 결정은 치료 가능성이 없는 환자의 연명의료를 중단하자는 것일 뿐이다.[23] 하지만 웰다잉은 아름다운 마무리를 목표로 하므로, 죽음에 대한 깊이 있는 이해 모색과 임종 방식에 대한 심사숙고 등 보다 포괄적인 개념이다. '연명의료결정법'은 단지 치료 가능성이 더 이상 없을 경우 연명의료 중단 결정을 하는 것이므로, 연명의료 중단 결정이 곧 웰다잉, 아름다운 마무리일 수는 없다.[24] 따라서 이 법은 연명의료 중단 결정과 호스피스에 관한 법이

---

22 미국에서 퀴블러-로스가 *On death and dying*을 1965년 출간한 이후, 서양에서 생사학이 시작된 것으로 평가한다. 이후 레이몬드 무디를 비롯해 임사체험 관련 연구가 나오면서 생사학을 활발하게 전개되었다. 일본과 대만에서도 생사학과 관련한 다양한 학회활동과 출판이 이루어지고 있지만, 우리나라의 경우 생사학 전문가를 찾아보기 어렵고, 관련학회와 학회지도 아직 제대로 성립되지 못했다.

23 국가생명윤리정책원에 따르면, 연명의료 결정제도가 2018년 2월 시행 이후 2020년 7월 현재까지 연명의료를 선택하지 않고 세상을 떠난 사람이 11만 2,239명이었다.

24 "사전의료의향서를 작성하는 것으로…… 이제 다 끝났다고 생각해서는 안

므로, '웰다잉법'으로 줄여서 부르는 것은 부적절하다. 호스피스 전문가도 다음과 같이 말한다.

삶과 죽음에 대해 보다 더 깊이 있는 이해가 필요하다. 아무리 우리가 완벽에 가까운 호스피스 완화의료 제도를 만든다 한들, 사회에 만연한 죽음에 대한 거부감 혹은 생명경시 풍조를 개선하지 못한다면 아무 소용없는 일이 될 것이기 때문이다. 연명치료 중단에 앞서 이 분들에게 어떤 돌봄이 필요한가에서부터 논의가 시작되어야 한다고 생각한다. 또 이를 위해서는 죽음 준비 교육이 초등학교에서부터 체계적으로 이루어져야 하고 의료진들부터 의식개선 노력이 필요하다.[25]

연명의료결정법 제정 이전에, 우리 사회에 널리 퍼져 있는 죽음에 대한 거부감과 생명경시 풍조의 개선을 위한 사회적 노력을 먼저 시작해야 한다는 것이다. 하버드 의대 교수 가완디는 말한다.

된다. …… 죽음에 관한 결정을 서식 한 장 서명한 것으로 다 했다고 생각한다면 큰 오해다."(김현아, 『죽음을 배우는 시간』, 창비, 2020, 305쪽)

25 미국에서 약 12개 대학이 죽음 준비 교육 과정을, 약 100개 대학이 목회나 사별상담 프로그램을, 수백 개 대학이 저학년의 비전공 학생을 위한 교양과목을 운영 중이다. 일본의 경우, 약 24개 대학에서 죽음과 임종 과정에 대한 과목을 가르치고 있다.(한림대 생사학연구소 주최 세미나, 『죽음 정의, 어떻게 할 것인가』, 2013, 45~46쪽)

의과대학을 다니면서 참 많은 것을 배웠지만, 죽음을 다룬 적은 거의 없었다. 전공교재는 나이 들어 쇠약해지다가 결국 죽음에 이르는 과정에 관해서는 아무것도 말해 주는 것이 없었다. 그 과정이 어떻게 벌어지는지, 사람들이 삶의 마지막 순간을 어떻게 맞이하는지, 그리고 그것이 주변 사람들에게 어떤 영향을 끼치는지, 그다지 중요하지 않은 것처럼 다루었다. 학생들, 그리고 교수들이 알고 있던 의대 교육의 목표는 생명을 구하는 방법을 가르치는 데 있지 꺼져가는 생명을 어떻게 돌봐야 하는지를 가르치는 데 있지 않았기 때문이다. …… 나는 점점 쇠락해 가다가 죽음이라는 현실에 직면할 수밖에 없는 환자들과 만나게 되었다. 내가 그들을 도울 준비가 얼마나 안 되었는지를 깨닫는 데는 긴 시간이 필요하지 않았다.[26]

아시아에서 죽음의 질이 앞서 있는 대만의 경우, 생명 교육이란 이름으로 학교에서 교육을 실시하고 생사학 연구와 보급이 활성화되어 있어서, 2000년 '안녕완화의료조례'를 제정할 수 있었다. 또 대만은 '환자자주권리법'이 2016년 1월 총통의 공포로 발효되었는

---

26 가완디, 김희정 역, 『어떻게 죽을 것인가』, 부키, 2016, 8~11쪽.
서울대 의대 정현채도 의사 양성을 위해서는 과학지식, 의료기술, 그리고 인간과 죽음에 대한 이해의 3가지가 필요하지만, 죽음에 대한 교육은 전혀 실시되고 있지 않다고 말한다.(지식협동조합 좋은나라 주최 세미나, 『죽음을 어떻게 맞이할 것인가?』, 2015, 69쪽)

데, 아시아 최초로 환자의 자주적 권리를 보장하는 법률이다. 이 법의 제1조는 전체 법률의 3대 입법이념을 제시한다. (1) 환자의 의료자주권 존중, (2) 환자의 선종善終 권익 보장, (3) 의료인과 환자의 조화. 이 법은 환자의 자주권 보장을 핵심 가치로 보고 있고, 또한 죽음을 기피하는 현대 사회에서 선종권을 3대 입법이념으로 제시하고 있어서 특히 주목된다.[27] 그러면 '연명의료결정법'의 내용을 보다 구체적으로 살펴보자.

제1조 (목적) 환자의 최선의 이익을 보장하고 …… 인간으로서 존엄과 가치를 보호하는 것을 목적으로 한다.
제3조 (기본원칙) 호스피스와 연명의료 및 연명의료 중단 등 결정에 관한 모든 행위는 환자의 인간으로서의 존엄과 가치를 침해하여서는 안 된다.
제6조 (호스피스의 날 지정) 삶과 죽음의 의미와 가치를 널리 알리고 범국민적 공감대를 형성하며……[28]

'연명의료결정법'은 제1장의 제1조 목적, 제3조 기본원칙에서 '인간으로서 존엄과 가치'를 두 번씩이나 강조하고 있다. 제6조에

---

27 대만의 '선종'은 우리 식으로 표현하면 '웰다잉', '아름다운 마무리'에 해당된다.(한림대 생사학연구소 주최 국제세미나,『상실과 치유에 대한 생사학적 접근』, 2017년 5월, 37쪽)
28 '연명의료결정법', 1~2쪽.

서는 '삶과 죽음의 의미와 가치'를 말하고 있다. '연명의료결정법'은 연명의료 중단 결정과 호스피스에 관한 법안이고, 제6조에서는 '삶과 죽음의 의미와 가치'를 말하고 있으므로, 당연히 '인간의 존엄과 가치'는 곧 '삶의 존엄과 가치', '죽음의 존엄과 가치'로 연결된다. '삶의 의미와 가치'는 일반적인 이야기이고 헌법이나 다른 법률이 일반적으로 의미하는 것과 다르지 않다. 따라서 이 법이 보다 직접적으로 연결되는 것은 '삶의 의미와 가치'가 아니라 '죽음의 의미와 가치', '죽음의 존엄과 가치'이다.

이 법에서 제시한 '죽음의 의미와 가치', '죽음의 존엄과 가치'는 대만의 '선종권'과 관련된다. 이 법에서는 '죽음의 의미와 가치'를 제1장 총칙의 제1조 목적, 제2조 정의, 제3조 기본원칙에서 언급하지 않았고 제6조에서 다루었다. 이 법은 연명의료 중단 결정 같이 죽음을 직접적으로 다루고 있으므로 제1조, 제2조, 제3조에서 다루어야지, 제6조에서 언급한 것은 그만큼 연명의료 중단 결정에만 초점을 맞추었고, '죽음의 의미와 가치'를 중요시하지 않는다는 뜻으로 해석할 수밖에 없다. 대만의 '환자자주권리법'에서 '선종권'은 이 법의 3대 입법이념으로 자리를 잡았지만, '연명의료결정법'은 연명의료 중단 결정과 호스피스만 언급했을 뿐이다. 연명의료 중단 결정과 호스피스는 언급했으면서 '죽음의 의미와 가치'를 이처럼 소홀하게 취급한 것은, 연명의료 중단 결정의 법적 근거 확보만을 위한 게 아닌가 하는 의심이 든다. 먼저 이 법안에서 '죽음의 의미와 가치', '죽음의 존엄과 가치'를 언급하고 이 바탕 위에서 연명의료 중단 결정과 호스피스를 언급하는 게 당연한 순서다. 문제는 우리 사회가 '죽음의 의미와 가치', '죽음의 존엄과 가치'를 언급할 만큼 사회적 공감대가 형성되어 있지 않다는 사실이다. 그래서 이 법안에서는 연명의료 중단 결정과 호스피스를 중심으로 다루고, 죽음의 의미와 가치는 이 법의 한 모퉁이에서 지나가듯이 언급했던 것이다.

3) '연명의료결정법', 죽음에 총체적으로 접근하지 않았다

우리 사회는 '연명의료결정법'을 만들면서, 말기 환자의 육체적 죽음과 연명의료 결정에 초점을 맞춰 주로 의학과 법학 중심으로 논의해 왔다.[29] 제2조 6항에서 "영적 영역에[30] 대한 평가와 치료를 목

---

29 '연명의료결정법' 관련 연구논문을 살펴보아도 의학과 법학 중심의 연구경향은 분명히 드러난다. 죽음 이해, 죽음 정의, 생사학의 관점에서 접근하는 논문은 찾아볼 수 없다. 다만 호스피스 전문가 정복례는 「우리나라에서의 연명의료결정에 관한 법률 적용」(『경북간호과학지』 20권 2호, 2016)에서 다음과 같이 지적했다. "이 법의 성공적 정착을 위해서는 국민을 대상으로 죽음의 의미, 죽음과 관련된 국민의 권리 …… 호스피스 완화의료에 대한 실제적인 국민홍보가 이루어져야 한다."

30 이 법에서 '영적 영역'을 언급했다. '영적'이란 표현은 서양에서 사용하는 표현이다. 세계보건기구(WHO)는 건강, 호스피스, 죽음 등과 관련해 권위를 인정받고 있는 세계적인 공공의료기관이다. 세계보건기구에서 'spiritual(영적)'이란 표현을 사용하고 있는 점을 고려해 일단 '영적 영역'이란 용어를

적으로 하는 의료"를 제시했는데, 왜 영적인 영역을 제시했는지 보다 분명한 검토가 필요하다.[31] 또 8월부터 시행되는 '연명의료결정법'의 시행령·시행규칙(하위 법령)에는 호스피스 전문기관의 인력 기준에 영적 돌봄 전문가가 빠져 있어 논란이 되고 있다. 하위 법령의 인력 기준에는 의사·간호사·사회복지사를 두도록 규정되어 있을 뿐이다.

모현 호스피스 정극규 진료원장은 2017년 4월 '호스피스·연명의료법 시행규칙에서 자원봉사자와 영적 돌봄의 중요성 제고를 위한 대토론회'에서 말했다. "모현 호스피스 병동에 입원하는 환자의 95% 이상이 통증 때문에 입원하지만 이게 완화되고 나면 모든 환자가 비육체적 고통을 겪는데, 의료 처치로는 해결되지 않는다." 정원장은 미국 오리건주 통계를 제시했다. 오리건주가 존엄사법에 따라 의사 조력자살(의사가 처방한 극약을 먹고 죽음을 선택)을 하려는 환자 991명(1998~2015년)에게 가장 큰 고통이 뭔지 조사(복수 응답)했더니 '독자적 의사 결정력 상실'이 903명(91.6%)으로 가장 컸다. 다음이 '일상생활이 지루하고 재미없다'(885명), '존엄성 상실'(677명) 순이었다. 의료 처치와 관련되는 통증은 248명, 치료비 부담은

사용한다.

31 연명의료결정법 제2조 6항, "호스피스·완화의료란 말기 환자 또는 임종 과정에 있는 환자와 그 가족에게 통증과 증상의 완화 등을 포함한 육체적, 사회적, 심리적, 영적 영역에 대한 종합적인 평가와 치료를 목적으로 하는 의료를 말한다."

30명에 불과했다. 의료 처치를 통해 통증이 완화되면, 존엄성 상실이나 독자적인 의사 결정력 상실로 인한 영적 고통이 한층 심각해졌다. 그래서 정극규는 "영적 돌봄이 없으면 호스피스의 기본 이념에 맞지 않는다."고 비판했다.[32]

의료현장에서 호스피스 전문 의사가 느낀 딜레마는, 죽음을 앞둔 말기 환자들에게 가장 커다란 축복은 바로 희망을 갖게 하는 것이라는 점이다. 말기 환자들에게 희망을 줄 수 있으려면 희망의 근거가 뚜렷해야 한다. 의학계는 물질적 차원의 치료를 넘어 허무를 극복하도록 이끌어 주는 일, 정신적이고 영적인 차원까지 배려하는 새로운 접근법이 필요하다고 그는 지적한다.[33] 하지만 영적인 문제는 의학적으로 설명하기 어려운 내용이라서, 구체적인 설명을 그의 책에서 찾아보기는 어렵다.[34] 심폐사와 뇌사는 의학적 죽음 이해, 혹은 죽음 판정의 육체적 기준일 뿐이고, 심폐사와 뇌사를 중심

---

32 중앙일보, 2017년 4월 24일.

33 윤영호, 『나는 죽음을 이야기하는 의사입니다』, 컬처그라퍼, 2012, 119~125쪽.

34 우리 사회에서 죽음과 임종, 연명의료 중단 결정에 관한 논의에 인문학, 철학이 거의 참여하지 않고 있다. 죽음과 임종 문제는 의학이나 법학에만 맡겨 놓으면 육체의 죽음에 초점이 맞춰진다. 죽음은 기본적으로 철학과 종교의 문제로, 인문학에서 다루는 영역이다. 육체 영역을 벗어난 영적인 문제의 경우, 우리 학계에서 생사학 전문가는 찾기 어려운 점을 감안해 볼 때, 종교와 철학을 비롯한 인문학 전공자가 의견을 보다 활발히 제시해야 할 것이다.

으로 죽음을 이해하는 의료현장에서는 죽으면 모든 게 끝나는 것으로 간주하고 있기 때문이다. 그러나 세계보건기구(WHO) 규정에 따르면 호스피스 돌봄은 육체적·사회적·심리적·영적인 전인적 돌봄을 특징으로 한다.[35] 영적 돌봄은 말기 및 임종 과정 환자에게 죽음의 불안을 극복하고 편안하고 품위 있는 죽음을 맞이할 수 있게 하는 것이다.

앞에서 지적했듯이, '연명의료결정법' 제1장의 제1조 목적, 제2조 정의, 제3조 기본원칙에서 '죽음의 의미와 가치'를 언급하지 않았다. 제2조 정의에서도 '죽음의 의미와 가치'를 개념 정의하지 않아 무엇을 뜻하는지 명확하지 않다. '연명의료결정법'에서 호스피스 완화의료는 육체적, 사회적, 심리적, 영적 영역에 대한 종합적인 평가와 치료를 목적으로 한다고 분명히 밝혔으면서, 죽음에 대한 포괄적인 이해를 한 번도 언급하지 않았다. 호스피스에서 영적인 돌봄이 있어서 죽음에 영적인 측면이 있는 게 아니다. 오히려 거꾸로 죽음에 영적인 측면이 있으므로 호스피스에서 영적인 돌봄이 중요한 것이다. 육체의 죽음, 즉 의학적 접근에만 초점을 둔다면 영적 영역에 대한 평가와 치료가 어떤 의미도 확보하기 어렵다. 육체의 죽음뿐만 아니라 죽음의 영적인 측면까지 포괄하는 생사학적 접근은 의학적 접근과는 크게 차이가 난다.[36]

---

35 http://www.who.int/ncds/management/palliative-care/introduction/en/

그러므로 그 시행령·시행규칙 (하위 법령)에 호스피스 전문기관의 인력 기준에 영적 돌봄 전문가가 빠진 것만 문제가 아니다. '연명의료결정법'에 죽음에 대한 총체적·전인적 접근을 분명하게 제시하고 있지 않은 게 문제의 핵심이다. 우리 사회는 죽음을 의학적·법률적 논의에만 집중해 육체의 죽음에만 초점을 맞추었다. 이런 현대적 상황에 대해 생사학을 창시한 정신과 의사 퀴블러-로스도 인간 존재는 육체적·감정적·

세미나 포스터 – 삶, 죽음에 길을 묻다

지적·영적인 4가지 측면으로 구성되어 있다면서, "문제의 뿌리는 진정한 의미에서 죽음의 정의定義가 없기 때문"이라고 말한다.

죽음을 의학에서 논의할 때엔 육체의 죽음에 대해서만 다룰 뿐이

---

36 서울대 의대 정현채도 인간의 정체성을 규정하는 것은 육체뿐만 아니라 눈에 보이지 않는 비육체적인 부분에 있다고 강조한다. 그래서 생사학 전문가들은 죽음 문제를 영혼이나 영성과 결부시켜 연구하고 있다. Kenneth J. Doka와 John D. Morgan은 *Death and Spirituality* (Baywood, 1993)을 펴낸 바 있고, 영성적 관심, 사별과 영성적 위기, 영성적 보살핌, 영성과 상담 등 등에 관해 연구가 계속 나오고 있다.

었지만, 그녀는 죽음에 대해 포괄적인 정의를 내리는 일에 부딪혀 보기로 결정했다. 평생 죽어 가는 사람을 보살피고 죽음을 연구했던 그녀는 마침내 "죽음이 끝이 아니라 새로운 시작이라는 것은 믿음의 문제가 아니라 상식, 사실의 문제"라는 결론을 얻었다.[37] 육체란 단지 우리가 죽음을 겪을 때까지 일정 기간 머무르는 집에 지나지 않으니까, 죽음은 단지 이 삶으로부터 다른 존재로의 변화일 뿐이므로, 죽음은 존재하지 않는다고 그녀는 말한다.

4) 죽음, 우리 인식의 한계를 반영한다

종양학 전문 의사 로저 콜[38]은 생사학과 호스피스 운동의 선구자

---

[37] 죽음이 끝이 아니라 새로운 시작이라는 사실은 기독교에서 오래전부터 강조해 왔다. 기독교인에게 있어서 죽음이란 종말이 아니라 새 생명의 시작으로, 죽음은 새로운 세계로 가는 희망의 문이다. "나는 부활이요 생명이니라. 나를 믿는 자는 죽더라도 살 것이요, 살아서 나를 믿는 자, 누구든지 영원히 죽지 않을 것이다."(『신약성경』, 요한복음 11:25) 인도의 거리에서 죽어 가는 사람들을 위해 '니르말 흐리다이'를 지었던 데레사 수녀는 누구보다도 죽어 가는 사람을 많이 보살폈다. "죽음은 고향으로 가는 것입니다. 죽음이 무엇인지 안다면 죽음을 두려워하지 않을 것입니다. 죽음은 삶의 계속이고 완성입니다. 죽음이란 육신의 죽음일 뿐이지 영혼은 계속 유지됩니다. 사람은 결코 죽지 않습니다. 죽음은 고향으로 하느님을 찾아가는 것일 뿐이라는 사실을 올바로 이해하기만 한다면 죽음에 대한 두려움은 사라질 것입니다."(신홍범, 『마더 데레사: 그 사랑의 생애와 영혼의 메시지』, 두레, 1997, 96쪽)

퀴블러-로스의 워크숍에 관한 정보를, 젊은 암환자가 그에게 1984년에 알려준 것이 그의 인생에 큰 전환점이었다. 종양학 분야에서 수련을 마친 그는 호스피스 완화의료 분야로 옮겼다. 죽어 가는 사람들을 돌보는 과정에서 그는 매우 뜻 깊은 교훈들을 배울 수 있었다. 특히 죽어 가는 사람들이 죽음 수용단계에 접어들었을 때 더욱 그러했다고 한다. 그 단계에 이르면 영혼이 거의 눈에 보일 정도로 선명해진다. 그럴 때 영혼은 순수함과 평화에 의해 병실을 온통 사랑으로 가득 채우며, 남은 사람들에게 '죽음'이 아름답다는 느낌을 주고 떠난다. 그는 이런 마음으로 『사랑의 사명』을 썼다.

> 죽음 이후에도 삶이 있다는 것을…… 확신한다. 실제로 나는 죽음을 현실로 인정하지 않는다. 죽음이란 우리 인식의 한계를 반영할 따름이다. 마음을 열고 영혼의 소리에 귀 기울이면, 죽음이란 우리의 제한적인 인식이 투사된 환상임을 깨달을 수 있다. …… 이 일을 하면서 늘 기쁜 이유는 삶을 바라보는 관점 때문이다. 나는 내 자신의 영원한 정체성을 발견했다. …… 아무도 죽

---

38 로저 콜은 영국 태생으로 킹스 칼리지에서 종양학을 전공한 후 의사생활을 시작했다. 그는 환자들과 대화를 시작해 암환자로 산다는 것, 죽음에 직면한다는 것, 사랑하는 사람을 잃는다는 것에 대해 이야기를 나누었다. 놀랍게도 그렇게 하는 것이 환자들에게 큰 도움을 주었고 환자들도 그에게 고마워한다는 사실을 그는 알게 되었다.(로저 콜, 주혜경 역, 『사랑의 사명』, 판미동, 2011, 71~75쪽)

지 않는다. 고통은 영혼이 적응하는 과정에서 잠시 겪는 과정일 따름이다.[39]

하버드대 의학박사 출신으로 인도 전통 치유과학인 아유르 베다와 현대의학을 접목한 디팩 쵸프라는 육체적 생명을 끝내는 것이 곧 죽음이라는 식으로 죽음을 정의하는 것은 분명 문제가 있다고 지적한다.

의식의 영역을 보다 확장시켜야 우리 자신뿐만 아니라 죽음을 보다 잘 이해할 수 있다. 죽음이 우리 삶의 목적이며 그 완성이라는 증거를 보기 위해서는, 우리의 의식경계를 확장시켜야만 한다. 그렇지 않고서는 우리 자신과 죽음을 제대로 이해할 수 없다.[40]

생사학과 호스피스의 현대적 고전 『티벳의 지혜』의 저자 소걀 린포체의 발언 역시 시사하는 바가 크다. "죽은 이후 영혼이 있느냐 없느냐 하는 문제는 증명이나 논증의 문제라기보다, 지금 이 삶에서 자기 자신과 인간 존재를 얼마나 깊이 있게 이해하느냐 여부에 달려 있다."[41]

---

39 앞의 책, 75~75쪽, 217쪽.

40 디팩 쵸프라, 정경란 역, 『죽음 이후의 삶』, 행복우물, 2006, 17쪽.

41 소걀 린포체, 『티벳의 지혜』, 민음사, 1999, 41~61쪽 ; Gary Doore ed. *What survives?*, Tarcher Putnam Book, 1990년, 203쪽.

퀴블러-로스의 생사학을 계승한 종양학 전문 의사 로저 콜은 죽어 가는 사람을 돌보는 과정에서 자신의 영원한 정체성을 발견했고, 죽음 이후에도 삶이 있음을 알게 되어 죽음은 제한된 인식의 투사임을 깨달았다. 따라서 그는 육체 중심의 의학적 접근 대신 생사학적 접근법을 활용해 육체의 죽음에 초점을 맞추지 않았고, 영적인 차원을 비롯한 전일적 차원에서 보살피게 되었다. 우리 사회는 지금까지 죽음을 육체의 측면으로만 바라보았다. '연명의료결정법'을 준비하면서 연명의료 중단 결정의 문제, 이에 대한 의학적 접근, 법률적 논의에만 초점을 맞추었다. 인간의 죽음을 의학적 치료와 법률적 문제로만 보았으므로 영적 돌봄은 도외시하게 된 것이다. 육체의 죽음으로만 보면 영적으로 보살필 필요가 어디 있겠는가. 영적인 돌봄이 필요하기 위해서는 죽음에 대한 깊이 있는 이해, 죽음에 대한 포괄적인 접근, 즉 생사학적 접근이 필요하다. 인간의 죽음을 육체적·사회적·심리적·영적 측면에서 총체적으로 바라보지 않고 육체의 죽음에만 초점을 맞춰 의학적으로만 접근하면서 영적 돌봄을 요구하는 것은 자가당착일 뿐이다. 세계보건기구 규정대로 호스피스 돌봄과 죽음을 육체적·사회적·심리적·영적 측면에서 총체적으로 바라볼 때, 즉 생사학적으로 접근할 때 비로소 영적 돌봄이 요구되는 것이다. 호스피스 전문가도 다음 같이 말한다.

연명의료 결정에 대한 논의가 이루어지기 전에 우리 사회 죽음의 질에 대한 논의가 먼저 이루어져야 할 것이다. 연명의료 중단은 논의하면서 고통 속에서 죽어 가는 사람들을 외면하고 있다면, 진정 연명의료 중단을 논의할 자격이 있는가 되돌아볼 필요가 있다. 우리 사회 죽음의 질 지수는 OECD 가입국 중 하위에 그치고 있다. 죽음과 죽음 준비에 대한 깊은 생각이 이루어지지 않은 시점에서 연명의료에 대한 법적 근거가 이루어진다면 많은 혼란이 야기될 수 있다. 죽음과 호스피스에 대한 바른 이해를 통한 사회 분위기가 조성되어야 한다.[42]

세계보건기구에서 호스피스 돌봄은 육체적, 사회적, 심리적, 영적 보살핌으로 분명히 규정했으므로, 인간의 죽음은 뇌사나 심폐사처럼 죽음 판정의 육체적 기준만으로 충분할 수 없고 의학적 접근만으로는 부족하다. 호스피스 전문가도 "죽음에 대한 깊은 생각이 이루어지지 않은 시점에서 연명의료에 대한 법적 근거가 이루어진다면 많은 혼란이 야기될 수 있다"고 강조했다. 연명의료 중단의 법제화는 입법취지를 살리기 위한 준비가 크게 부족해, 실제로 현대판 고려장이 되지 않을까 하고 의학 전문가조차 걱정하고 있는 상황이다. 우리 사회는 지금까지 죽음을 터부시해 왔다. 죽음을 일상 대화의 주제로 올리는 사람이 거의 없고, 평소에 죽음을 준비

---

42 한림대 생사학연구소 주최 세미나 자료집, 『연명의료 결정 법제화에 대한 학제적 성찰』, 2014년 4월 23일, 62쪽.

하는 사람도 찾아보기 어렵다. 죽음 문화가 충분히 성숙되지 않은 상태에서 연명의료 중단 결정을 법제화했다. 의료인이라면 누구나 말기 환자와 임종 과정 환자에게 따뜻한 의료를 제공하기 위한 전문훈련을 받아야 하지만, 상급 종합병원들은 병실과 중환자실에서 맞이하는 비참한 임종에 대해 무관심할 뿐만 아니라 기존에 있던 호스피스 병실마저 폐쇄하려 한다. '연명의료결정법' 제정에 중요한 역할을 한 서울대 의대 윤영호도 "법제화 이후에 진척된 내용 없이 시범사업 하는 정도에 머물고 있어 입법 취지를 살리기 위한 준비도 턱없이 부족하다"면서 현대판 고려장이 되지 않을까 걱정하고 있다.[43]

연명의료 법제화를 논의하는 과정에서, 또 법제화 이후에도 여전히 주로 연명치료와 호스피스·완화의료제도 도입의 필요성과 그 필요성을 충족하기 위하여 의학과 법적인 측면에서 어떻게 제도화할 것인지에 주로 논의의 초점을 맞추고 있으며, 이 제도를 뒷받침할 인프라와 환경 여건에 대한 논의는 전혀 이루어지지 않고 있다. 가톨릭에서도 호스피스 완화의료 제도, 병원윤리위원회의 적절한 활동 등이 충분히 시행되지 못하고 있는 상황에서, 생명 가치에 대한 올바른 인식과 충분한 정보제공 등에 대한 아무런 노력 없이 생명에 대한 결정을 법제화하는 것은 인간의 존엄성을 침해하는 것이므로, 법제화에 반대하는 입장을 취했다.[44]

---

43 중앙일보, 2017년 7월 19일.

죽음에 대한 의학적 접근과 법률적인 논의는 단지 죽음의 육체적 측면, 즉 죽음 전체를 보지 않고 일부분만 다루는 격이다. 따라서 퀴블러-로스는 이제 죽음 정의는 물질적이며 육체적인 것을 넘어 영혼·정신·삶의 의미같이 순전히 물질적인 삶과 생존 이상의 무언가 지속되는 것이 있음을 고려해야 한다면서, 죽음이 끝이 아니라는 것은 종교나 믿음의 문제가 아니라 상식 혹은 사실의 문제라고 말한다.[45] 우리 사회도 WHO에서 제시한 대로 죽음에 대한 육체적, 사회적, 심리적, 영적 측면, 즉 생사학적 접근을 통해 사회 분위기 조성을 위해 노력하고,[46] 이를 바탕으로 의학적 접근과 법률적 논의를 통해 연명의료 중단 결정과 호스피스 활성화를 모색해야 우리 사회 임종 문화 개선에 의미 있는 진전을 거둘 수 있을 것이다.

---

44 정재우, 「의료에 관한 가톨릭 생명윤리의 맥락과 연명의료 결정에 관한 성찰」(『가톨릭철학』 21, 2013), 30쪽.

45 퀴블러-로스, 박충구 역, 『삶과 죽음에 대한 기억』, 가치창조, 2001, 225쪽.

46 한림대 생사학연구소 주최 세미나, 같은 자료집, 14~15쪽.

제2부

생사학의 죽음 이해

1장

49재, 생사학으로 읽는다

＼

최근 우리 사회에 연명의료 중단, 안락사, 존엄한 죽음, 웰나잉, 그리고 자살문제 등 죽음 관련 현상이 주목받고 있다. 죽음을 어떻게 이해하느냐 여부에 따라 거부감이나 터부를 야기하기도 하므로, 죽음 이해는 중요한 의미를 지닌다. 우리가 잘 의식하지 못하지만, 뇌사와 심폐사처럼 죽음을 육체 중심으로 이해함으로써 많은 문제가 일어나고 있다. 이와 같은 우리 사회의 육체 중심의 죽음 이해와 불행한 임종 방식과 관련해 불교의 49재를 집중 검토하고자 한다. 불교의 철학적·종교적 메시지를 표현하고 있는 49재는 불교적 죽음 의례의 형식이고, 그 안에는 죽음 관련 불교 콘텐츠가 담겨 있다. 그래서 49재에 불교의 죽음 이해를 제외하면 형식적 의례만 남을 뿐이다. 붓다의 출가 동기, 깨달음의 내용, 그리고 열반 모두 죽음 문제와 밀접한 관련이 있고,[1] 불교의 존재 이유 역시 생사 문제 해결을 위한 것이므로, 불교 의례로서 49재는 매우 중요하다. 따라

서 49재를 바르게 이해하기 위해
서는 불교적 죽음 의례 형식과 함
께, 불교의 죽음 이해에 초점을 맞
춰 접근해야 한다.

세미나 포스터 – 49재, 생사학으로 읽다

이 시론에서는 우리 사회 육체
중심의 죽음 이해와 불행한 임종
방식과 관련해 49재의 전개 과정
에 죽음과 관련해 어떤 불교적 메
시지가 담겨 있는지 구체적으로
검토한다. 1) "현대 사회의 죽음
이해, 길을 잃었다"에서는 의학에
서 제시하는 육체 중심의 죽음 이
해의 문제점을 제시한다. 2) "불교
의 죽음 이해, 49재에 어떻게 담겨 있는가"에서는 49재의 진행 과
정을 5가지 단계로 정리한다. 3) "불교, 죽음을 육체 중심으로 이
해하지 않는다"에서는 49재에 담긴 불교의 죽음 이해가 현대 사회
육체 중심의 죽음 이해와 어떻게 차이가 나는지 밝힌다. 4) "생사
학, 죽는다고 끝나는 게 아니다"에서는 생사학의 관점에서 심폐사
와 뇌사가 왜 온전한 죽음 이해가 될 수 없는지 살펴본다. 5) "49재
의 죽음 이해, 육체 중심의 죽음 이해와 다르다"에서는 죽음과 관

---

1   오진탁, 『삶, 죽음에게 길을 묻다』, 35쪽.

련한 5가지 질문을 통해 현대 사회 육체 중심의 죽음 이해와 49재(불교)의 죽음 이해가 얼마나 차이가 나는지 구체적으로 드러내고자 한다.

1) 현대 사회의 죽음 이해, 길을 잃었다

우리 사회에서 통용되는 죽음 이해를 살펴보면, 병원에서는 심폐사(뇌사) 중심으로 죽음을 말하고 있다. 심폐사는 죽음 판정의 의학적 기준이지 죽음에 대한 총체적인 이해라고 할 수는 없다. 하지만 병원에서 통용되는 심폐사가 마치 죽음의 전부인 양 우리 사회에 통용되고 있다. 심폐사가 죽음 이해로 통용된다는 것은, 인간은 육체만의 존재이고 죽으면 다 끝난다는 것을 전제로 한다.

1) 한국을 좋아하는 워렌 닐랜드(Neiland) 오산대 교수는 이렇게 말한다. "한국식으로 죽거나 묻히고 싶지는 않다. 수도권 화장장에 갔을 땐 여러 유족이 한 공간에 뒤섞여 각자 번호표 받고 북적대는 광경에 큰 충격을 받았다. 고인을 보내는 건 굉장히 개인적인 경험인데, 그곳 풍경은 꼭 패스트푸드 식당 같았다. …… 복지가 부실한 측면도 있겠지만 꼭 그것 때문만은 아닌 것 같다."[2]

---

2 워렌 닐랜드는 2013년 6월 고향 아일랜드에 돌아가 외할머니 상을 치르고 왔다. 당시 외할머니는 81세. 환갑 때부터 21년 동안 파킨슨씨병을 앓았고

2) 이런 상황에서 생명윤리 전공학자는 다음과 같이 말한다. "우리가 정의하고 논의할 수 있는 영역은 육체적 죽음뿐이다. 죽음이란 무엇일까? …… 사후의 생명에 관련된 죽음에 관해 도대체 아무런 증명도 할 수 없다는 칸트의 판단은 여전히 유효하다. …… 사후의 생명에 관한 증명은 그리하여 실패했을 뿐만 아니라 이론적으로도 전혀 불가능하다."[3]

3) 하버드대학교 뇌사위원회 보고서는 이렇게 말했다.

새로운 죽음 정의에 의해 생명을 구할 수 있는 가능성이 있다. 왜냐하면 죽음에 대한 이러한 정의를 받아들인다면, 이전보다 이식에 필요한 장기의 활력 조건이 크게 향상될 것이기 때문이다. …… 우리가 죽음에 대한 새로운 정의라고 말하면서 분명히

막판엔 폐렴이 왔다. 마지막 2~3주일 동안 외할머니는 자식들과 친척들을 차례로 집으로 불러 작별인사를 했다. 1주일간 큰 병원에 입원했다가 마지막 날 집 근처 개인병원으로 옮겨서 가족을 잘 아는 동네 의사의 보살핌을 받으며 숨을 거뒀다. 서울에서 흔히 보는 장례와는 많이 달랐다. 첫날은 가족만의 시간이었다. 3일장 내내 '주인공'은 할머니였다. 장례 미사 때 장손자가 추도사를 읽었다. 선술집에 모여서도 다들 고인의 얘기를 했다.(조선일보, 20114년 9월 2일)

3 구인회, 「생사학의 죽음 이해를 읽고」, 『철학연구』(철학연구회, 2006, 겨울), 177쪽.

하려고 했던 것이 바로 이것이다.[4]

심폐사와 마찬가지로 뇌사를 죽음 정의로 받아들인다는 것은, 인간이 육체만의 존재임을 자명한 사실로 수용한다는 뜻이다. 뇌사를 죽음 정의로 수용해 장기이식이 활성화될 수 있겠지만, 그 결과 인간은 육체만의 존재라고 인정하게 되는 것이다. 뇌사를 인정해 장기이식을 활성화시키는 문제와 죽음 정의 문제는 차원이 다른 문제임에도 불구하고, 서로 혼동하고 있는 것이다.

4) 미국 예일대의 셜리 케이건이 1995년부터 시작한 철학 강의 'DEATH'는 미국 아이비리그를 대표하는 3대 명강의로 꼽힌다. 예일대의 지식공유 프로젝트 'Open Yale Course'의 대표 강의로서 미국과 유럽, 중국과 러시아에서도 큰 반향을 불러일으켰다. 이 강의를 새롭게 구성한 책은 우리 사회에도 『죽음이란 무엇인가』로 번역되어 베스트셀러가 되었다.[5] 셜리 케이건은 이 책을 통해 다음과 같이 주장한다.

우리는 영혼을 갖고 있다. …… 죽음은 우리의 육신을 파괴하지만 그 이후에도 계속 살아남을 수 있다고 주장한다. …… 하지만

---

4   피터 싱어, 장동익 역, 『삶과 죽음』, 철학과 현실, 2003, 38쪽.
5   셜리 케이건, 박세연 역, 『죽음이란 무엇인가』, 엘도라도, 2015.

y

66 제2부 생사학의 죽음 이해

이 책에서 나는 영혼은 없다고 주장한다. …… 이 책에서 나는 죽음을 바라보는 이와 같은 견해가 잘못되었다는 것을 보여주겠다. 이것이야말로 이 책을 통해 내가 말하고자 하는 바다.[6]

죽은 다음에도 살아간다는 것은 자기모순이다. 삶이 끝난 상태에서 삶이 존재할 수 없다고 그는 말한다. 더 이상 다른 답은 없다. 완전히 결론이 난 문제라는 것이다.[7] 그러나 철학 교수는 죽음을 직접 체험하지 못했고, 또 죽음의 현장과 직접 연결된 연구를 진행하지 못하므로 문헌 연구만 진행할 수 있다. 문헌 속에 제시된 죽음만 말할 뿐 죽음을 직접 말할 수 없다. 셜리 케이건도 문헌과 이론 중심의 연구를 진행했으므로, 죽음 현장과의 괴리는 문헌 중심 죽음 연구의 한계를 드러낼 수밖에 없다. 그는 『죽음이란 무엇인가』에서, 놀랍게도 여러 번 자신은 죽음을 모른다고 반복해 말하고 있다.

물론 우리는 죽음이 뭔지 모른다.[8]
육체적 죽음 이후에 나는 계속 존재할까? 육체적 죽음 이후로부터 나는 살아남을 수 있을까? 우리는 이 질문에 대해 정답을 갖고 있지 않다.[9]

---

6 같은 책, 10~11쪽.
7 같은 책, 19~20쪽.
8 같은 책, 10쪽.
9 같은 책, 22~23쪽.

물론 나는 정답을 알지 못한다. 비물질적인 존재들이 어떻게 움직이는지에 대해서 나는 거의 아는 바가 없다.[10]

죽음을 모르면 모른다고 말하면 충분하지 않을까. 왜 죽음을 아는 것처럼 굳이 인간은 육체만의 존재라고 말하는가.

지금까지 1) 우리 사회의 장례식 풍경, 2) 생명윤리 전공학자의 발언, 3) 하버드대 뇌사위원회의 보고서, 4) 미국 예일대 철학전공 교수 셜리 케이건의 저서 『죽음이란 무엇인가』를 포함하여 모두 4가지 자료를 제시했다. 필자는 여기서 책만 보는 이론 연구와 현장 연구 사이의 괴리를 지적한다. 학자들은 죽음을 직접 눈으로 볼 수 없고 또 체험할 수 없으므로, 문헌자료 중심으로 연구를 진행한다. 특히 현대 사회는 과학적 증거 중심으로 논의를 전개하고 있어서 죽음 연구 역시 과학적 논의에 종속되어 있는 상황이다. 그러나 죽음을 과학적 관점에서 설명하려는 시도 자체에 문제가 있다.

우리가 논의하고 다룰 수 있는 영역이 육체의 죽음뿐이라고 한다면, 의학 이외에 종교, 생명윤리가 필요한 이유가 어디 있는가? '생명윤리'에서 '생명'이 육체를 가리키는가? 생명윤리 전공학자와 철학 교수의 주장대로 육체의 소멸로 죽음이 충분히 이해될 수 있다면, 생명윤리는 '육체의 윤리'로 바꾸어 부르는 게 합당하지 않을까? 인간은 뇌만의 존재, 육체만의 존재일 뿐일까? 죽음을 뇌사와

---

10 같은 책, 29쪽.

심폐사 위주로 이해해도 되는 것인가? 죽음을 어떻게 이해하느냐 하는 죽음 이해의 문제는 죽음 판정의 의학적 기준과는 차이가 있다. 심폐사와 뇌사, 두 가지는 죽음 판정의 의학적·육체적 기준일 뿐이므로, 의학적 죽음 이해는 될 수 있다. 하지만 온전한 죽음 이해가 될 수 있을까? 죽음 이해 혹은 죽음 정의 문제는 기본적으로 철학, 종교, 생사학의 영역이고, 죽음 판정의 육체적 기준 제시는 기본적으로 의학적인 문제이기 때문이다.[11]

2) 불교의 죽음 이해, 49재에 어떻게 담겨 있는가

그러면 앞에서 제시한 현대 사회의 육체 중심의 죽음 이해와 관련해 불교의 49재를 구체적으로 살펴보자. 불교의 가르침을 바탕으로 죽음 의례가 전개되는 49재에는[12] 진행 순서가 조금 차이는 있

---

[11] 세계보건기구(WHO)에 따르면 호스피스 돌봄은 육체적·사회적·심리적·영적인 전인적 돌봄을 특징으로 한다. 육체의 죽음이 전부라면 영적인 보살핌이 필요 없다. 영적 돌봄은 말기 및 임종 과정 환자에게 죽음의 불안을 극복하고 편안하고 품위 있는 죽음을 맞이할 수 있게 하는 것이다. (http://www.who.int/ncds/management/palliative-care/introduction/en/)

[12] 49재는 사람이 죽으면 49일 동안 7일마다 불공을 올리는 불교의 사자死者 의례이다. 49재는 규모에 따라 첫째 기본형식인 상주권공재常住勸供齋, 둘째 상주권공재에 시왕의례十王儀禮가 첨가된 시왕각배재十王各拜齋, 셋째 상주권공재의 기본요소가 확대되어 석가모니의 영취산 설법을 상징화한 영산재, 모두 3가지 유형이 있다.

지만 대체로 다음 순서로 진행된다.

대령對靈	49재 의식의 주인공은 영가이다.[13] 죽은 영가는 49재에 초청되고, 49재에 참가한 사람들은 불법의 가르침을 받는다.
관욕灌浴	불보살 앞에서 영가가 생전에 지은 업을 씻어주는 정화 의식.
상단권공上壇勸供	상단에 초청된 불보살께 공양을 올린다.
중단권공中壇勸供	49재에 모든 신중을 청하여 모신다.
관음시식觀音施食	하단의 망혼에게[14] 음식을 대접하고 불법을 전한다. 영혼의 극락왕생을 기원한다.
봉송奉送	49재를 마치고 죽은 영혼을 떠나보낸다.
소대의식燒臺儀式	영혼이 사용하던 옷과 의례에 사용된 물건을 태운다.
법식法食	음식을 유주有住·무주고혼無住孤魂들에게[15] 나누어준다.

49재 의식의 내용을 살펴보면, 죽은 영혼에 초점이 맞추어져 있음을 알 수 있다. 죽으면 다 끝난다면 49재를 지낼 이유가 없다. 육체는 죽더라도 영혼은 죽는 게 아니므로 49재를 실행하고 있는 것이다. 따라서 심폐사와 뇌사 중심의 의학적 죽음 이해는 49재에 반

---

13 영가靈駕는 영혼을 실은 수레.

14 망혼은 육신이 죽은 영혼을 뜻한다.

15 고혼孤魂은 죽음이 끝이 아님을 몰라 죽은 이후 떠나지 못하는 외로운 영혼이란 뜻이다. 유주有住는 머물 곳이 있음, 무주無住는 머물 곳이 없다는 뜻이다.

영된 불교의 죽음 이해와 크게 차이가 난다. 49재가 불교 의례의 핵심으로 자리 잡은 이유는, 육신이 죽는다고 다 끝나는 게 아니고 죽은 이후 영혼이 남는다는 불교의 죽음 이해를 반영하고 있기 때문이다.[16] 또 영혼의 존재를 인정하는 것은 붓다의 무아 가르침과 충돌되는 것은 아닌지 의심할 수 있다. 우리가 오온의 결합이듯이 영혼도 마찬가지로 오온의 결합일 뿐이다. 따라서 오온으로 생성된 연기적 존재이므로, 영혼도 실체로서 인정되는 것은 아니다.

49재에서 붓다는 의례의 불교적 기반이고, 스님은 49재 의례의 주재자이고, 유족은 사랑하는 가족이 죽음을 당해 그 영혼을 위로하기 위해 의례의 진행을 요구한 당사자이다. 붓다, 스님, 영혼과 가족 모두 49재에서 빼놓을 수 없지만, 49재 의례는 영혼을 위로하기 위해 열리는 법회이므로, 49재의 주인공은 바로 영혼이다. 49재는 죽은 영혼의 극락왕생을 기원하는 사자 의례이고, 또한 살아 있는 가족의 상실을 치유하는 의례이기도 하다. 따라서 49재에는 죽은 영혼과 살아 있는 가족 양쪽에 전하는 메시지가 있다. 49재의 진행 과정을 생사학의 관점에서 바라볼 때, 영산재의 핵심 과정을 영산재의 주인공인 영혼에 초점을 맞춰 다음과 같이 5가지 과정으로 구분할 수 있다.[17]

---

16 또 세계보건기구는 건강, 호스피스, 죽음 등과 관련해 권위를 인정받고 있는 세계적인 공공기관이다. 세계보건기구에서 'spiritual'이란 표현을 사용하고 있는 것은, 육체 중심의 죽음 이해로는 충분하지 않다는 것을 뜻한다.

17 구미래는 49재의 기본구도를 5가지로 정리했다. 맞이하기, 씻기, 기원하기,

	단계 명칭	죽은 영혼	살아 있는 가족
1	영혼을 맞는다	영혼이 초대받아 참여	가족이 영혼을 49재에 초대
2	영혼의 업을 씻는다	관욕으로 정화 업을 씻음	사랑하는 사람의 죽음 가족은 상실을 치유
3	영혼의 극락왕생 기원	상단권공 영혼을 치유	상실치유 사랑하는 사람의 극락왕생 기원
4	영혼에게 불법을 전한다[18]	관음시식 불교 가르침을 받는다	불교 가르침을 받는다 죽음 준비 교육
5	영혼을 보낸다	봉송 영혼은 저승으로 떠난다	가족은 죽음 준비

1) **영혼을 맞는다**: 의학에서 말하는 것처럼 죽는다고 다 끝나는 게 아니다. 육신은 영혼이 입는 옷과 같아서 육신이 죽으면 영혼은 육신으로부터 떠나게 된다. 죽으면 어떻게 되는지 분명하게 알지 못하는 상태에서, 또 죽음을 전혀 준비하지 못한 채 영혼은 갑자기

제사지내기, 보내기.(구미래, 『한국인의 죽음과 사십구재』, 민속원, 2009, 265쪽) 필자는 49재 의례의 주인공은 영혼이므로, 49재가 전하는 메시지를 보다 분명하게 제시하고 또 현재 우리 사회 죽음 이해의 부족한 점을 한층 드러나게 하기 위해 죽음을 맞이한 영혼에 초점을 맞춰 5단계 각각에 명칭을 붙였다.

18 음식을 공양 올리고 불교 진리의 말씀을 전하는 것. 무속과의 차별성을 부각시키고 불교의 특징을 드러내기 위해 영혼에게 불법을 전하는 점에 초점을 맞추었다. 불교는 음식공양보다 법공양을 크게 중시한다.

죽어서 크게 당황하게 된다. 그래서 갑자기 사랑하는 사람을 잃은 가족은 영혼을 위로하기 위해 49재를 준비한다. 가족은 49재를 준비해 죽은 영혼을 부른다. 영단靈壇에 위패와 영정을 모시고 영혼을 좌정시킨 다음, 간단한 음식으로 대접하며 절을 올린다.

2) **영혼의 업을 씻는다**: 인간은 살면서 업을 짓게 된다. 영혼이 생전에 지은 업은 행동(身)과 말(口)과 생각(意)으로 짓는다. 죽으면 업에 따라 그에 맞는 삶을 찾아 가게 된다고 불교는 말한다. 이 단계에서는 영혼을 초대해 생전에 지은 업을 씻는다. 영혼을 상징하는 '종이로 만든 옷'을[19] 태움으로써 영혼의 업을 씻는다. 이때 업의 정화, '씻음'이라는 상징성을 드러내기 위해 세면도구를 진열해 놓고, 새옷 한 벌도 갖추어 놓는다. 관욕을 통해 업을 씻어 청정해진 영혼은 붓다 앞으로 나아가게 된다. 가족의 경우 영혼의 업이 불교의식을 통해 정화되므로, 사랑하는 사람의 상실로 인한 슬픔이 치유되게 된다.

3) **영혼의 극락왕생 기원**: 49재의 핵심으로, 상단의 불단佛壇에 재물齋物을 풍성하게 차려놓고 영혼의 극락왕생을 기원한다. 사시에[20] 아미타불과 지장보살 등에게 불공을 올린다. 상단의례가 끝나면 공양물을 중단의 신중단神衆壇으로 일부 옮겨놓고 간단히 불공을 올린다. 가족은 영혼의 업이 정화되고 극락왕생이 발원되므로, 상실

---

19 '종이로 만든 옷'은 지의紙衣라고 한다.

20 사시巳時는 9시~11시이다.

의 슬픔이 치유된다.

4) 영혼에게 불법을 전한다: 영혼에게 음식을 대접하면서 유족·친지들이 절을 올린다. 상단의 공양물을 하단으로 옮겨 유족이 영혼에게 제사를 지낸다. 뒤에 앉은 승려는 영혼에게 불교 법문을 들려주는 염불을 한다. 승려는 영혼이 이승에 대한 미련을 버리고 좋은 세상에 태어나도록 설법하고 염불한다. 공양에는 두 가지가 있다. 첫째는 음식공양, 둘째는 법공양. 음식 대접도 중요하지만, 불교의 가르침을 전하는 법공양이 더욱 중요하다. 불교의 가르침을 통해 죽음은 육신의 죽음일 뿐이고 죽으면 이 세상 인연을 마무리 짓고 새 삶이 시작됨을 알려준다. 불교의 죽음 이해를 통해 가족 역시 죽음은 육신의 죽음일 뿐이라는 붓다의 가르침을 새롭게 이해하게 된다.

5) 영혼을 보낸다: 영혼은 삶에 대한 미련과 아쉬운 마음을 정리하고 다른 세상으로 떠난다. 의례에 참석한 모든 대중이 불보살에게 절을 올리고, 바깥의 소대燒臺에서 영혼의 옷과 49재에 사용된 물품을 태운다. 의례에 사용된 음식을 함께 먹고, 남은 음식은 참석자들에게 나누어준다. 가족은 49재를 통해 사랑하는 사람의 죽음으로 인한 상실을 위로받고 이제 편안한 마음으로 사랑하는 사람의 죽음을 받아들이게 된다. 또 자신의 죽음 이해를 새롭게 하면서 불교수행과 함께 아름다운 마무리를 위해 죽음 준비를 해야 한다.

3) 불교, 죽음을 육체 중심으로 이해하지 않는다

49재의 5가지 절차는 불교적 죽음 의례의 형식이고, 그 안에 담긴 콘텐츠는 불교의 죽음 이해이다. 49재가 불교에서 계승·발전된 것은 붓다의 죽음 이해를 일상의 삶에서 실천하고 있기 때문이다. 49재를 행한다는 것은 불교 의례의 형식적인 재현에만 그치는 게 아니라 죽음과 관련한 붓다의 가르침을 일상에서 되새기고 실천한다는 뜻이다. 우리가 여기서 특히 주목해야 할 점이 있다. 49재에 담겨 있는 불교의 죽음 이해는 사람들의 일반적인 죽음 이해, 의료현장에서 통용되는 육체 중심의 죽음 이해와는 크게 다르다는 것이다. 불교는 육체가 죽는다고 다 끝나는 게 아니고, 육체가 죽으면 영혼은 업에 따라 다른 세상으로 떠나 새로운 삶이 이어진다고 가르치기 때문이다. 육체 중심으로 생각하면, 죽으면 다 끝난다고 생각하기 쉽다. 49재의 죽인공은 죽음을 맞이한 영혼이고, 49재는 육신이 죽은 영혼을 위로하기 위해 실행하는 불교 의례이므로, 49재가 의미 있는 행사가 되기 위해서는 49재의 주인공인 영혼, 상실을 경험한 영혼의 가족, 그리고 법회 참석자들이 죽음을 불교적으로 정확하게 이해하는 일이 다른 무엇보다 중요하다.

붓다는 죽음에 대한 정확한 이해 없이, 아무 준비 없이 죽음을 맞이하는 사람의 모습을 도살되는 소에 비유한다. 붓다가 길을 가다가 마침 길에서 소 떼가 성으로 돌아가는 모습을 만났다. 소들은 모두 살이 쪘으며 배가 불러 이리저리 뛰고 서로 치받으면서 좋아하였다. 이 광경을 본 붓다는 소를 치는 사람이 소를 길러 살을 찌우고 죽여 팔듯이, 늙음과 죽음이 중생의 목숨을 몰고 간다고 말했다.[21] 오욕락에 빠져 죽음이 언제 찾아올지 모른 채 살아가는 사람들을, 도살당할 줄 모르고 놀고 있는 소에 비유한 것이다. 소 천 마리를 키우는 백정은 날마다 사람을 소와 함께 성 밖으로 보내 좋은 물과 풀을 구해 먹여 살찌게 한다. 그런 다음 살찐 소부터 골라내어 날마다 도살하였다. "세상 사람들도 또한 마찬가지다. 나라는 존재가 무상無常한 줄 알지 못한다. 다섯 가지 욕망에 탐닉해 그 몸을 기른다. 마음껏 향락하면서 또 서로 해치고 죽인다. 무상이 오랫동안 짝이 되어, 죽음이 아무런 기약 없이 갑자기 다쳐오건만 그들은 끼마득하게 깨닫지 못하고 있으니, 저 소들과 무엇이 다르겠느냐?"[22]

불교의 죽음 이해는 육체 중심의 죽음 이해와 분명히 차이가 난다. 죽음은 수명(호흡), 체온, 의식의 3가지 요소가 육신으로부터 분리되는 것으로 설명된다.

수명(호흡), 체온, 의식이 육체를 떠날 때…… 모든 근이 무너지고 육체와 명命이 분리되는데, 이를 죽음이라 이름한다.[23]

---

21 안양규, 『불교의 생사관과 죽음 교육』, 모시는사람들, 2015, 41~42쪽.
22 『법구비유경』(대정장 4권, 576상)
23 『잡아함경』(대정장 2권, 150중)

불교에서 죽음이란 수명(호흡), 체온, 의식 3가지가 육신으로부터 떠나 인체의 모든 기관들이 멈춘 상태를 말한다. 우리가 살아 있을 땐 호흡, 체온, 의식 세 가지가 함께 유지되어 상호 분리되지 않지만, 호흡을 멈추고 체온이 떨어져 육신이 차갑게 되면 의식이 몸을 떠나게 된다. 그래서 불교에서는 "죽음이란 육신의 옷을 벗는 행위"라는 표현을 자주 사용한다. 청화 스님(1923~2003)도 법당에서 49재를 주재하면서 관욕을 행할 때에 영혼이 허망한 육신을 벗어 던진 것을 분명히 느꼈다고 말한다.[24]

지금 우리 눈에 보이지 않는다 하더라도, 영혼들은 이 자리에서 천도법어를 듣고 있다. …… 우리 인간 존재는 허망하고 무상하다. 영혼이 우리 중생의 제한된 육안으로 안 보인다 해도, 천안天眼이라든가 불안佛眼, 법안法眼으로 보면 영혼은 분명히 존재한다.[25]

사람이 죽으면, 우리 육안으로 보이지 않는다고 해서 영혼이 없는 게 아니므로, 죽는다고 끝이 아니라는 뜻이다. 법정 스님(1932~2010)도 2007년 겨울 폐암으로 미국에서 항암 치료를 받은 후,

---

24 청화 스님, 『영가천도법어』, 광륜출판사, 2009, 138쪽.
"죽음은 육신이라는 옷을 벗는 것과 같고 태어남은 육신이라는 옷을 갈아입는 것과 같다. …… 옷은 벗었다고 해도 옷만 벗었지 영혼은 그대로 있다."(대행 스님, 『한마음요전』, 한마음선원, 1993, 407~408쪽)

25 청화 스님, 같은 책, 8~13쪽, 32쪽.

2009년 다시 병이 재발하자 주위에서 수술을 권했지만 받아들이지 않았다.

죽음은 끝이 아닌 새로운 시작이다. 육체 속에 영혼이 깃들어 있는 것이 아니다. 몸 안에 영혼이 깃들어 있다고 생각하지 마라. 영혼이 육체를 지니고 있는 것이다. 영혼은 육체가 자기 할일을 마쳤음을 알고 낡은 옷을 버리듯이 한쪽에 벗어 놓는다. 일단 죽게 되면 미련 없이 내생으로 여행을 떠난다는 각오를 평소부터 지녀야 한다.[26]

육체 안에 영혼이 있는 게 아니라 영혼이 육체는 지니고 있으므로, 육체가 죽는다고 해서 영혼이 없어지는 게 아니라는 것이다. 육체가 죽으면 영혼은 육체가 자기 할일을 마쳤음을 알고 낡은 옷을 버리듯이 한쪽에 벗어 놓으므로, 죽으면 새로운 시작임을 알아야 한다는 뜻이다.

4) 생사학, "죽는다고 끝나는 게 아니다"

퀴블러-로스는 원래 의사였지만, 죽어 가는 환자를 오랫동안 직접 보살피면서 서양에서 생사학을 창시하게 되었다. 의사인 그가 죽

---

26 법정, 『아름다운 마무리』, 문학의 숲, 2010년, 279쪽.

어 가는 환자를 보살피는 일을 시작할 때에는 죽음에 관심도 없었고, 죽음 이해 문제는 한 번도 생각하지 않았다. 죽음을 의학적으로 논의할 때에는 육체의 죽음에 대해서만 다룰 뿐이기 때문이다. 죽어 가는 환자를 오랫동안 보살피면서 그는 의학적 죽음 이해에 의문을 가지게 되었고, 죽음에 대해 보다 포괄적인 정의를 내리는 일을 고민하게 되었다. 퀴블러-로스도 정신과 의사이므로 과학자로 교육받았는데, 그녀의 관심은 오직 말기 환자의 육체적·정신적 고통을 어떻게 하면 완화시킬 수 있는가에 집중되었다. 하지만 병실 구석에 방치되어 있던 죽어 가는 사람들을 보살피면서 그들의 죽음 관련 체험을 듣게 되었고, 또 아버지의 마지막 모습을 직접 보살피던 중 아버지가 갑자기 그녀가 한 번도 본 적이 없는 사람들과 대화를 나누는 모습도 목도하게 되었다.

그녀 아버지의 대화 상대자는 할아버지였는데, 할아버지는 그녀가 태어나기 전에 이미 돌아가셨으므로 한 번도 본 적이 없었다. 아버지는 할아버지와 대화를 통해 용서를 구하고 있었다. 할아버지는 말에서 떨어져 목뼈가 부러져서 전신마비 상태로 중증장애인 수용시설에 수용되었다. 가족들은 문병을 가지도 않았고 할아버지는 그곳에서 쓸쓸하게 죽었다. 아버지는 할아버지에게 그 일을 참회하고 있었다. 아버지는 할아버지와 이야기하는 도중에 갑자기 퀴블러-로스를 향해 "엘리자베스, 물 한 잔 가져 오렴"이라고 말하더니 대화를 계속했다. 아버지는 죽는 마지막 순간까지 의식이 정상이었다. 다른 호스피스 봉사자들의 경우에도 다른 사람에게는 보이지 않는, 먼저 죽은 가족이나 기독교의 천사, 불교의 보살 등과 죽어 가는 사람이 대화를 나누었다는 사례를 증언하고 있다.[27]

60대 남성이 뇌출혈과 심한 폐렴 증상이 있고 신장과 간 기능이 많이 떨어져 위독한 상태로 며칠 버티기 어려운 상황이었다. 최면 치료 전문가 김영우의 책을 좋아했던 아버지를 위해, 딸이 김 박사에게 전화해 부탁했다. "중환자실에 있는 아버지를 만나 말씀을 해 달라. 아버지가 돌아가신다 해도 남아 있는 가족은 모두 잘 지낼 테니까, 염려마시고 편안히 눈을 감으시라고 말씀해 주셨으면 좋겠다." 김 박사가 고심 끝에 밤 10시가 넘어 병원 중환자실을 찾아 머리맡으로 다가가 귀엣말을 하듯 속삭였다. "제 말이 잘 들리고 뜻을 헤아릴 수 있으면 눈을 한 번 떴다 감아보세요." 그는 눈을 한 번 가늘게 떴다가 감았다.

사람에게 영혼이 있다고 믿으신다면, 지금의 이 상황도 받아들일 수 있을 겁니다. 가족과 헤어진다 해도 언젠가 다시 만날 것이고, 육체의 죽음 이후에도 소멸되지 않는 영혼이 진정한 자신의 모습이라는 것을 기억하셔야 합니다. 제 말에 공감할 수 있고 어떤 결과도 수용할 수 있다면 다시 한 번 눈을 떴다 감아보세요.[28]

---

27 다찌바나 다카시, 윤대석 역, 『임사체험(상)』, 청어람미디어, 2003, 408~409쪽.

28 김영우, 『영혼의 최면치료』, 나무심는사람, 2002, 238~239쪽.

쇠약한 그가 알아듣기 힘들 것 같아 김 박사는 천천히 한 마디씩 분명하게 발음했다. 그의 말에 다시 한 번 눈을 가늘게 떴다 감았다. 그로부터 3일 뒤 딸로부터 다시 연락이 왔다. "어제 아버지가 운명하셨다. 주무시다가 편안하게 돌아가셨다. 박사님께서 다녀가신 이후 훨씬 안정된 모습으로 지내셨다."[29]

여기서 우리는 죽음의 순간을 현대 정신건강의학의 최면치료에서는 어떻게 말하고 있는지에 주목할 필요가 있다. 최면치료 과정에서 임종의 순간을 회상하게 할 경우, 어느 나라 사람이든 종교나 신념에 관계없이 똑같은 내용을 증언하고 있어서 주목된다. 임종의 순간을 회상하게 할 경우, 많은 이들이 죽은 이후 육체로부터 영혼이 빠져나와 허공에 떠다닌다고 증언한다. 어느 나라 사람이든 종교나 신념에 관계없이 유사한 내용을 증언하고 있어서 주목된다. 죽음 이후의 세계가 존재한다는 사실을 의심하고 있고 죽음의 공포에 시달리고 있는 내담자를 최면치료 했더니, 다음의 대화가 이루어졌다.

의사: 어디에 있나?
환자: 침대에 누워 있다. 거의 숨을 쉴 수가 없다.
의사: 죽어가고 있다는 것을 알고 있나?
환자: 생명이 몸에서 빠져나가는 것을 느낀다. …… 고통스러워

---

29 김영우, 위의 책, 240~241쪽.

못 견디겠다.

의사: 무슨 일이 일어났나?

환자: 죽었다. …… 숨 쉬는 것을 그만두고 육체에서 떠났다.

의사: 지금 당신은 어디에 있나?

환자: 바로 위에서 시체를 내려다보고 있다.[30]

최면치료 과정에서 임종의 순간을 회상하게 할 경우, 많은 이들이 죽은 이후 육체로부터 영혼이 빠져나와 허공에 떠다닌다고 증언한다. 죽음의 순간을 접해 보지 못한 대부분의 사람들은 앞서 얘기를 들으면 "무슨 말도 안 되는 소리를 하느냐?"며 이상하게 여길지 모른다. 하지만 죽음에 임박한 사람이 이 세상과 저 세상을 동시에 보는 일은 매우 흔하게 일어난다. 장갑을 끼었다 벗으려면 손이 빠져나오는 데 조금 시간이 걸리는 것처럼, 우리 몸에서 영혼이 빠져나갈 때는 대개 2~3일 또는 몇 시간이 소요된다. 그때 잠깐씩 양쪽 세계를 다 보게 되는 것 같다. 앞에서 인용하였듯이, 대부분의 사람들은 죽기 2~3일 전에 이런 현상을 경험하지만 더러는 그보다 훨씬 일찍부터 이런 경험을 하기도 한다.

영혼과 같은 보이지 않는 현상은 과학적으로 증명할 수 없지만, 호스피스에게는 엄연히 존재하는 현상이다. 건강할 때는 움직이는

---

30 이이다 후미히코, 김종문 역, 『사는 보람의 창조』, 자유문학사, 2005, 145~146쪽.

최면치료 받은 대학생 서 군. 인강을 수강하는 서 군이 김영우 박사의 병원에 가는 길에 동승했다. 서군이 직접 자원해서 최면치료를 받겠다고 나섰다. "교수님 강의가 처음에는 엉뚱하게 들리고 말이 되나 싶기도 했지만, 시간이 지나면서 듣고 나니 정서적으로 큰 도움이 되었다. 나에게는 생사학이 삶을 어떻게 살아야 하는지 하는 밑바탕이 되었다." "최면치료를 받고 마음이 편해지고 불안감이 어느 정도 해소된 것 같다. 좀 더치료를 받으면 전부 해소시킬 수 있을 것만 같다. 영혼의 존재 문제, 나는 종교를 가지고 있지 않지만, 단 한 번의 최면치료를 통해 영혼의 존재가 있다는 사실을 확신하게 됐다. 과학이 세상을 이해하는 데 전부는 아니라고 본다."

몸, 눈에 보이는 세계만을 전부로 착각했더라도 막상 임종 과정이 시작되어 영혼이 몸에서 빠져나가려 하는 시점이 되면 서로 다른 두 세계가 함께 보이게 된다. 그리고 손이 빠져나간 장갑이 스스로 움직이지 못하듯이 영혼이 빠져나간 몸도 더 이상 움직이지 못하게 된다. 그러면 우리는 그 몸을 '시신'이라 부르면서 수의를 입혀 장례를 치르게 된다. 영혼이 몸에서 빠져나가는 과정은 대단히 신비롭다. 사람이 임종할 때가 되면 몸이 서서히 기능을 정지하면서 체인-스톡 호흡(Cheyne-Stoke breathing, 과호흡과 무호흡을 반복하는 것)을 하다가 때가 되면 코로 긴 한숨을 쉬듯이 숨이 빠져나가 버린다. 코로 들어간 생기가 코로 나가는 모습을 목도하노라면 영혼의 존재를 확인하는 느낌을 받게 된다고 한다. 호스피스 간호사는 임종 당사자가 마지막 순간 다른 세상의 존재를 보는 모습을 이렇게 말한다.

임종 2, 3일 전이 되면 대화중에도 갑자기 허공 쪽으로 시선을 돌려요. 그리고 그쪽에 관심을 주다가 다시 대화하는 상황으로 돌아와요. 그동안은 제가 했던 말도 듣지 못합니다. 제가 '무얼 하셨어요?' 하고 물으면 누가 와 있다거나 누구를 보았다고 하지요. 그래서 보이지 않는 세계가 있다는 걸 알게 되지요. 천사나 죽은 사람, 보이지 않는 누군가와 얘기를 나누었다는 분도 있답니다. 학부 시절에 실습을 나갔는데 중환자실이었어요. 어느 날 거기 입원해 있던 한 환자의 생명이 거의 다했다는 조짐이 생명보조장치 등을 통해 나타나기 시작했어요. 호기심이 많았던 저는 사람이 죽는 순간을 목격하고 싶었지요. 교대시간도 마다하고 자리를 지켰어요. 환자는 두 번 급하게 숨을 들이쉬다 잠시 멈춘 뒤 후-욱 하고 내쉬는 체인-스톡 호흡을 끊어질 듯 끊어질 듯 계속하다가, 어느 순간 갑자기 후- 하고 마지막 숨을 내쉬는데, 길게 아주 길게…… 그리고 끝없이…… 그래서 꼭 호흡이 아닌 그 무엇이 함께 나간다는 느낌을 확 받았어요. 그 순간 침대 위의 환자 주위로는 아주 희미한 빛이 감싸져 있다가

사라졌어요.[31]

정신건강 전문 의사 김영우(최면치료 전문가)에 따르면, 지금 발전하는 과학과 의학 자료는 죽음의 순간을 넘어가도 영혼이 끊어지지 않는다는 사실을 보여주고 있다. 영혼이 있어서 죽어도 생명이 끊어지지 않는다. 정말 죽음이 무엇인지 제대로 가르쳐 주는 생명 교육이 필요하다. 죽음으로 끝나는 게 아니고 우리는 계속 의식을 가지고 다른 세계로 옮겨간다.[32] 죽음이 끝이 아니라는 점을 알아야 마음의 위안과 평화를 얻을 수 있으므로, 죽음을 정확히 이해하고 죽음을 준비하는 것은 인간에게 필요한 자기 성장 수업의 한 부분이다. 최면치료의 임상경험을 바탕으로 오랫동안 환자들을 치료하고 있는 김영우에 따르면, 인간의 본질이 영혼이라는 사실을 보여주는 치료 사례와 과학적 근거는 얼마든지 있다. 이 부분을 다루지 않고 삶의 궁극적인 의미나 건강, 진정한 마음의

김영우 박사. "지금 발전하는 과학과 의학 자료는 죽음의 순간을 넘어가도 영혼이 끊어지지 않는다는 사실을 보여주고 있다. 죽음으로 끝나는 게 아니고 우리는 계속 의식을 가지고 다른 세계로 옮겨간다. 죽음을 정확히 이해하고 죽음을 준비하는 것은 인간에게 필요한 자기 성장 수업의 한 부분이다. 최면치료의 임상경험을 바탕으로 오랫동안 환자들을 치료한 결과, 인간의 본질이 영혼이라는 사실을 보여주는 치료 사례와 과학적 근거는 얼마든지 있다."

---

31 『월간조선』, 2000년 3월호, 96~97쪽.

32 김영우, 『빙의는 없다』, 전나무숲, 2012, 20~25쪽.

평화에 도달하는 것은 불가능하다는 것이다. 의학이 아직 충분히 이해하지는 못하고 있지만, 언젠가 영혼의 존재를 인정하고 이를 바탕으로 우리의 삶과 건강을 이해할 날이 올 것이라고 그는 단언한다.[33]

평생 죽어 가는 임종자를 보살폈던 퀴블러-로스는 마침내 죽음이 끝이 아니라는 사실은 "누구나 알아야 하는 상식의 문제"라는 결론을 내렸다. 육체란 단지 우리가 죽게 될 때까지 주어진 기간 동안 머무르는 집에 지나지 않는다는 것이다. 죽음은 단지 이 삶으로부터 다른 존재로의 변화일 뿐이므로, 죽음은 존재하지 않는다고 그는 말한다.[34] 현대 사회는 육체의 죽음이 전부인 줄 착각하기 때문에 죽음을 정확하게 이해하지 못한다고 그는 말한다.

죽어 가는 사람은 어렵지 않게 이 세상과 저 세상을 동시에 볼 수 있다. 육신으로부터 영혼이 빠져나가려면 시간이 걸리는데, 대개 2~3일 또는 몇 시간이 소요된다. 영혼이 육신으로 빠져나가는 기

---

33 김영우, 『영혼의 최면치료』, 233~234쪽.

34 퀴블러-로스, 최준식 역, 『사후생』, 대화문화아카데미, 2009, 39쪽, 54~55쪽. 죽음의 순간을 오랫동안 기다렸던 퀴블러-로스는 2004년 8월 24일, "나는 우주로 춤추러 간다. 그곳에서 노래하고 춤추며 놀겠다"는 말과 함께 삶을 떠났다. 장례식에서 두 딸이 관 앞에서 상자를 열자 상자 안에서 한 마리 호랑나비가 날아올랐고, 참석자들이 미리 받은 봉투에서도 수많은 나비들이 일제히 하늘로 날아올라 장관을 이루었다.(퀴블러-로스, 류시화 역, 『인생수업』, 이레, 2006, 13쪽)

네덜란드의 히에로니무
스 보슈의 그림, '천국으
로의 승천'. 임사체험자
의 증언을 바탕으로 그린
것으로 평가되고 있다.

간 동안 잠깐 양쪽 세계를 다 보게 되는 것이다. 영혼이 육신으로부터 빠져나가는, 생사학이 제시하는 임종 과정은 불교의 49재를 비롯해 현대 정신건강의학의 최면치료, 호스피스, 임사체험자의 증언,[35] 『티벳 사자의 서』가[36] 말한 내용과 일맥상통한다.

---

35 임사체험臨死體驗은 서양에서 50여 년 전부터 시작되어 전 세계에 수천만 건에 이르는 다양한 체험 사례가 수집되었고, 국제임사체험학회까지 결성되어 활동을 하고 있다. 임사체험은 한마디로 임상적으로 죽음 판정을 받았다가, 얼마 뒤 알 수 없는 이유로 다시 되살아나 그 기간 동안 겪은 경험을 말한다. 1975년 미국의 레이몬드 무디 교수가 『삶 이후의 삶』(Life After Life)을 출간한 이후 많은 전문가가 연구 작업을 진행하고 있다. 임사체험자들의 체험담을 통해 우리는 죽음 이후의 세계에 대해서 어렴풋이나마 희미한 윤곽을 잡을 수 있게 되었다. 임사체험자들의 증언이 설득력을 갖는 또 다른 이유는, 이들의 주장이 믿어지지 않을 정도로 공통점들이 많고, 하나같이 임사체험 이후에 현재의 삶을 한층 소중히 여기며 이전과는 다르게 사랑을 실천하면서 헌신적으로 봉사에 전념하는 등 전혀 다른 삶을 살고 있기 때문이다.

36 "이제 죽음이라 불리는 것이 그대에게 찾아왔다. 그대는 이 세상으로부터 벗어나고 있다. 하지만 그대만이 유일하게 이 세상으로부터 떠나는 것은 아니다. 죽음은 누구에게나 찾아온다. 이 세상의 삶에 애착을 갖거나 집착하지 말라. 그대가 마음이 약해져서 이 세상에 남겨둔 것에 아무리 집착할지라도 그대는 이제 여기에 머물 힘을 잃었다. 그대가 이 세상에 대한 집착을 버리지 않는다면, 그대는 윤회의 수레바퀴 아래에서 헤매는 것밖에 아무것도 얻을 게 없다. 그러니 마음을 약하게 먹지 마라. 다만 진리, 진리를 깨달은 자, 그를 따르는 구도자들을 기억하라. 그대의 마음과 육체가 분리되어 있는 이때, 당황하거나 두려워하거나 무서워하지 마라. 아! 고귀하게 태어

5) 49재의 죽음 이해, 육체 중심의 죽음 이해와 다르다

이상과 같은 논의를 바탕으로, 현대 사회는 죽음을 어떻게 이해하고 있는지, 의료현장에서는 죽음을 어떻게 설명하고 있고 있는지, 그리고 불교의 49재는 죽음을 어떻게 이해하는지, 죽음 이해의 차이점과 문제점을 드러내기 위해 5가지 질문을 제기한다.

1)	죽음을 육체 중심으로 이해하는가?
2)	죽으면 다 끝나는가?
3)	영혼의 존재를 부정하는가?
4)	이러한 죽음 이해로 인해 죽음을 절망, 두려움으로 보게 되는가?
5)	죽음 이해가 우리 사회에 어느 정도 통용되고 있는가?

병원에서 통용되는 육체 중심의 죽음 이해는 현대 사회에 널리 확산되어 있어서 죽음에 대한 정확한 이해, 즉 죽음 정의는 찾아보기 어렵다. 심폐사와 뇌사 같은 육체 중심의 죽음 이해가 불교의 죽음 이해와 얼마나 차이가 나는지, 5가지 질문을 통해 분명하게 드

난 자여, 지난 사흘 반 동안 그대는 기절상태에 있었다. 기절상태에서 깨어나자마자 그대는 '나에게 무슨 일이 일어난 것일까?' 생각할 것이다. 그대는 지금 사후세계에 있다. 지금 그대의 눈에 보이는 모습들은 모두 빛의 몸을 하고 있고 천신들의 형상을 하고 있을 것이다."(파드마삼바바, 류시화 역, 『티벳 사자의 서』, 정신세계사, 1995, 263~269쪽)

러난다.

육체 중심의 죽음 이해는

(1)	육체 중심으로 죽음을 이해하므로,
(2)	죽으면 다 끝나고,
(3)	영혼을 부정하고,
(4)	죽음을 두려움이나 절망으로 간주하고,
(5)	이런 죽음 이해가 현대 사회에 널리 퍼져 있다.

그러나 49재에 반영된 불교의 죽음 이해는

(1)	육체만으로 인간 존재를 이해하지 않으므로,
(2)	죽는다고 다 끝나는 게 아니고,
(3)	영혼을 부정하지 않고,
(4)	죽으면 다른 세상으로 떠나므로, 죽음을 절망, 두려움으로 여기지 않는다.
(5)	하지만 여유 있게 죽음을 맞이하는 사람은 찾아보기 어렵다.

따라서 현대 사회에 통용되는 죽음 이해와 49재에 반영된 불교의 죽음 이해는 크게 벌어져 있다.[37] 육체 중심의 죽음 이해는 죽으

---

37 49재에 반영된 불교의 죽음 이해는 죽는다고 끝이 아니라고 보는 점에서 생사학의 죽음 이해와 일맥상통한다.

면 다 끝나는 것으로 간주한다. 하지만 불교는 육체가 죽으면 영혼은 업에 따라 다른 세상에서 새로운 삶을 이어간다고 말한다. 지금까지 우리가 살펴본 바와 같이 49재는 육신이 죽는다고 다 끝나는 게 아니고 죽은 이후 영혼이 남는다는 불교의 죽음 이해를 반영하고 있다. 우리가 오늘날까지 49재를 재현하는 이유도, 불교 의례를 형식적으로만 재현하는 게 아니라 죽음에 관한 붓다의 가르침을 마음에 되새기고 실천하기 위함이다. 49재의 한 가지 유형인 영산재가 유네스코 인류무형문화유산으로 등재된 것도 죽음 의례로서 영산재의 가치 때문이다.

우리 사회는 육체 중심의 죽음 이해로 인해 값비싼 대가를 치르고 있다. 매년 약 28만 명이 임종하는데, 대부분 불행한 방식으로 삶을 마감하고 있어서 불행한 죽음이 양산되고 있다. 따라서 49재에 담긴 불교의 죽음 이해를 다양한 방법으로 보다 활성화시켜 육체 중심의 죽음 이해를 치유하고 생사학과 불교의 죽음 이해를 보다 확산시킬 수 있다면, 우리 사회 죽음의 질 향상과 함께 삶의 질 역시 향상될 수 있을 것이다.

2장
죽음을 알면 삶에 보다 충실할 수 있다

╲

1) "죽음이 끝이 아니다"라는 말은 무엇을 뜻하는가

죽는다고 끝나지 않는다는 것은, 죽음 이후 무언가 지속된다는 말
이다. 죽음 이후와 관계되는 용어로 윤회가 있다. 윤회는 죽는다고
끝나는 게 아니고 계속 지속된다는 뜻이다. 죽음이 끝이 아님을 뜻
하는 윤회가 무엇을 의미하는지 정확하게, 또 다양하게 검토해 보
자. 윤회를 제기한 인물은 동서고금을 막론하고 다양했다. 서양에
서는 고대 그리스의 피타고라스, 플라톤, 그리고 신플라톤주의자
등이 있고, 동양에서 힌두교와 불교는 윤회론이 핵심 가르침이었
다. 이슬람, 기독교, 유대교에서는 윤회가 낯설어 보이지만, 이 종
교전통에서도 윤회를 주장했다. 현대에 이르러서도 윤회는 다양
하게 주장되었다. 소로(Thoreau)나 에머슨(Emerson)의 초절주의超
絶主義, 블라바츠키(Blavatsky)의 신지학神智學, 슈타이너(Steiner)의

인지학人智學, 켄 윌버(Ken Wilber)의 자아초월 심리학과 뉴 에이지 (New Age) 영성에서도 윤회를 받아들인다. 채널링(Channeling) 서적들 역시 윤회와 전생을 말한다.[38]

하지만 불교인 가운데 윤회를 받아들이지 않는 사람이 있다. 윤회는 붓다의 가르침이 아니라고 말하는 학자도 있다.

> 윤회 사상은 힌두교의 전래사상으로 당연히 언어적으로나 문화적으로나 인도에서 일반화되어 있던 것이다. 아함경 등 초기경전에 윤회라는 말이 등장한다는 사실이 곧 불교가 애초부터 윤회를 (적극적으로) 설법했다는 주장으로 나가는 것은 곤란하다. …… '나는 전생에도 내생에도 있다'는 윤회의 이론을 내세우는 것은 불교의 기본교리와 배치된다. …… 윤회 사상은 인도에서 신분제를 공고히 하는 기제로 오늘날도 여전히 작동하는데, 불교도들이 이를 받아들이는 것은 큰 문제가 된다.[39]

그러나 인도에서는 윤회가 곧 신분제를 인정하는 것이 되겠지만, 붓다는 카스트 같은 신분제도 자체를 부정했으므로, 불교에 있어서 윤회가 곧 신분제의 수용을 뜻하지는 않는다. 붓다는 카스트 제도의 철폐를 주장하면서 윤회를 말했다. 불교가 카스트 제도의 바

---

38 『불교문화』, 대한불교진흥원, 2019년 1월호, 23~24쪽.
39 법보신문, 2019년 3월 27일.

탕 위에서 성립된 종교라면, 인도를 넘어 세계 종교로 수용될 수 없었을 것이다. 붓다가 위대한 것은 카스트 같은 신분제 철폐를 약 2,500여 년 전에 주장했기 때문이다. 붓다가 윤회를 말한 것은 신분제가 아니라 인간 행위의 연속성 위에서 말한 것이므로, 불교는 윤회와 신분제를 구분해서 말한다. 윤회는 고대 인도 전통에서 유래한 것이라고 일반적으로 받아들여지고 있지만, 자세히 살펴보면 그 영향관계는 그리 간단히 규정될 수 있는 것은 아니다. 바라문 전통에서 가장 오래된 문헌, 베다의 찬가에서 윤회 개념이 암시되고 있지만 아직 분명한 형태로 설해지지는 않았다. 최초의 『우파니샤드』로 인정되고 있는 「브리하다란아카 우파니샤드」에서 윤회의 원인으로 업을 설하고 있지만, 윤회의 과정에 대한 상세한 설명이 없다. 윤회에 대한 상세한 설명은 최초의 우파니샤드 이후 등장했던 불교와 자이나교에 이르러 나타난다.[40]

또 어느 법사는 이렇게 말한다. "붓다가 설하신 윤회는 흔히 생각하는 것과는 차이가 있다. 윤회를 설하셨으니까 중생들이 과거 생과 미래 생에 큰 관심을 갖기를 원하셨을 거라고 생각하기 쉽다. 붓다는 과거 생이나 미래 생에 대해 관심을 기울이지 말라면서, 윤회에 관심을 기울이고 집착하는 행위는 옳은 일이 아니라고 했다."[41] 전생의 내가 현생의 나를 규정짓고, 현생의 내가 내생의 나를 규정

---

40 『불교문화』, 2020년 3월호, 18쪽.

41 법보신문, 2019년 8월 29일.

짓는다는 이 엄청난 질곡의 수레바퀴를 어떻게 받아들여야 할까, 라고 그는 반문한다.[42] 많은 사람들이 자신의 전생에 대해 궁금증을 지닌다. 하지만 윤회에 대한 관심은 괴로움만 가중시킬 뿐이라고 붓다는 가르쳤다고 법사는 말한다. "중생에게 있어 전생과 내생 일을 아는 것은 괴로움이다. 전생에 관한 모든 사건들을 남김없이 마음속에서 지우라. 모든 전생은 다 마음이 만든 환상이며 속임수이다. 그래서 전생은 기억되기보다는 조작된 것이다."[43]

붓다는 윤회와 해탈, 업의 문제, 이와 관련된 형이상학적 문제에 대해 인도의 다른 종교나 철학과 구별되는 방식으로 해결했다. 붓다의 교설에서 윤회는 당연한 것으로 전제되어 왔기 때문에 윤회가 불교적인 것이 아니라거나, 또는 붓다가 바라문에서 유래한 윤회를 단지 방편으로 차용했을 뿐이어서 불교에서 본질적인 것은 아니라는 주장은 문헌적 근거가 전혀 없을 뿐만 아니라 반불교적인 것으로 판단된다.[44]

무아와 윤회는 상호 모순된다는 주장도 있다. 무아이면서 윤회하는 것은 모순이라면서 붓다는 윤회를 설하지 않았다고 주장하기도 한다. 먼저, 힌두교에서 말하는 윤회와 불교의 윤회를 구분해서 이해해야 한다. 힌두교는 불변하는 '아뜨만(자아)'이 있어서 금생에서

---

42 법보신문, 2019년 3월 27일.

43 법보신문, 2019년 8월 29일.

44 『불교문화』, 2020년 3월호, 19쪽.

내생으로 '재육화再肉化'하는 것을 윤회라고 말한다. 이는 곧 '자아의 윤회'라고 할 수 있다.

그러나 불교에서는 금생의 흐름이 내생으로 연결되어 다시 태어나는 것, 즉 '재생'을 윤회라고 부른다. '재생', 즉 '다시 태어남'이란 단어는 초기경전 곳곳에 사용되고 있으며, 아라한은 이러한 다시 태어남, 즉 재생과 윤회가 없다고 한다. 불교에서 말하는 윤회는 서로서로 조건 지워지면서 생멸·변천하는 일체법의 연기적 흐름을 뜻한다. 다시 말해 윤회의 주체가 없는 연기적 흐름이 윤회이므로 '무아의 윤회'라 일컫는 것이다. 불교의 윤회(saṃsāra)는 '함께 흘러가는 것'을 뜻한다. 힌두교식으로 '자아의 재육화'보다는 '무아의 연기적 흐름'에 가까운 의미를 지니고 있다. 그러므로 무아와 윤회는 아무런 모순이 없다.[45] 그래서 붓다는 다음과 같이 말했다. "업과 업보는 있지만 업을 지은 자는 없다. 누가 느끼는가를 묻지 말고 무엇을 인연으로 느낌이 있는가를 묻고, 누가 생각하는가를 묻지 말고 무엇을 인연으로 생각이 일어나는가를 물어라."[46] 따라서 어떤 사람이 업을 짓고 그가 다시 태어나 과보를 받는 '자아의 윤회'가 아니다. 업을 짓는 사람이 따로 없고, 그 과보를 받는 사람이 따로 있지 않지만, 업과 과보는 상속하는 '무아의 윤회'다.

---

45 각묵,『초기불교의 이해』, 초기불전연구원, 2010, 467~468쪽 ;『잡아함경』 13권,「제일의공경第一義空經」.

46 『잡아함경』13권,「제일의공경」;『불교문화』, 2020년 3월호, 11쪽.

근본적인 입장에서 보자면 찰나 찰나마다 전개되는 오온의 생명 자체가 윤회이다. 생사의 관점에서 보자면 한 생에서의 '마지막 마음'이 일어났다가 사라지고, 이것을 조건으로 하여 다음 생의 '재생연결식再生連結識'으로 이어지는 것이 윤회이다. 힌두교의 윤회는 자아가 새 육신을 받는 것이지만, 불교의 윤회는 '갈애渴愛'를 근본으로 한 오온의 흐름이고 '다시 태어남'(재생)이다.[47]

백골관 수행이 그랬듯이 어떤 수행법이든, 어떤 교리든 잘못 악용하는 사례가 발생할 수 있다.[48] 그래서 붓다는 수많은 중생 교화를 위해 응병여약應病與藥이란 방식을 활용했다. 백골관을 가르쳤다가 그 부작용이 발생하니까 대신 수식관을 가르쳤듯이, 중생에게 생사윤회를 가르쳤더니 각자의 전생만 알려고 하니까, 현재의 삶에 보다 집중하라고 했던 것이다. 그러므로 붓다의 가르침은 두 가지 유형으로 정리할 수 있다.

---

47 각묵, 같은 책, 468쪽.

48 윤회와 관련해 백골관을 한번 말해 보자. 붓다는 백골관 수행법을 가르치셨다. 초기 경전에 실제로 비구가 자살한 사건이 기록되어 있다. 육신이 부정하다는 부정관不淨觀이 지나치게 빠져들었던 비구가 자신의 육신에 혐오감을 느낀 나머지 스스로 목숨을 끊었다. 스스로 자살하지 못한 비구들은 다른 사람에게 죽여 달라고 요청하기도 했다. 그 숫자가 경전마다 다르지만 베살라의 교단에 비구가 몇 사람 남지 않을 정도로 많은 비구가 자살했다고 한다. 이것을 목격한 붓다는 비구들을 모아 놓고 부정관 대신 수식관을 가르쳤다. 이런 비극은 부정관을 잘못 수행한 데서 비롯한 염세주의자들의 도피일 뿐이다.(안양규, 『불교의 생사관과 죽음 교육』, 모시는사람들, 2015, 88~89쪽)

(1) '현재의 삶'에 충실하자

(2) '죽음'과 '윤회'를 알아야 현재의 삶에 보다 충실할 수 있다

(1)의 경우, 독화살 비유[49]가 의미하듯이 현재의 삶에 집중한다. 붓다는 10가지 질문에 대해 침묵을 고수했다.[50] 10가지 질문 중 여래의 사후 존재와 관련하여 4개의 질문이 나와 있을 정도로 여래의 사후 문제에 관한 논의가 활발하였다. 이러한 문제에 대해 붓다는 무기無記의 침묵만 지켰을 뿐이다. 이런 질문에 골몰했던 말룬키아풋다는 명쾌한 답을 주지 않는 붓다에게 불만이었다. 이런 질문에 답을 주지 않으면 붓나를 떠날 것이라고 했다. 이에 붓다는 독화살

---

49 "독화살을 맞은 사람이 있다고 가정하자. …… 그는 '나를 쏜 자는 누구인가? 나를 쏜 활은 어떤 활인가? 화살은 어느 쪽에서 날아왔는가? 화살의 재료는 무엇인가?' 등 질문이 해결될 때까지는 의사가 화살을 뽑아서는 안 된다고 고집했다. …… 그는 이런 것들을 알기 전에 죽지 않겠느냐? 세계는 유한한가, 무한한가? 정신과 육체는 동일한가, 별개인가? 여래는 사후에도 존재하는가, 존재하지 않는가? 등의 질문에 대답한다고 해서 우리들의 인생고가 해결되지 않는다. 우리들은 현재 여기에 당면한 고통을 우선 해결해야 한다. …… 그러므로 나는 이런 말을 하지 않는다."(안양규, 같은 책, 141쪽)

50 ①세계는 영원한가, ②세계는 영원하지 않은가, ③세계는 유한한가, ④세계는 무한한가, ⑤영혼은 육체와 같은 것인가, ⑥영혼은 육체와 다른 것인가, ⑦여래는 사후에 존재하는가, ⑧여래는 사후에 존재하지 않는가, ⑨여래는 사후에 존재하면서 동시에 존재하지 않는가, ⑩여래는 사후에 존재하지도 않고 존재하지 않는 것도 아닌가.(안양규, 같은 책, 40쪽)

비유를 말했다. 붓다는 이런 의문에 집중하지 말고 지금 자신의 발등에 떨어진 불부터 끄라고 가르쳤다. 먼저 고통의 실상에 마음을 기울여야 하고, 여래 사후의 존재 문제에 대한 논의는 멈추라고 권한 것이다.

2) 죽음과 윤회를 알면 삶에 보다 충실할 수 있다

하지만 현재에만 초점을 맞추다 보니까, 현대 사회의 과학 중심주의와 유물주의적 사고방식으로 인해 사람들은 죽으면 다 끝난다고 생각해 윤회를 부정하는 경향이 있다. 죽음과 윤회는 인간의 눈으로 직접 볼 수 없고 경험할 수도 없으므로, 현재의 삶을 전부로 아는 현대인은 죽으면 다 끝난다고 생각하고 윤회를 인정하기 어렵게 된다.

그러므로 (2)의 경우처럼 죽음과 윤회를 알아야 삶에 충실할 수 있다. 과거에 살았던 모습을 알아야 현재의 삶을 보다 잘 이해할 수 있고, 이를 바탕으로 미래의 삶을 보다 잘 살 수 있다. 과거의 삶과 연결된 현재 우리의 삶은 죽는다고 다 끝나는 게 아니라 미래의 삶으로 이어진다. 윤회는 우리 삶을 보다 더 넓은 맥락으로 이끌어준다.[51] 지금 이 삶이 연속되는 여러 삶 중에 하나라는 믿음은, 지금

---

51 전생의 기억을 끄집어내서 현재의 어려움을 치유한 사례가 있다. 박씨는 45세의 남성 환자인데 만성적 두통과 불면, 우울과 무기력에 시달리고 있었

다. 약물복용과 상담치료 등을 오래 받았으나 별 차도가 없어 김영우 박사로부터 최면치료를 받고자 했다. 두 번째 최면치료 시간부터 전생퇴행을 시도하여 찾아낸 과거 삶의 기억 속에서 그는 중국의 부잣집 아들의 모습이었다. 그는 스무 살 무렵 아버지를 갑작스런 사고로 잃은 후, 집안이 몰락하는 과정을 무기력하게 지켜보며 괴로워하다 목을 매어 스스로 목숨을 끊었다. 죽음의 과정을 거치며 몸에서 빠져나온 그의 영혼은 그렇게 맥없이 생을 마감한 자신의 결정이 큰 잘못이었음을 깊이 느끼고 반성하였으나, 이미 되돌릴 수 없는 일이었다. 큰 자책감을 가진 채 영혼의 상태에서 오랫동안 고통을 겪은 후 새 삶을 맞이하였으나, 이번 삶의 모습도 그 과거의 삶과 흡사한 것이었다. 마치 과거 삶에서 끝까지 성실하게 살며 극복했어야 할 어려운 문제들을 한층 더 어렵게 만들어 재시험을 보는 것 같은 모습으로 살고 있는 자신을 보면서, 그 환자는 자신의 우울과 무기력이 과거 삶의 자살과 연관이 있는 것 같다는 말을 하며, 지금의 어려운 여건도 그 과거 삶에서 소화시키고 극복하지 못했던 과제의 연장이라는 생각이 든다고 말했다. 자살한 기억이 있는 환자들은 각각의 삶에 주어지는 책임과 배움의 과제를 무책임하고 참을성 없게 벗어던지는 행위로 인해 씻을 수 없는 아픈 기억을 남기게 되고, 자살을 선택한 순간부터 그 행위를 후회하게 된다. 그 삶에서 배우고 인내해야 했던 여러 가지 어려움들을 피해 스스로 목숨을 끊었다면 죽음의 순간을 넘어선 영혼의 상태에서부터 후회와 죄책감을 가지게 된다. 그리고 그 다음에 주어지는 삶에서는, 과거 목숨을 끊었던 삶에서 감당해야 했던 원래의 과제들과 함께, '자살'이라는 어리석은 선택의 빚까지도 갚아나가야 한다. 자살을 했을 때 그 결정에 후회하고, 나중에 다음 삶에서 고통을 받았던 체험을 증언하는 최면치료 사례들이 많다고 김영우는 강조한다.(밝은 죽음을 준비하는 포럼,『급증하는 자살, 어떻게 할 것인가』, 2004년, 27~28쪽)

최면치료를 통해 그가 과거 삶에서 자살했다는 사실을 끄집어냈을 때, 그 마음의 병은 치료될 수 있었다. 현재 삶의 병이나 어려움이 과거 삶에 그 원

이곳에서 겪고 있는 삶의 의미를 크게 바꾸어 놓는다. 지금 겪고 있는 고통에서부터 가족관계에 이르기까지 우리 삶의 모든 측면이 새롭게 비추어진다. 이런 방식으로 윤회는 여기 지금이라는 한계에서 벗어나게 해준다. 물질적·육체적 한계에서 벗어나게 하는 것이다. 확장된 자기 정체성은 지금 겪고 있는 고통을 보다 의연하게 수용할 수 있게 한다.

그러나 윤회는 위험할 수도 있다. (1)로 인해 부작용이 파생되듯이, (2) 역시 마찬가지다. 현생의 불운과 행운을 모두 전생으로 돌리면서, 행운은 독점하고 타인의 불행을 방관한다면 윤회는 우리를 구속하는 올가미로 작용할 것이기 때문이다. 물론 윤회가 이런 의미는 아니지만, 현실의 불합리한 점을 개선하려는 의지를 약화시킬 수도 있다. 또 실증주의 과학이 지배하는 현대 사회에 윤회는 종교적 상상력에 불과하다고 비난받기 쉽다. 여러 경로를 통해 알게 된 과거의 삶이 실제로 그의 전생인지 모두에게 납득시키는 것은 정말 어렵기 때문이다. 그럼에도 불구하고 윤회와 전생에 대한 인간의 관심과 갈증은 우리를 떠나지 않을 것이다. "뿌린 대로 거둔다"라는 말보다 정확하고 냉정한 가르침이 어디 있을까. 거두는 시점이 아무리 멀어도 그 행위의 결과가 반드시 자기 자신에게 돌

___

인이 있었기 때문이다. 최면치료를 통해 과거의 삶에서 자살했던 사실을 끄집어내지 않았다면 현재 삶에서 겪고 있는 어려움을 어떻게 이해할 수 있겠는가. 최면치료를 통해 드러난 사실을 당사자가 인정하는 순간 마음의 상처는 치료되었다.

아온다는 점에서, 윤회는 불교 인과응보의 다른 표현인 것이다.[52]

	어려운 점
(1) 현재의 삶에 초점	과학 중심, 물질 중심으로 흐를 수 있다. 현재의 삶에만 초점을 맞추므로 윤회(죽음)를 알기 어렵다.
(2) 죽음과 윤회	죽음과 윤회는 삶을 구속하는 올가미로 작용할 수도 있다.[53] 죽음과 윤회는 입증하기 어려우므로 공감을 이끌어내기 쉽지 않다.

우리가 주목해야 할 점은, 붓다는 (1)과 (2) 모두 다 포용하고 있다는 사실이다. 붓다는 경전에서 (1)과 (2)에 관련된 내용을 다 말하고 있기 때문이다. 중생의 근기에 맞는 방편에 능숙한 붓다는 중생의 이해 정도에 따라 (1)을 말하기도 했고, (2)를 전하기도 했다. 다만 현대인의 과학 중심주의와 유물주의 경향을 감안하면 죽으면 다 끝나는 것으로 간주하는 위험성이 따른다. 따라서 (1)에 초점을

---

52 『불교문화』, 2019년 2월호, 25-26쪽.
"부처님께서는 한결같이 생사윤회를 말씀하셨다. 사람이 죽으면 그만이 아니고 생전에 지은 업에 따라 몸을 바꾸어가며 윤회한다는 것이다. … 이렇게 말하는 사람도 있다. '윤회는 교화를 위해 방편으로 하신 말씀이지 실제 윤회가 있다는 것은 아니다.' … 근대과학이 발달함에 따라 영혼이 있다, 윤회가 있다, 또한 인과가 있다는 것이 분명한 사실로 점차 입증되고 있다."(성철, 『자기를 바로 봅시다』, 장경각, 1987년, 80쪽)

53 죽음과 관련된 말룬키아풋다의 질문에 대해 붓다가 침묵을 지킨 것도 이해가 된다.

맞출 수는 있어도, (2)를 부정하는 것은 바람직하지 않다. 독화살 비유에서 붓다는 여래의 사후 존재 문제에 대해 질문하는 말룬키아풋다에게 명쾌한 답을 주지 않고 침묵을 지켰듯이, 여래는 현재의 삶에만 초점을 맞출 것을 강조했을 뿐이지, 여래의 사후 존재 문제라든가 윤회 등에 대해 부정도 긍정도 하지 않고 침묵만 지켰다. 붓다는 중생을 보면 현재 삶도 보이고 과거 삶도 읽고 미래 삶까지 함께 본다. 그러나 눈앞에 있는 삶만을 살고 있는 중생에게 전생 이야기를 말해 주어도 중생은 이해하기 어렵고 받아들이기도 어려운 것이다. 그래서 과거의 삶에 대해, 윤회에 대해, 여래의 사후 존재에 대해 붓다는 침묵은 지킨 게 아닐까?

붓다가 (1)에 초점을 맞춘 것은 중생이 윤회를 이해하기 어렵기 때문이고,[54] 지금 눈앞에 있는 고통에서 벗어나는 것이 훨씬 급하기

---

54 붓다가 라자가하 성안에서 탁발하던 중 더러운 어린 암퇘지 한 마리를 보시고 혼자 미소를 지었다. 이때 부처님을 모시고 가던 아난다 장로는 왜 부처님께서 미소를 지으셨는지 여쭈었다. "아난다여, 이 어린 암퇘지는 과거 까꾸산다 부처님 당시에 한 마리 암탉이었다. 그 암탉은 수도원 식당 가까운 곳에 살면서 비구들의 법문과 경전 독송하는 소리를 매일같이 듣기는 했지만, 다만 소리를 들었을 뿐 의미는 알지 못했다. 암탉은 뒷날 죽어서 움빠리국의 공주로 태어났는데, 어느 날 공주는 화장실에 갔다가 거기서 구더기가 득실대는 것을 보았다. 공주는 그 순간 자기 몸에 대해 혐오감을 느꼈고, 자신의 몸에 대한 애착으로부터 벗어나 그 현상을 잘 관찰하여 초선정에 이르렀다. 그녀는 그 뒤로도 수행을 계속했고, 죽어서는 범천 천상에 태어났으며, 거기에서 수명이 다하자 아주 오래전의 과보 때문에 이번에는 암퇘지로

티벳 황화대구곡

때문이다. 또 그렇다고 해서 (2)만을 인정하고 (1)을 부정해서도 안 된다. (2)에 초점을 맞추는 것도, 결국 (1)에서 말하는 것처럼 현재에 충실하기 위함이기 때문이다. 과거의 삶만 말하거나 미래의 삶만 상상하고 현재의 삶에 충실하지 못하면 뜬구름 잡는 격이다. 그러므로 붓다가 그랬듯이, (1)이든 (2)이든 어느 한쪽에 초점을 맞출지라도 다른 한쪽을 부정하는 것은 바람직하지 않다. (1)과 (2)는 선택의 문제가 아니라 방편, 즉 중생의 근기에 다른 응병여약[55]이기 때문이다.

과학 만능, 육체 중심의 현대 사회는 죽으면 다 끝난다는 생각을 함께 공유한다. 현대인은 이 삶만 알고 있어서 죽으면 다 끝나고, 자살하면 고통도 끝난다는 오해가 폭넓게 확산되어 있다. 이런 오해가 어떤 불행과 비극을 불러일으키는지 사람들은 전혀 생각하지 못하고 있다. 이런 오해와 불행을 어떻게 해야 막을 수 있을까? 죽음을 알면, 죽는다고 끝이 아닌 줄 알게 되어 현재의 삶을 보다 넓고, 훨씬 깊게 이해할 수 있다. 과거의 삶을 통해 현재의 삶을 잘 이해하게 되면, 현재 삶의 고통을 잘 이해하게 되어 삶의 고통에서 벗

태어난 것이다. 여래는 암퇘지의 전생을 알고 미소를 지었다.”
암퇘지의 윤회와 관련된 붓다의 말씀을 우리가 이해할 수 있을까? 암퇘지를 보자 붓다의 눈에 암퇘지의 윤회가 보이지만, 중생의 눈에는 아무것도 보이지 않는다. 중생에게 아무것도 보이지 않으니까, 윤회를 받아들일 수 없는 것이다.(거해 편역, 『법구경』 제2권, 고려원, 1993, 288쪽)

55 ‘응병여약應病與藥’은 붓다가 중생의 미혹에 맞게 처방전을 준다는 뜻이다.

어나기가 훨씬 쉽고, 삶에 보다 충실할 수 있기 때문이다. 따라서 현재 삶에 보다 집중해서 죽음과 윤회의 고통에서 벗어나 보다 의미 있게 살 수 있다.

3) 사람은 어떻게 살다가 죽으면서 윤회하는가

붓다는 깨달음을 성취한 다음, 사성제와 팔정도를 제시했고, 그리고 사람이 어떻게 살다가 죽으면서 윤회하는지 꿰뚫어보고 12연기를 설했다. 깨달음을 얻은 바로 그날 밤 붓다는 깨달음의 7단계를 겪었다고 전한다. 마음이 가라앉고, 정화되고, 완전무결하고, 미혹되지 않고, 부드럽고 뜻대로 움직여지고, 확고하고, 흔들리지 않았기에 붓다는 자신의 전생을 회상하게 되었다. 그때 겪은 경험에 대해 붓다는 다음과 같이 말한다.

내가 거쳐 온 많고도 많은 전생을 기억한다. 나는 수많은 세계와 수많은 시대에 한 번, 두 번, 세 번, 네 번, 다섯 번 …… 오십 번, 백 번 …… 십만 번 다시 태어났다. 나는 헤아릴 수 없이 많은 전생을 모두 알고 있다. 내가 어디서 태어났으며, 내 이름은 무엇이었으며, 어떤 집안에 속했으며, 무슨 일을 했는지 모두 알고 있다. 나는 각각의 삶에서 행운과 불행을 겪었으며, 각각의 삶에서 죽음을 겪었으며, 그때마다 또다시 태어났다. 이런 식으로 나는 수많은 전생의 모습을 각각의 특징과 생활환경과 함께 회상

할 수 있었다.[56]

깨달음을 성취한 그날 밤 붓다는 환생에 대한 그의 지식을 보충해 주는 다른 종류의 지혜를 얻었다. 그것은 카르마, 곧 업의 인과법칙이었다.

천안天眼으로, 인간의 눈을 넘어선 순수한 눈으로, 나는 중생들이 죽었다가 또다시 태어나는 것을 보았다. 나는 고귀한 것이든 비천한 것이든, 빛나는 것이든 하찮은 것이든 모든 존재가 자신의 카르마에 따라 행복하게 또는 고통스럽게 태어나는 것을 보았다.[57]

붓다는 깨달음을 성취한 다음 중생이 어떻게 윤회하는지 꿰뚫어 보고 12연기를 설했다. 12연기에 따라 중생들이 왜 윤회하는지, 어떻게 태어나 살다가 늙고 죽는지 관했다. 중생들이 왜 윤회하는지, 어떻게 윤회를 하는지, 윤회로부터 벗어나기 위해서는 어떻게 해야 하는지, 윤회의 구조를 12연기를 통해 분명히 제시한 것이다. 따라서 불교의 연기법은 바로 삼세인과를 뜻하고 이는 곧 윤회를

---

56 H. W. Schumann, *The Historical Buddha*, Arkanan, 1989, pp.54~55.(소걀 린포체 『티벳의 지혜』, 145쪽에서 재인용)

57 소걀 린포체, 『티벳의 지혜』, 161쪽.

의미한다.

12연기에서 '연기'는 "~에 의지해 일어난다", "~의 조건에 따라 일어난다"는 뜻이다. 붓다 당시에는 여러 사상이 있었다. 첫째는 인도 특유의 힌두교로 절대적인 브라만과 불멸하는 아트만의 존재를 전제로 한다. 중생이 죽어도 사라지지 않고 아트만은 영원하다는 상견常見이다. 둘째는 죽으면 모든 게 끝난다는 단견斷見이다. 붓다는 상견과 단견 모두 비판한다. 이 세상은 절대적인 브라만이나 각 개인에게 내재된 아트만에 의해 이루어진 것도 아니고, 죽으면 다 끝나는 것도 아니고, 연기에 의해 생성·소멸하는 것이라는 것이다.

십이연기를 정리하면 ① '무명' 때문에 ② '행'이 일어나고, '행'으로 인해 ③ '식'이 일어나고, '식'으로 인해 ④ '정신과 물질'이 일어난다. 그 다음 ⑤ '육입', ⑥ '접촉(촉)', ⑦ '느낌(수)', ⑧ '갈애(애)', ⑨ '집착(취)', ⑩ '존재(유)', ⑪ '삶', ⑫ '늙음과 죽음(노사)'라고 하는 윤회의 바퀴가 돌아가고 있다. 이를 유전연기流轉緣起 또는 유전문流轉門이라고 한다. 이는 중생이 어떻게 태어나서 늙고 죽으면서 윤회하는지 설명해 준다.

① 무명: 무명無明은 말 그대로 세상을 밝게 보지 못함을 뜻한다. 고통을 일으키는 근본 원인으로, 세상을 있는 그대로 알지 못하는 어리석음을 뜻한다. 연기법에 대한 무지, 사성제에 대한 무지. "자신이 어리석다고 생각하는 어리석은 자는 오히려 지혜로운 자이지

만, 자신이 지혜롭다고 생각하는 어리석은 자는 그야말로 정말 어리석은 자이다."(『법구경』 게송 63번)

②행行: 무명에 의해 중생은 많은 행을 한다. 선행은 좋은 과보를, 불선행은 나쁜 과보를 낳는다. 행에는 3가지 업(三業), 즉 몸으로 짓고, 언어로 짓고, 마음으로 짓는 행이 있다.

③식識: 과거에 일어난 '무명'(①)과 '행'(②)에 의해 현재 삶이 형성된다. 이생에서 마지막으로 일어나는 마음이 바로 '죽음의 마음'(죽는 순간 일어나는 마음)이다. '죽음의 마음'이 일어난 직후 내생에서 처음으로 발생하는 마음이 바로 '재생연결식識'이다. '죽음의 마음'은 이생에서 발생하는 마지막 마음이고, '재생연결식'은 다음 생의 첫 번째 마음이다. 과거에 일어난 무명과 행위를 조건으로 해서 현재의 삶이 발생하게 된다. 전생의 업으로 인해 새로운 삶이 시작될 때, 그 삶에서 '재생연결식'이 먼저 발생한다. 무명으로 인해 행이 있게 되고, 행이 조건이 되어 '재생연결식'이 발생하게 된다.[58]

④정신과 물질(名色): '재생연결식'(③)이 일어난 순간부터 계속 업에서 생긴 '정신'과 '물질'(④)이 일어난다. '명색名色'에서 '명'은 '정신', '색'은 '물질'을 뜻한다.

⑤육입六入: '정신과 물질'이 일어나면서 '육입'(⑤)이 갖추어지게 된다. '육입'은 눈·귀·코·혀·몸·마음의 6가지 감각기관, 즉 육근이다.

---

58   일묵, 『초기불교의 윤회 이야기』, 95쪽.

⑥접촉(觸): 6가지 감각기관이 그 대상과 만날 때 '접촉'이 일어난다. 눈은 형체, 귀는 소리, 코는 냄새, 혀는 맛, 몸은 감촉, 마음은 생각이 그 대상이다. 우리가 대상을 인식할 때 안의 감각기관과 밖의 감각대상이 접촉하는 것이다.

⑦느낌(受): '육입'으로 인해 바깥 대상과의 '접촉(觸)'이 일어날 때 즐거움이나 괴로움 같은 어떤 '느낌'이 일어난다. '식'(③)에서부터 '느낌'(⑦)까지는 과거 삶의 원인에 의해 생긴 것으로, 현재 삶의 결과이다.

⑧갈애(愛): '느낌'에 이어 그 대상에 대한 '갈애', 곧 애착이 일어난다. 갈애는 탐욕의 형태로서 대상을 거머쥐는 특징이 있다. 즐거운 것은 계속 향유하려는 탐욕을 일으키고, 괴로운 것에 대해서는 싫어하는 마음을 일으킨다.

⑨집착(取): '갈애'가 강해지면 '집착'이 된다. 좋다고 느끼는 것에 계속 집착해 반복하려는 경향이 있다.

⑩존재(有): '집착'으로 인해 '존재'가 생긴다. 이렇게 '식'(③)에서부터 '존재'(⑩)까지는 현재에 해당된다. '갈애'(⑧)부터 '존재'(⑩)까지는 현재 삶의 원인이다.

⑪삶生: 현재의 원인인 '갈애'(⑧), '집착'(⑨), '존재'(⑩)가 미래의 '삶'(⑪)을 일으킨다.

⑫늙음과 죽음(老死): 현재의 원인인 '갈애'(⑧), '집착'(⑨), '존재'(⑩)가 미래의 '삶'(⑪)에 이어서, '늙음과 죽음'(⑫)라는 미래 삶의 결과가 일어난다.

티벳 황화대구곡

4) 현재의 삶은 과거, 미래의 삶과 어떻게 관계되는가

12연기는 과거 삶의 원인(①, ②)에 의해 현재 삶의 결과(③~⑦)가 생기고, 현재 삶의 원인(⑧~⑩)에 의해 미래 삶의 결과(⑪, ⑫)가 일어난다.

과거 삶의 원인	①무명, ②의도적 행위(행)	과거의 삶
현재 삶의 결과	③알음알이(식), ④정신과 물질(명색), ⑤여섯 가지 감각 장소(육입), ⑥감각 접촉(촉), ⑦느낌(수)	현재의 삶
현재 삶의 원인	⑧갈애(애), ⑨집착(취) ⑩존재(유)	
미래 삶의 결과	⑪삶(생), ⑫늙음과 죽음(노사)	미래의 삶

따라서 12연기는 생명의 성장 과정뿐만 아니라 전생·현생·내생의 삼세윤회 과정을 말하고 있다. 우리의 존재는 현재의 삶만이 아니라 과거와 미래의 삼세에 걸쳐 지속된다는 것이다. 과거 삶의 원인(因)에 의해 현재 삶의 결과(果)를 받고, 현재 삶의 원인에 의해 미래 삶의 결과를 받는다. 불교의 인과응보는 현재의 삶만이 아니라 과거·현재·미래 삼세에 걸쳐 인과응보의 이치가 지속적으로 작동한다는 뜻이다.

12연기 중 ①'무명'과 ②'의도적 행위'는 과거 삶에서 저지른 번뇌와 행위를 뜻한다. 무명과 의도적 행위는 과거 삶의 원인으로, 이에 의해 현재의 삶에서 ③'식'이 형성된다. 보다 구분해서 말하면, 과거 삶의 원인인 ①'무명', ②'의도적 행위'가 다음과 같이 현재 삶의 다섯 가지 과보를 낳는다. ③'식', ④'정신과 물질', ⑤'육입', ⑥'감각 접촉', ⑦'느낌'이다. 또 현재 삶에서 ⑧'갈애', ⑨'집착', ⑩'존재'의 세 가지가 현재 삶의 원인으로, 다음과 같이 미래 삶의 과보를 낳게 된다. ⑪'삶', ⑫'늙음과 죽음'으로, 이것이 바로 미래의 삶에 해당된다.

보다 알기 쉽게 생명이 잉태되고 태어나 삶을 영위해 늙고 죽는 과정으로 풀이하면, 12연기에서 ①'무명', ②'행'은 과거 삶의 번뇌와 선악 행위, ③'식'부터는 현재의 삶에 해당된다. ③'식'은 수태受胎하는 찰나, ④'정신과 물질'은 수태 이후 약 1개월 사이, ⑤'육입'은 태내胎內에서 눈·귀·코 등의 기관이 완성되는 단계, ⑥'감각 접촉'은 출생하여 단순한 감각 작용을 일으키는 단계, ⑦'느낌'은 단순한 괴로움이나 즐거움을 느끼는 단계, ⑧'갈애'는 재물이나 애욕에 집착하는 단계, ⑨'집착'은 무언가에 사로잡혀 애착이 증대하는 단계, ⑩'존재'는 좋아하는 것에 대한 집착으로 인해 그릇된 행위를 일으키는 단계를 뜻한다. 따라서 ③'식'에서부터 ⑩'존재'까지 8단계는 생명의 잉태와 출생, 그리고 어린아이에서 어른이 되어 죽을 때까지 갖가지 업을 짓는 과정으로 이해된다. 그리고 ⑪'삶'부터는 미래의 삶과 관계된다. ⑪'삶'은 미래에 자신이 태어날 곳이 정해지는 단계, ⑫'늙음과 죽음'은 미래에 태어난 이후 늙음과 죽음에 이르기까지 과정으로 여겨진다.[59] 따라서 무명으로부터 시작된 중생의 삶이 계속 이어져서 현재 삶을 살고 있는 것이고, 현재 삶이 미래 삶의 원인이 되어 또다시 미래 삶이 정해져 계속 생로병사가 이어지게 된다.

12연기에서 ① '무명'부터 ⑫ '늙음과 죽음'에 이르기까지 과정은 유전연기流轉緣起, 즉 유전문流轉門으로서 중생이 윤회하는 과정을 제시한 것이다. ⑫ '늙음과 죽음'(노사)에서부터 ① '무명'까지 역순으로 12연기를 관찰하면 윤회의 고통으로부터 벗어나는 과정이 된다. 이것이 바로 환멸연기還滅緣起, 즉 환멸문還滅門이다. 따라서 유전연기는 괴로움의 발생 과정, 환멸연기는 괴로움의 소멸 과정을 보여준다. 괴로움은 연기법에 따르면 여러 조건의 결합으로 형성되었으므로, 그 원인을 없애주면 괴로움도 사라지게 된다. 그러므로 12연기는 윤회의 과정과 깨달음의 생성 과정을 일목요연하게 제시한 것이다.

5) 죽음을 잘 모르면서 다 끝난다고 단정해도 되는가

대부분의 사람들은 죽음 이후의 삶에 대해 거의 아무런 생각이 없으며 그런 것이 있으리라고는 꿈도 꾸지 못하고 있다. 증거가 없는 것은 믿을 수 없다고 사람들은 말한다. 그러나 삶 이후의 삶이 존재하지 않는다는 것 또한 증거가 없다. 우리가 이전에 살았던 적이 있

---

59 안양규, 『불교의 생사관과 죽음 교육』, 48쪽.

다면 왜 우리는 그것을 기억하지 못하는가? 전생의 삶을 기억하지 못한다는 것이 이전에 결코 살았던 적이 없음을 뜻하지는 않는다. 어린 시절 이야기, 또는 어제 일어났던 일, 심지어 한 시간 전에 생각한 것조차 시간이 지나면서 마치 일어난 적이 없었다는 듯, 기억에서 거의 완전히 사라져버리곤 한다. 며칠 전 무엇을 하고 무엇을 생각했는지 기억할 수 없다면, 어찌 지난 삶에서 겪었던 일을 기억하는 것이 가능할 수 있겠는가?

죽음 이후의 삶이 없다고 확신하는 근거가 도대체 무엇인가? 죽음 이후의 삶이 없다는 구체적인 증거를 가지고 있는가? 죽음 이후의 삶을 부인하다가 실제로 죽은 이후 '삶 이후에 또 다른 삶이 있다'는 것을 알게 된다면, 그때는 어떻게 하겠는가? 이런 맹목적인 확신이 죽음 이후에 대한 객관적인 이해를 가로막고 있는 게 아닐까? 죽음 이후에 대해 아무것도 알지 못하면서, 죽음 이후를 부정하는 것은 어리석지 않은가? 죽음 이후 아무것도 없다고 단정하는 것과 죽음에 대해 아무것도 모르는 것, 두 가지를 혼동하는 게 아닌가? 두 가지의 차이를 알고 있는가? 죽음에 대해 아무것도 모르면서 죽으면 아무것도 없다고 왜 단정하는가? 우리가 죽음에 대해 아는 것은 모르는 것에 비할 수 없다. 죽음에 대해 아무것도 모르면서, 어떻게 죽음 이후를 부정할 수 있는가? 우리는 죽음 이후의 삶이 없다고 주장하는 대신, 솔직하게 죽음 이후에 대해 아무것도 모른다고 고백해야 한다.

죽음 이후에 삶이 존재한다면 우리는 왜 그것을 기억하기가 힘든 것일까? 희랍의 '에르(Er)' 신화에서 플라톤은 사람들이 기억하지 못하는 까닭을 이렇게 설명한다. 에르는 전쟁터에서 죽은 것으로 간주된 병사였다. 그는 그때 임사체험을 겪었다. 그는 죽은 동안 많은 것을 보았다. 죽은 이후 상태가 어떤지 사람들에게 말해 주기 위해 삶으로 돌아가려 했다. 삶으로 돌아가기 직전, 그는 숨 막힐 정도로 엄청나게 뜨거운 열기를 뿜어내는 '망각의 들판'을 지났는데, 태어나기 위해 애쓰는 사람들을 보았다. 그곳은 나무 한 그루, 풀 한 포기 없는 곳이었다. 플라톤은 말한다. "그들은 어떤 그릇에도 그 강물을 담을 수 없는 망각의 강가에 캠프를 쳤다. 누구든지 이 강물을 일정량 마실 것을 요구받는다. 어떤 사람도 이 강물을 마시지 않고서는 이곳을 지날 수 없다. 일단 이 강물을 마시기만 하면 누구나 모든 것을 잊게 된다."[60] 그 강물을 마시지 않은 에르는 화장되기 직전 살아나서 보고 들었던 모든 것을 떠올릴 수 있었다.[61]

---

60 Conford, Plato's Republic, 350쪽.(소걀 린포체, 『티벳의 지혜』, 187쪽에서 재인용)

61 "죽음, 끝이 아니다"는 증거로 7가지를 들 수 있다. ①죽은 사람의 영혼이 살아 있는 사람에게 실리는 빙의현상, ②임종장면을 회상하게 할 경우 육신으로부터 영혼이 분리되는 장면을 떠올리는 최면치료, ③죽은 사람의 영혼을 불러 맺힌 한을 풀어주는 무속, ④죽음을 판정받은 이후 사후세계를 체험하고 다시 살아난 사람들이 증언하는 임사체험, ⑤죽음 과정을 상세히 설명해주는 『티벳 사자의 서』, 그리고 ⑥성경, ⑦불경. 이 책 3부 "자살자의 죽음 오해"의 2) "생사학, 자살을 어떻게 예방하는가"에서 최면치료와 무속

6) 나가세나 존자와 희랍 밀린다 왕의 대화

불교의 핵심 가르침은 다른 무엇보다도 무아와 윤회다. 붓다의 가르침은 윤회를 기본으로 하고 있으므로, 윤회를 부정하는 것은 불교를 부정하는 것이나 다름없다. 죽음은 끝이 아니라 또 다른 시작이라는 말은 곧 윤회를 수용한다는 뜻이다.[62] 죽음이 끝이 아니라면, 불교의 무아와 윤회는 어떻게 이해할 수 있을까. 무아와 윤회는 서로 모순되는 개념이라는 지적이 많이 있다. 무아는 영원불변의 자아는 없다는 뜻이다. 그러나 윤회에 의해 삶은 반복된다. 불교의 윤회관에 따르면 고정불변의 자아는 없다. 그렇다면 무엇이 윤회한다는 말인가. 그래서 무아와 윤회는 서로 모순된다는 주장이 계속 반복해서 제기되는 것이다. A가 죽어서 B로 다시 태어났을 경우, A와 B는 똑같은 존재인가, 다른 존재인가. 이 문제에 대한 불교의 대답은 A와 B는 서로 같지도 않고 다르지도 않다는 것이다. A와 B는 똑같다고 한다면, A가 죽어도 A의 본질은 그대로 상속된다는 상견常見에 해당된다. 죽어도 영혼만은 영원히 소멸되지 않는다는 주장이다. 반대로 A와 B가 완전히 다르다고 한다면, 단견斷見에 빠져 윤회 업보가 부정되게 된다. 죽은 뒤에는 영혼이 존재하지 않고 단멸한다는 입장이다. A가 죽어도 A의 영혼은 소멸하지 않는다는 상

을 자세히 다룬다.(오진탁, 『마지막 선물』 4장, "죽음, 끝이 아니다" 참조.)
62 일묵, 『초기불교의 윤회 이야기』, 5~6쪽.

견, A가 죽어 다시 태어난 B의 영혼은 A의 영혼과 같지 않다는 단견, 두 가지 주장을 붓다는 단호히 거부했다.

1935년에 태어나 2살 때 달라이 라마의 환생으로 인정받았던 14대 달라이 라마는 1959년 24세 때 인도로 망명했다. 14번 환생했던 달라이 라마는 무아와 윤회와 관련해 다음과 같이 간단명료하게 말한다.

재탄생의 과정에서 뒤를 이어 나타나는 존재들은, 진주 목걸이의 진주처럼 '영혼'이라는 줄이 진주알을 꿰고 있는 것이 아니다. 오히려 그것은 한 개 한 개 겹쳐 쌓은 주사위 같다. 주사위는 하나씩 떨어져 있지만, 각각의 주사위는 그 위에 있는 주사위를 받치고 있고, 서로 기능적으로 연결되어 있다. 주사위들 간에 동일성은 없지만 주사위들은 서로가 서로를 제약하고 있다.[63]

불교 경전『밀린다 팡하』에서도 인간의 삶과 죽음, 윤회의 과정을 아주 분명하게 설명하고 있다. 불교의 고승 나가제나는 희랍의 밀린다 왕이 제기한 질문에 대해 다음과 같이 답했다. 왕이 나가세나에게 말했다.

---

63 H. W. Schumann,『역사적 인물로서의 붓다』(소걀 린포체,『죽음으로부터 배우는 삶의 지혜』, 260쪽에서 재인용)

"어떤 사람이 다시 태어났을 때, 그는 이전에 죽은 사람과 같은 사람입니까? 아니면 다른 사람입니까?"

"그는 같은 사람도 아니고 다른 사람도 아닙니다. …… 만약 어떤 사람이 등잔에 불을 붙이면, 등잔불은 밤새도록 빛을 뿜어내겠지요?"

"그렇습니다."

"그렇다면 그날 밤 첫 번째로 타오른 불꽃은 하나의 등잔 위에서 타올랐고, 두 번째 불꽃은 다른 등잔 위에서, 세 번째 불꽃이 또 다른 등잔 위에서 타올랐다는 것을 의미할까요?"

"아닙니다. 밤새도록 빛을 발한 것은 하나의 등잔이기 때문입니다."

"환생이란 그와 같은 것입니다. 하나의 현상이 일어나면, 그와 동시에 다른 현상은 멈추게 됩니다. 따라서 새로운 존재에게 떠오른 첫 번째 의식은 그 이전의 존재에서 일어났던 마지막 의식과 같지 않습니다. 그렇다고 서로 다르다고 할 수도 없습니다."[64]

왕이 이러한 상호관계를 설명해 주는 다른 비유를 들어달라고 요청하자, 나가세나는 그것을 우유에 비유했다. 우유로 만들어진 응유凝乳, 버터, 버터기름은 결코 우유와 같은 것이 아니다. 하지만 그것들은 전적으로 우유에 의존해야 만들어질 수 있다. 그러자 왕이

---

64 소걀 린포체, 『티벳의 지혜』, 169쪽.

다시 물었다. "만약에 하나의 몸에서 다른 몸으로 이어지지 않는다면, 어떻게 우리가 전생에서 행한 악업으로부터 벗어날 수 있겠습니까?"

그랬더니 나가세나는 다음 비유를 들었다. "어떤 사람이 다른 사람의 망고를 훔쳤습니다. 그가 훔친 망고는 이미 다른 사람이 심었거나 다른 사람이 가지고 있던 망고와 똑같지는 않습니다. 그렇다면 어떻게 그를 처벌할 수 있을까요? 그를 처벌할 수 있는 이유는, 그가 훔친 망고가 이전의 소유자가 먼저 심었던 망고이기 때문입니다. 그와 마찬가지로 우리가 다른 삶과 연결되는 것은, 그것이 순수하든 순수하지 못하든 하나의 삶에서 행한 우리의 행동 때문입니다. 우리는 결코 그 과보로부터 자유로울 수 없습니다."[65]

삶과 죽음, 윤회의 과정에서 어떤 동일한 존재가 한 생에서 다른 생으로 옮겨가는 것은 아니다. 마치 망고나무의 씨가 심어져 크게 자라고 열매를 맺어 그 열매의 씨를 땅에 심었을 때 다시 나무가 성장하여 열매를 맺고, 또 그 나무의 씨를 심어 또 새로운 나무가 성장하듯이, 윤회는 그런 식으로 관계가 끝없이 이어진다. 그러나 망고나무의 씨 - 망고나무의 열매 - 망고나무의 씨라는 일련의 과정에서 어떤 불변의 존재가 변함없이 연속하는 것은 아니다.

실제로 필자가 경험한 사례가 있다. A라는 사람을 20여 년 이상

---

65 소걀 린포체, 앞의 책, 159~160쪽.

지켜보고 다양한 방식으로 조사했더니, 그는 1900년대에 생존했던 B라는 인물로, B는 A의 전생으로 판단되었다. B 자신도 A를 자신의 후신으로 여겼다. 하지만 A는 B와 똑같지는 않았다. A는 B의 삶에 관련된 자료를 읽어보고 그가 뛰어난 인물이기는 하지만, 지금 사회는 B처럼 살아서는 안 된다면서, 자기는 그와는 다른 삶을 살 것이라고 했다. 또 A는 조선시대 초기에 살았던 C로 확인되었다. 그는 약 600년 전에 살았지만, 관련 자료들이 남아 있어서 추적할 수 있었다. 족보 등 자료를 통해 C의 실명과 생몰연대를 확인했고, 6백여 년이 지난 현재까지 잘 보존되어 있는 묘소와 사당까지 직접 찾아가서 확인했다. 묘소와 사당에서 후손들이 매년 제사를 지내고 있다. C는 고려시대 말기에 태어났고 조선 초기에 활동했으므로, 조선시대는 성리학이 지배이념이었던 시기여서 C는 성리학을 공부해 과거시험을 통해 이조판서 지위까지 올랐고, 죽은 이후에는 왕에 의해 영의정으로 추존되었다.

6백여 년 뒤 다시 20세기 태어난 B도 경상도 유학자 집안에 태어나 유교 경전을 배워 한문에 능통했다. 하지만 B는 20대에 우연히 불교 경전을 접하고 평생 가야 할 길을 스스로 정해 출가사문의 길을 걸었다. C가 살았던 조선시대는 성리학이 지배이념이었던 시기였지만, 약 600년 이후 B가 태어난 1900년대 초기에는 조선왕조가 몰락하고 일제가 지배하던 시기였다. 다른 여러 가지 요인과 함께 이런 시대적·사회적 환경 차이로 인해 B와 C는 서로 다른 방식으로 삶을 살게 되었다. 또한 A는 B와 C가 자신의 전생임을 잘 알고 있다. 현재 삶을 살고 있는 A에게는 B와 C 각각의 전생 습기가 여전히 남아 있어 유학자로서의 전생 습기와 출가사문의 전생 습기가 서로 충돌하고 있다. 따라서 이와 같이 A, B, C의 삶을 살펴보았을 때, 죽은 후에 다시 태어나는 사람은 죽은 사람과 동일인은 아니지만, 업의 인과관계에 의해 연결되어 태어났기 때문에 완전히 다른 사람이라고 할 수도 없는, 그런 관계에 있는 것이다.[66]

7) 13대 달라이 라마의 환생자를 찾는 과정

환생을 찾는 과정은 흔히 상상하는 것과는 달리 그렇게 신비롭지는 않다고 달라이 라마는 말한다. 그 과정은 가능성 없는 쪽을 배제해 나가는 방법을 택한다. 우리가 어떤 특정 린포체의 환생을 찾는다면, 우선 그가 언제 어디서 죽었는지가 가장 중요한 관건이 된다. 그 다음에는 우리의 경험으로 볼 때 그 린포체가 죽은 지 1년이 지난 다음에 후계자가 잉태될 것이다. 만일 린포체 X가 Y해에 죽었다

---

[66] 안양규, 앞의 책, 116~117쪽.
　　미국의 헨리 포드는 26살 때 환생을 받아들였다. 종교를 통해 환생을 받아들인 것은 아니었다. 우리가 한 생에서 집적한 체험을 다음 생에서 활용할 수 없다면, 어떤 일을 하든 부질없을 따름이라고 그는 생각했다. 그가 환생을 발견했을 때 시간은 무한히 확장되었다. 그는 더 이상 시계바늘의 노예가 아니었다. 삶에 대한 긴 안목이 우리 삶에 편안함을 가져다준다고 그는 생각했다.(『죽음으로부터 배우는 삶의 지혜』, 148쪽)

면, 그의 환생은 대개 18개월에서 2년 후 태어나게 된다. 그래서 Y 해에 5년을 더한 해에 그 아이는 서너 살쯤 될 것이다. 이렇게 상식적으로 추론해 나가면 이미 범위는 상당히 좁혀진 셈이다. 다음으로는 그 환생이 가장 태어남직한 장소가 고려된다. 이 또한 통상적으로 아주 쉽게 판단될 수 있다. 그곳이 티벳인가? 아니면 티벳 밖인가? 이어서 환생이 태어날 도시 혹은 마을이 결정되어야만 한다. 일반적으로 이러한 도시의 선정은 죽은 린포체의 삶을 돌이켜봄으로써 어느 정도 파악할 수 있다.[67]

임종 시기, 환생 장소 등 변수에 의해 범위가 좁혀진 후, 다음 단계는 파견단을 조직하는 것이다. 통상적으로 환생 후보자가 될 만한 서너 명의 아이들을 찾도록 그 지역 사회 안에 있는 몇몇 사람에게 물어 보는 것으로 충분할 수도 있다. 그렇게 함으로써 상당히 도움이 되는 단서를 얻을 수 있다. 아이가 태어날 때 있었던 기이한 현상이라든가, 아이에게 보이는 강한 특성 같은 것이 있을 수 있다. 가끔 전임자가 죽기 전에 후임 환생이나 그 부모 이름을 상세히 알려줌으로써 이러한 파견단이 필요 없을 경우도 생긴다. 그러나 그런 경우는 드물다. 다른 경우에는 린포체의 제자들이 환생이 어디 있는지 알려주는 꿈을 꾸거나, 환영을 보기도 한다.[68]

현재 달라이 라마는 1935년 7월 6일 태어났으며 이름은 '라모 톤

---

67 달라이 라마, 『달라이 라마 자서전』, 심재룡 역, 정신세계사, 2012, 320쪽.
68 달라이 라마, 앞의 책, 321쪽.

둡'이었다. 태어난 마을은 '탁최'인데 '포효하는 호랑이'라는 뜻이다. 티벳 북동부 변방인 암도에 있는 탁최는 넓은 계곡이 내려다보이는 언덕에 자리잡고 있는 작고 초라한 마을이다. 라모 톤둡의 부모는 소작농이었다. 고향 집은 전형적인 티벳 양식으로 지어진 집이었다. 돌과 진흙으로 지어진 고향 집은 앞마당이 툭 트여 있는 디귿자 모양의 구조로 된 집이었다. 여느 집과는 달리 처마에 물받이가 있었다. 노간주나무 가지로 만든 물받이는 빗물을 받아 내기 위해 가운데에 홈을 파 놓았다. 마당 가운데에는 높다란 깃대가 서 있었다. 거기에는 위쪽과 아래쪽만 잡아맨 깃발이 달려 있었는데, 수없이 많은 기도문이 쓰어 있었다.[69]

라모 톤둡이 태어날 당시 그의 아버지는 몇 주일 동안 침대에 꼼짝 못하고 앓아누워 있었는데, 아무도 병의 원인을 알 수 없어서 죽기만을 기다리는 형편이었다. 그렇게 아프던 아버지가 라모 톤둡이 태어난 날 갑자기 회복되었다. 그 이유는 누구도 알 수 없었다고 한다. 어머니는 세상에서 가장 친절한 분이었다고 달라이 라마는 말한다. 어머니는 동정심이 많았고 어머니를 아는 모든 사람으로부터 사랑을 받았다고 한다. 어떤 중국인 부부가 찾아와 먹을 것을 구걸하자 곳간에 있던 것을 몽땅 털어 주었다고 한다. 라모 톤둡은 어릴 때 "나는 라싸에 갈 거야, 나는 라싸에 갈 거야" 하고 중얼거리곤 했다. 언제나 식탁의 상석에 앉으려고 고집을 부렸던 사실

---

69 달라이 라마, 앞의 책, 30~33쪽.

과 함께, 라모 톤둡 스스로 후에 큰 인물이 되리라는 것을 일찍부터 알고 있었음을 증명해 주는 사례라고 사람들은 말했다.[70]

달라이 라마가 만 세 살이 되기도 전에 달라이 라마의 환생을 찾기 위해 티벳 정부가 보낸 일단의 관리들이 '쿰붐' 사원에 도착했다. 그들은 몇 가지 징후를 보고 그리로 오게 된 것이다. 징후 중 하나는 13대 달라이 라마 '툽텐 갸초'의 시신에 관련된 것이었다. 13대 달라이 라마는 1933년 57세에 죽었는데, 국무회의가 열리는 동안 남쪽을 향해 있던 시신의 머리가 북동쪽으로 돌려진 것이 발견되었다. 바로 직후 고위 라마승인 섭정이 환상을 보았다. 섭정은 남부 티벳에 있는 신성한 호수 '라모 라초'의 물을 바라보고 있던 중에 티벳 문자 Ah와 Ka, Ma가 물 위에 떠 있는 것을 똑똑히 보았다. 그리고 청록색과 황금색으로 된 지붕을 이고 있는 3층 사원과, 그 사원에서 언덕으로 이어지는 좁다란 길이 보였다. 그리고 마지막엔 이상한 모양을 한 빗물받이 홈통이 있는 조그마한 집을 보았다. 그는 Ah가 북동지방인 암도를 가리키는 것임을 확신하였다. 그래서 파견단을 그리로 보내게 된 것이다.[71]

파견단이 쿰붐에 도착해서는 제대로 찾아왔다는 것을 느꼈다. Ah가 암도를 가리키는 것이라면 Ka는 쿰붐 사원을 가리키는 것이 틀림없기 때문이었다. 그 사원은 실제로 3층으로 되어 있었으며,

---

70 달라이 라마, 앞의 책, 30~36쪽.
71 달라이 라마, 앞의 책, 39쪽.

지붕은 청록색이었다. 이제 그들은 언덕과 이상한 물받이가 있는 오두막을 찾아내어야 했다. 그들은 그 이웃 마을을 찾아다니기 시작했다. 마침내 옹이투성이 노간주나무 가지로 만든 물받이가 달린 집을 찾았을 때, 그들은 새로운 달라이 라마가 멀지 않은 곳에 있다는 것을 확신했다. 그럼에도 불구하고 그들은 방문 목적을 곧바로 드러내지 않고 단지 하룻밤 묵어갈 것을 청했다. 파견단 단장인 '큐장 린포체'는 하인 행세를 하며 그날 저녁 내내 그 집에서 가장 어린 아기를 관찰하며 함께 놀았다.[72]

아기는 그를 알아보고 "쎄라 라마, 쎄라 라마" 하고 소리쳤다. 쎄라는 큐장 린포체가 있던 시원 이름이었다. 그들은 이튿날 떠났나가 며칠 후 정식 파견단으로 다시 나타났다. 이번에는 13대 달라이 라마가 쓰던 소지품과, 그와 비슷하지만 13대 달라이 라마의 소지품이 아닌 물건들을 함께 가지고 왔다. 아기는 소지품이 앞에 놓일 때마다 "이건 내 꺼야, 이건 내 꺼야" 하며 13대 달라이 라마의 소지품을 정확히 가려내었다. 이것을 보고 파견단은 달라이 라마의 환생을 찾아냈다고 믿게 되었다. 파견단이 탁최 출신의 소년을 달라이 라마의 진짜 화신으로 결정 내리자마자 이 소식은 곧 라싸에 있는 섭정에게 알려졌으며, 수개월 지나서 공식적으로 인정되었다.[73] 라싸에 도착한 후에 열린 축제는 소년에게 영적인 지도력

---

72 달라이 라마, 앞의 책, 40쪽.
73 달라이 라마, 앞의 책, 40~41쪽.

을 부여한다는 의미를 지닌 것이었다. 축제는 온종일 계속되었다. 그때 소년은 비로소 진짜 자기 집에 돌아왔다는 안도감을 느꼈다.[74] 현재 달라이 라마는 14대, 이전의 13명 달라이 라마의 화신으로 여겨진다. 달라이 라마는 티벳어로 '첸레지', 흰 연꽃을 든 관세음 보살의 화신이다. 이것을 진짜 믿느냐는 질문을 받을 때가 많다고 한다.

이제 이만큼 나이를 먹고[75] 이생의 경험을 돌이켜보거나, 또 개인적인 종교체험에서 볼 때, 나보다 앞서간 13명의 달라이 라마와 첸레지, 그리고 붓다가 나와 영적으로 연결되어 있다는 믿음은 어렵지 않게 받아들일 수 있다.[76]

8) 티벳에서 환생이 뜻하는 것: "소년이 되어 다시 돌아오마"

까르마의 법칙을 완전히 터득하고 깨달음을 성취한 인물은 사람들을 돕기 위해 또 다른 삶의 세계로 되돌아온다. 티벳에서는 13세기부터 그러한 화신을 의미하는 '튈쿠'를 인지하는 전통이 형성되기 시작했으며, 그 전통은 오늘날까지도 계속되고 있다. 깨달은 스

---

74 달라이 라마, 앞의 책, 44쪽.

75 달라이 라마는 1935년생이다.

76 달라이 라마, 앞의 책, 38~39쪽.

승이 죽었을 때, 그는 자신이 다시 태어날 곳을 정확하게 암시할 수 있다. 그가 다시 태어날 때가 가까워지면, 그의 가장 가까운 제자나 영적인 친구들 가운데 한 사람이 그의 환생을 예견하는 비전을 보거나 꿈을 꾸게 된다. 어떤 경우에는 그의 제자가 튈쿠를 인지할 수 있는 능력을 지닌 존경하는 스승을 찾아가기도 한다. 그러면 그 스승은 그가 환생한 어린아이를 찾아갈 수 있도록 꿈을 꾸거나 비전을 보게 된다. 마침내 어린아이가 발견되었을 때, 어린아이를 다시 태어난 스승의 화신으로 승인하는 것도 바로 이 스승의 몫이다. 이 전통의 진정한 목적은 깨달은 스승들의 지혜를 잃어버리지 않기 위함이다. 회신으로 테어난 사람의 삶에서 가장 중요한 것은 그가 교육을 받으면서 자신의 근원적인 본성, 화신이 물려받은 지혜를 일깨우는 것이다.[77]

달라이 라마의 스승이었던 링 린포체의 환생을 찾는 과정에는 달라이 라마가 직접 관여했다. 링 린포체가 1983년 여름 중병에 걸렸다는 소식을 달라이 라마는 스위스에서 들었다. 그는 뇌졸중을 일으켜 마비상태에 빠져 있었다. 달라이 라마는 즉시 다람살라로 돌아왔다. 건강은 몹시 악화되었지만, 그의 정신은 일생동안 열심히 수행한 덕으로 여전히 맑았다. 그의 건강은 그 상태로 유지되다가 갑자기 악화되어 "내게 조그만 담요를 다오. 작은 소년이 되어 다시 돌아오마." 이런 말을 남기고 1983년 12월 25일 죽었다. 그러나

---

77 소걀 린포체, 앞의 책, 172~173쪽.

그가 뛰어난 인물이라는 것을 증명할 필요가 있었던 듯이 그의 육신은 그렇게 더운 기후였는데도 사망신고가 내린 후 30일 동안이나 썩지 않았다. 그가 죽었다고 다 끝난 것이 아니라고 달라이 라마는 말한다. 링 린포체는 1년 8개월 뒤 다람살라 티벳 마을에서 환생했다. 린포체는 아주 명랑한 장난꾸러기 소년으로 다시 태어났다. 아기는 단지 18개월밖에 안 되었음에도 불구하고 파견단원의 이름을 부르면서 웃으며 다가갔다고 한다. 링 린포체와 친하게 지냈던 사람들을 분명히 알아보았다.[78]

그 아이를 처음 만났을 때 그가 링 린포체의 환생이라는 사실을 달라이 라마는 의심하지 않았다. 그 아이는 최상의 존경을 표하면서 달라이 라마를 알고 있는 듯이 행동했다. 달라이 라마는 처음 만난 자리에서 커다란 초콜릿을 주었는데, 아기는 그것을 손에 든 채 거들떠보지도 않고 계속 손을 뻗은 상태로 머리를 조아리고 서 있었다. 어린아이가 맛난 것을 먹지도 않고 그토록 예의범절을 차리고 서 있다는 것이 달라이 라마는 믿어지지 않았다. 달라이 라마가 자기 처소에서 아이를 만나 문 쪽으로 데리고 갔을 때, 아이는 자기 전임자가 했던 것과 똑같이 행동했다. 어린아이는 전생에서 자신이 했던 방식을 기억하고 있었음이 분명했다. 더구나 어린아이가

---

78 달라이 라마, 앞의 책, 322~323쪽.
링 린포체의 환생자는 1991년 5월 한국을 처음 방문했고, 그 이후에도 여러 차례 방문했다.

티벳 황화대구곡에 사는 어린이

달라이 라마의 서재로 들어왔을 때, 시종 중 한 사람을 즉시 알아보았다.[79]

9) 전생을 기억하는 어린이: "저의 집으로 데려다 주세요"

달라이 라마는 한 아이의 자기 전생에 대한 놀라운 기억에 주목했다. 달라이 라마는 그 여자아이를 만나 이야기를 듣고 확인하기 위해 대리인까지 보냈다. 아이의 이름은 '카마르지트 코우워'였다. 그녀는 인도 편잡 지방의 시크교도 집안의 딸로 태어났다. 어느 날 그녀는 아버지와 함께 시골의 장터에 갔을 때, 그녀는 아버지에게 다른 마을로 데려다 달라고 말했다. 아버지는 깜짝 놀라 왜 그러느냐고 물었다. "여기는 저와 아무 관련이 없어요. 이곳은 저의 집이 아니에요. 제발 저를 그 마을로 데려다 주세요. 버스가 갑자기 우리를 치었을 때, 친구와 저는 자전거를 타고 있었어요. 친구는 그 자리에서 죽었고, 저는 머리와 귀와 코를 다쳤어요. 저는 사고지점에서 떨어진 근처 재판소의 벤치 근처에 누워 있었죠. 그리고 바로 마을 병원으로 실려 갔어요. 상처에서 피가 너무 많이 흘러 나와 부모님과 친척들이 그리로 데려간 거죠. 그러나 시골 병원에서는 저를 제대로 치료할 수 없었어요. 의사들이 치료할 수 없다고 했을 때, 저는 친척들에게 집으로 데려가 달라고 했어요." 그녀의 아버지는 이 말

---

79 달라이 라마, 『달라이 라마 자서전』, 323~324쪽.

에 충격을 받았다. 어린애의 일시적인 충동이라고 생각했지만, 그녀가 계속해서 고집을 부리자 그 마을로 그녀를 데려갔다.

그 마을 근처에 이르자마자 그녀는 바로 알아차렸다. 그리고 버스가 그녀를 치었던 곳을 손가락으로 가리켰다. 그녀는 자기가 살았다고 주장하는 집 근처에 이르러 건초더미 앞에 멈춰 섰다. 여자아이와 당황한 아버지는 그녀가 이전에 살았다고 하는 집으로 갔다. 그녀의 말을 여전히 믿을 수 없었던 아버지는 이웃사람들에게 카르마지트 코우워가 말한 대로 버스에 치어 딸을 잃은 가족이 있는지 물었다. 그들은 그 이야기가 사실이라고 말하고, 그 집의 딸 리슈마가 병원에서 집으로 오던 중 차 안에서 죽있을 때 열여섯 살이었다고 사람들은 말했다. 카르마지트의 아버지는 너무나 놀라서 그녀에게 집으로 돌아가자고 말했다. 그러나 그녀는 그 집으로 곧장 들어가 그녀의 학창시절 모습을 담은 앨범을 달라고 해서 기쁨에 가득 찬 눈으로 들여다보았다. 리슈마의 할아버지와 삼촌들이 도착했을 때, 그녀는 즉시 그들을 알아보고서 그들의 이름을 정확히 말했다. 카르마지트는 아버지에게 자기 방을 가리켜보였다. 그녀는 자기의 교과서들과 두 개의 은팔찌, 두 개의 머리띠, 그리고 새로 지은 적갈색 정장을 달라고 했다. 리슈마의 작은 어머니는 그것들이 모두 리슈마의 것이라고 말했다. 그러고 나서 카르마지트는 리슈마의 작은 아버지 집으로 가서 그 집에 있는 물품들을 자세히 설명했다. 그 다음날 그녀는 전생의 친척들을 모두 만났다. 집으로 돌아가는 버스를 탈 시간이 되었을 때, 카르마지트는 집에 가지 않고 거기서 살겠다고 말했다. 그러나 카르마지트의 아버지는 그녀를 설득해 함께 집으로 돌아갔다.

가족들은 모두 함께 그때까지 있었던 이야기들을 짜 맞추어 보았다. 카르마지트는 리슈마가 죽은 지 열 달 만에 다시 태어났다. 그녀는 리슈마의 학교 사진첩에 있는 친구들 이름을 전부 기억할 수 있었다. 카르마지트는 언제나 적갈색 옷을 사달라고 졸랐다. 카르마지트의 부모는 리슈마가 적갈색 정장을 가지고 있었고 그 옷을 자랑스러워했지만, 한 번도 입어보지 못했다는 것을 알았다. 카르마지트는 리슈마가 자동차 사고로 죽은 지 열 달 만에 다시 태어난 것이었다.[80]

10) 다시 태어나도 우리: "저의 사원과 제자들이 훤히 보여요"

저는 전생에 티벳의 '캄'이라는 곳에서 살았습니다. 지금도 그 마을이 생생히 기억나요. 저는 캄의 '가와'라는 곳에서 왔어요. 그곳은 큰 호수가 있는 아름다운 마을입니다. 제가 몸 담았던 사원과 제자들이 기억납니다. …… 꿈에 티벳의 캄에 있는 저의 사원과 제자들이 훤히 보여요.[81]

---

80 소걀 린포체『티벳의 지혜』, 161~163쪽

81 문창용,『다시 태어나도 우리』, 홍익출판사, 2017, 24쪽, 47쪽, 60쪽.

태어나서 한 번도, 라다크 지역에서도 가장 오지에 속하는 '삭티' 마을 밖으로 나가본 적이 없는 '앙뚜'의 말에 사람들은 놀라워했다. 히말라야 끝자락 해발고도 3,900미터의 고산지대 구릉에 위치한 티벳 동부 캄(Kham)은 승려들의 수행처가 있는 곳으로 유명했다. 티벳의 캄은 예전부터 법력이 높은 고승들의 가르침을 받으려고 모여든 1만여 명의 수행자들이 마을을 형성했다. 외부세계와 단절된 지구촌의 오지 중 하나로, 승려들이 수도나 전기 같은 문명의 혜택을 전혀 받지 않고 오로지 수행만을 목적으로 살고 있는 곳이다.

엄마는 앙뚜가 태어나던 순간을 생생히 기억하고 있다. 아이의 몸에 탯줄이 염주처럼 감겨 있었고, 의사는 산모의 생명이 위험해질 수 있다면서 당장 낙태시키고자 했지만, 엄마는 자기가 죽으면 죽었지 아기를 지울 수는 없다고 출산을 감행했다. 이런 모습으로 태어난 아기는 출가해 스님이 될 확률이 높다고 한다. 이렇게 태어난 앙뚜는 다른 아기들과 많이 달랐다. 앙뚜는 다른 아이들처럼 장난감에 관심이 없었고 목탁이나 법고 같은 불교용품을 가지고 놀았다. 엄마는 아기를 목욕시키다가 등에 티벳어로 '옴'이라는 글자가 점점 선명히 나타나는 것도 보았다. 또 앙뚜는 불교의 주문, '옴 마니 반메 훔'을 어려서부터 읊조리곤 했다. '옴-마-옴-마.'[82]

2009년 앙뚜가 5살 때, 어머니는 어린 아들과 함께 '우르간'을 찾았다. "이 아이는 장차 아주 큰 스님이 될 게 분명하니, 정성껏 양육

---

82 문창용, 앞의 책, 25쪽, 44쪽.

해야 합니다." 우르간만이 아니라 다른 스님들도 같은 말을 했다. 앙뚜는 2010년 8월 6살 때 린포체로 인증 받아 즉위식을 올렸다. 앙뚜의 전생이었던 린포체의 이름은 '족첸 귤멧 나톤 왕보.' 앙뚜는 자신이 쓰던 은컵의 모양을 자세히 묘사하는가 하면, 직접 그림을 그려 보이기까지 했다. 그곳에서 50여 명의 제자들이 자신의 가르침을 받았으며, 계절마다 비구니들이 찾아와 자신의 지도 아래 수행정진을 했다면서 자세히 상황을 설명하기도 했다.[83]

앙뚜는 전생에 몸 담았던 사원을 꿈에서 본 대로 그렸다. 언덕 위로 여러 채 건물들이 늘어서 있고, 큼지막한 깃발들이 줄지어 꽂힌 '초르텐'이 우뚝한 가운데 작은 성과 같은 사원이 장중하게 버티고 있는 그림이었다. 앙뚜는 한 번도 간 적이 없었지만, 그곳은 전생에 자기가 살았던 사원이고 이제 다시 찾아가야 할 사원이었다. 앙뚜는 그 그림을 그리고 있을 때 제일 행복했다. 또 플라스틱 상자와 돌멩이 따위를 긁어모아 진흙을 뭉쳐서 작은 사원을 만들기도 했다.[84] 어느 날 티벳에서 왔다는 스님 한 분이 앙뚜를 찾아왔다.

제가 비록 족첸 스님의 직계 제자는 아니지만, 법력 높으신 고승으로 명성 높았던 그분께서 입적하신 이후에 어디서 환생하셨는지 늘 궁금했습니다. 이제야 사실을 알게 되었으니, 티벳으로 돌아

---

83 문창용, 앞의 책, 45~52쪽.
84 문창용, 앞의 책, 58쪽.

가 그곳 사원에 소식을 꼭 전하겠습니다.[85]

11) 환생을 찾아서: "스승의 환생 찾는 일, 나의 최대 임무"

2009년 EBS 다큐 페스티발 초이스에 「환생을 찾아서(Unmistaken Child)」가 출품되었다. '텐진 조파'는 7세부터 '콘촉 라마'를 스승으로 모셔왔다. 2001년 콘촉 라마는 84세의 나이로 선종했다. 스승이 입적하기 5분 전, 텐진 조파는 그분 손을 잡고 환생하여 다시 돌아오시기를 부탁드렸다. 스승께서는 그것은 기도에 달려 있다고 답했다. 스승은 그가 우는 것을 좋아하지 않았지만, 그는 울음을 멈출수 없었다. 스승은 말했다. "울지 마라. 나는 내 인생에 만족한다." 스승이 입적한 이후, 스승의 환생을 찾기 위해 텐진 조파는 길을 떠난다. "라마 콘촉의 환생을 찾는 것은 내 일생의 최대 임무입니다. 그분은 수많은 중생을 도울 것입니다. 그분을 찾는 것 자체가 제 인생보다 천 배 만 배 중요합니다."[86]

스승의 시신을 화장했더니, 발자국이 동쪽을 가리켰다. 달라이라마도 스승의 환생을 확언했다. 티벳 점성학에 따르면, 아버지의 이름은 '아'로 시작된다고 했다. 환생의 출생지는 '츠'로 시작되는 것으로 추정된다. 스승은 평생 '춤' 계곡에서 수행했으므로, 아이는

---

85 문창용, 앞의 책, 63쪽.
86 나티 바라츠, 「환생을 찾아서(Unmistaken Child)」, 2009년.

그곳에서 태어난 게 확실했다. 또 춤 계곡은 텐진 조파가 태어난 곳이기도 했다. 히말라야 계곡을 다니면서 이 집 저 집을 방문했다. 티벳 곳곳을 누비는 4년여의 여정 끝에 마침내 텐진 조파는 스승의 환생으로 여겨지는 아이와 만났다. 오래전 스승이 어린 그를 이끌어 주었듯이 텐진 조파는 어린아이를 이끌어 주어야 했다. 그는 어떤 아이 집에 도착했다. 아이는 스승이 쓰던 염주를 보자마자 달라고 하면서 울었다. 스승이 매일 아침 의식 때 사용했던 바로 그 염주였다. 염주를 다시 뺏으려 하자 울면서 놓지 않았다. 자동차 장난감을 주고 염주를 다시 달라고 해도 결코 주지 않았다. 결국 염주를 돌려받지 못했다. 스승이 생전에 직접 심은 사과나무 한 그루가 열매를 맺을 만큼 크게 자랐는데, 그 아이가 아침마다 물을 주었다.[87]

6개월이 지나 새해맞이 법회에서 텐진 조파는 아이와 함께 '라마 조파 린포체'를 만났다. 텐진 조파는 린포체를 만나 환생을 확인받는 오늘이 자기 인생에서 제일 떨리는 날이라고 말했다. 라마 조파 린포체는 3가지 종을 진열하고 전생에 사용하던 종을 선택하라고 말했다. 아이는 하나의 종을 골랐는데, 바로 전생에 사용하던 종이었다. 또 3가지 염주를 나열하고 하나를 고르라고 했더니, 전에 쓰던 염주를 선택했다. 또 3가지 북 중에서 자신이 사용하던 북을 골랐다. 린포체는 아이가 라마 콘촉의 환생임을 확신하고 달라이 라마에게 편지를 작성했다.[88]

---

87 나티 바라츠, 위의 다큐.

얼마 뒤 인도 남부 암라와티에서 달라이 라마의 법회가 열렸다. 텐진 조파는 어린아이, 할머니, 부모와 함께 참석했다. 달라이 라마가 편지를 작성해 직접 봉인해 보내왔다. 텐진 조파가 가족들에게 말했다.

이것이 달라이 라마께서 보낸 편지인데 다음과 같이 적혀 있습니다. "텐진 응오드룹을 입적하신 라마 콘촉의 환생으로 인정합니다. 석가모니 부처님의 제자 달라이 라마, 텐진 가쵸 달라이 라마, 2005년 12월 17일." 달라이 라마께서 아이를 직접 보실 테니 준비해야 합니다.[89]

달라이 라마는 아이를 만나서 지금 아이의 이름은 '텐진 응오드룹'이지만, 이제 린포체의 환생으로 인정받았으니까, '텐진 푼촉 린포체'라고 이름을 지어 주었다. 아이는 라마 콘촉의 사진과 자기 사진을 보고 말했다. "이 사람은 나예요. 저 사진도 나예요. 두 사람 다 나예요."[90]

---

88 나티 바라츠, 위의 다큐.
89 나티 바라츠, 위의 다큐.
90 나티 바라츠, 위의 다큐.
    1995년 12월 28일, 파드마삼바바가 머물렀던 네팔 동부 지방 마라티카에 전 세계로부터 많은 라마와 스님, 그리고 제자들이 모여서 하늘을 바라보았다. 헬리콥터가 산의 침묵을 깨뜨렸다. 22명의 승객 중에서 '딜고 켄체 린포

13) 카르마파의 임종과 환생: "다음 생의 부모가 생생히 보인다"

티벳 불교의 4대 주요 학파 가운데 우두머리 '걀왕 카르마파'는 1981년 미국의 병원에서 죽었다. 그는 항상 싱글벙글 웃는 모습과 주위의 모든 사람에게 베푸는 자비심으로 커다란 영적 감흥을 일으켰던 인물이다. 담당 의사 산체스 박사는 그가 보통사람이 아니라는 것을 느꼈다. 그가 삶을 쳐다볼 때에는 마치 그의 본래 모습을 간파하고 내면을 꿰뚫어보는 듯했다. 그의 고결한 모습은 그를 만

체'(1910~1991)의 새로운 환생자가 있었다. 1993년 태어난 2살 반 된 아기는 어머니 팔에 안겨 있었다. '뗄씩 린포체'는 아기에게 기다란 하얀 스카프를 건넸다. 아기는 린포체의 목에 하얀 스카프를 걸어주었다. 이 만남은 평범한 자리가 아니었다. 에베레스트 근처에 있는 자신의 사원에서부터 이 자리에 참석한 뗄씩 린포체는 아기를 그가 존경하던 스승, 딜고 켄체 린포체의 환생으로 인정했다. 1991년 딜고 켄체 린포체의 죽음 이후, 그의 가까운 제자들은 자연스럽게 가장 나이가 많고 성취한 바가 많은 뗄씩 린포체가 스승의 환생을 찾을 것이라고 기대했다. 어느 날 뗄씩 린포체는 환생자를 분명하게 가리켜주는 꿈들을 꾸었고 비전도 지니게 되었다. 특히 어떤 비전은 아기가 태어난 해, 부모의 이름, 아기가 발견될 장소를 암시하는 4줄로 된 시였다. 하지만 1995년 4월, 그가 켄체 린포체의 손자, '세션 랍잡 린포체'에게 편지를 보낼 때까지 그는 비밀을 유지하고 있었다. 아기는 파드마삼바바의 생일인 1993년 6월 30일 태어났다. 달라이 라마는 이 아기가 딜고 켄체 린포체의 환생이라고 확인해 주었다.(Matthieu Richard, *Journey to Enlightenment the Life and World of Khyentse Rinpoche*, Aperture, 1996, p.148)

나기 위해 병원을 찾아오는 모든 사람에게 감동을 주었다. 몇 번이나 그가 죽음에 다다랐다고 생각되었지만, 그때마다 그는 빙그레 미소를 지어 보이면서 상태가 호전되곤 했다.

간호사들의 증언에 따르면 카르마파의 육신은 부패하는 일반적인 과정을 따르지 않았고, 숨이 끊어진 이후에도 그의 몸은 여전히 살아 있는 듯했다고 한다. 죽음 판정을 받고 시간이 지난 뒤에도 그의 심장 주변에 여전히 온기가 남아 있음을 간호사들은 확인했다. 담당 의사는 다음과 같이 증언한다. "그가 죽은 지 36시간 정도 지난 뒤 그들은 나를 그의 병실로 데려갔다. 그의 심장에 손을 대었더니 주위보다 한결 따스했다. 이런 현상은 결코 의학적으로 설명할 수 없는 사건이다."[91] 1981년 미국 일리노이주 시온에서 16대 까르마파는 죽었다. 죽기 얼마 전 까르마파가 말했다.

> 오온으로 이루어진 내 육신은 미국에 남겠지만, 내 의식은 티벳으로 갈 것이다. 지금 다음 생의 아버지와 어머니가 아주 생생히 보인다. 윤회와 열반이 내 손바닥을 들여다보는 것처럼 아주 또렷하게 보인다.[92]

그가 주석했던 인도의 시킴 룸텍 사원에서 다비를 했더니, 타고

---

91 소걀 린포체, 『티벳의 지혜』, 440~441쪽

92 미쉘 마틴, 신기식 역, 『까르마파, 나를 생각하세요』, 지영사, 2007, 19쪽.

남은 재에 그의 발자국 두 개가 찍혀 있었고 티벳을 향하고 있었다. 그는 죽기 전에 어디에서 환생할 것인지 밝힌 유언장을 작성했다. 유언장의 예언대로 유목을 하는 '바고르'가 까르마파가 태어난 동네이다. 1985년 아기가 태어난 이후 밝은 빛이 자주 나타났다. 아기가 태어나면서부터 텐트 안은 빛으로 어른거렸다. 어머니는 빛을 여러 번 보았다. 어떤 때는 모두에게 보이기도 했다. 1992년 7살 어린이가 되었을 때, 예년보다 한 달 일찍 텐트를 옮기자고 끈질기게 졸라댔다. 아이가 특별한 존재임을 알고 있었던 부모는 그의 끈질긴 요청이 심상치 않았기에 텐트를 바고르 지역으로 옮겼다. 텐트를 옮긴 지 얼마 안 되었을 때, 까르마파 탐색대는 16대 까르마파가 예언한 대로 바고르에서 어린 까르마파를 찾아냈다.[93]

독일의 다큐멘터리 감독 클레멘스 큐비는 까르마파가 죽은 이후 계속해서 그의 환생 과정을 카메라로 추적했다. 까르마파가 살아생전에 예언한 대로, 티벳 동쪽 지역에서 1985년 가난한 유목민의 아들로 다시 태어났는데, 소년은 특별한 능력을 지니고 있었다. 1992년 어린 소년이 발견될 때까지 7년 동안의 추적 과정이 담긴 다큐 「살아 있는 붓다」는 까르마파의 죽음과 환생 과정을 사실 그대로 증언하는 기록물로 높은 평가를 받았다. 큐비 감독은 이 다큐로 1994년 바이에른 영화상을 수상했다.

---

93 미쉘 마틴, 앞의 책, 19~38쪽.

13) "그대는 죽음 이후의 삶을 받아들이는가?"[94]

티벳의 스승은 가르침을 받기 위해 접근하는 사람들에게 단 한 가지 질문을 던진다. 스승은 이 질문을 철학적 명제로서 묻는 게 아니다. 죽음 이후의 삶을 마음 깊이 받아들이는지 여부를 묻는 것이다. 만일 죽음 이후의 삶을 확신한다면, 그 인생관 전체가 완전히 달라질 것이고 책임감과 도덕의식은 더 또렷해질 것이기 때문이다. 삶이후의 삶에 대한 확고부동한 신념이 없다면, 현대 사회가 그렇듯이 행동의 인과응보를 충분히 고려하지 못하고 근시안적인 결과에만 집착하는 사회를 형성하게 된다.

94　소걀 린포체, 『죽음으로부터 배우는 삶의 지혜』, 337쪽.

3장

장자, 죽음을 어떻게 이해하는가

일반 사람과는 달리 장자는 결코 죽음을 회피하려고 하지 않았다. 장자 사상의 중심용어로 무위無爲, 소요逍遙, 도道, 물화物化, 무기無己, 무정無情 등이 거론되기는 하지만, 생사 문제는 그다지 조명을 받지 못했다. 그러나 장자의 핵심사상으로 제시되는 것들은 그가 자신 앞에 놓여 있는 죽음과의 치열한 대면, 죽음과 삶의 관계에 대한 탐구를 계기로 해서 형성된 것이다. 어떤 의미에서 죽음의 관문을 넘어서기 위한 치열한 심사숙고를 통해 장자는 특유의 사상을 형성할 수 있었다. 따라서 죽음은 장자의 화두였다고 말할 수 있다. 죽음과 삶을 중심에 정위시키고서 장자의 사상 전체를 정렬시키는 것이 가능하다. 무위, 소요, 도, 물화, 무정의 사상을 이해함에 있어서 죽음의 문제, 죽음과 삶의 관계를 빼놓아서는 충분히 이해할 수 없다.

1) 삶과 죽음의 관계: "삶은 죽음의 시작, 죽음은 삶의 시작"

장자의 생사관은 『장자』33편 곳곳에서 산견되는데, 「지락至樂」편에 제시된 장자와 혜시惠施 간의 다음 논쟁은 그의 죽음 이해를 단적으로 보여주고 있다. 어느 날 장자의 아내가 죽어 혜시가 문상을 갔더니, 그때 장자는 두 다리를 뻗고 술동이를 두드리면서 노래를 부르고 있었다. 이에 혜시가 "아내와 함께 살면서 자식을 같이 키우다가 늙어서 마침내 죽게 되었으니 곡을 하지 않는 것이야 그럴 수도 있겠지만, 술동이를 두드리면서까지 노래하는 짓은 좀 심하지 않은가?"[95]라고 힐난하자, 장자는 다음과 같이 답했다.

아니, 그렇지 않네. 아내가 죽었을 당시에야 나라고 슬퍼하는 마음이 왜 없었겠는가! 하지만 그 시원을 돌이켜보건대 본래 삶이란 없었다네. 단지 삶만 없었을 뿐만 아니라 원래 아무런 형체도 없었지. 또한 어떤 형체도 없었을 뿐만 아니라 기氣조차도 본래적으로 없었어. 그저 흐릿하고 어둑어둑한 가운데 뒤섞여 있다가 변화가 일어나서 기가 생겨나고, 기가 변하여 형체가 생겨나고, 형체가 변해서 삶이 있게 된다네. 지금 또다시 변화가 일어나서 (아내는) 죽게 되었으니, 이는 춘하추동 사계절의 운행과

---

95 『장자』「지락」450쪽.(『장자』텍스트는 진고응陳鼓應의 『장자금주금역莊子今注 今譯』, 中華書局, 1983)

마찬가지이지. 아내는 지금 천지라는 커다란 방에 편안히 누워 있거늘, 내가 구슬프게 우는 것은 운명에 통하지 못한 것이란 생각이 들어 곡을 그친 것이라네.[96]

인용된 장자의 발언에 따른다면 인간의 삶은 본래 없었지만, 기가 변해서 형체가 생겨나고 이 형체가 변화해서 삶이 있게 되었고, 또다시 이 삶이 변화를 일으켜 죽음에 이르게 된다는 것이다. 예컨대 생사란 다름이 아니라 기氣의 변화라는 뜻이다. 기가 모여 삶이 있게 되지만 기가 흩어지면 죽게 되므로, 따라서 우리의 삶에는 반드시 죽음이 따르게 되고, 죽음은 삶의 시작인 것이다.[97] 인간의 삶만이 생사의 변화를 겪는 게 아니라 만물이 일생일사一生一死의 과정에 놓여 있다.[98] 장자가 인용문에서 지적한 바와 같이 생사의 변화란, 비유컨대 춘하추동 사계절의 변화와 마찬가지로 봄이 왔다가 여름으로 바뀌는 것처럼 우리의 삶 역시 계절이 자연스럽게 순환하듯 죽음을 맞이해야 한다.

장자는 또한 「대종사」에서 인간의 생사를 사계절의 운행과 같이 4단계로 나누어 제시한 바 있는데,[99] 우리는 인간의 생사를 춘하추동 사계절의 변화와 대비시킬 수 있다. 예컨대 천지자연은 나에게

---

96 『장자』「지락」 450쪽.

97 『장자』「지북유」, 559쪽.

98 『장자』「천운」, 336쪽.

99 『장자』「대종사」, 178쪽.

형체를 실어주었으니 이는 사계절 가운데 봄에 해당하고, 삶을 얻음에 일을 하게 되니 이는 봄 다음에 이어지는 여름에 상당하고, 젊었을 때 힘껏 일했기에 늙어서 편안하게 지내는 것은 서늘한 가을 바람과 관련지을 수 있고, 마침내 삶의 종착역에 이르러 죽음을 맞게 되니 이는 겨울과 연관시킬 수 있겠다. 이와 같이 인간의 생사란 계절의 순환과 조금도 다름이 없으므로, 가을이 겨울로 바뀌는 것처럼 죽음을 자연스럽게 당연한 자연의 변화로 수용하면 된다.

그러니까 우리의 삶이란 삶만을 의미하는 것은 아니고, 죽음도 죽음만을 뜻하는 것은 결코 아니다. 왜냐하면 겨울로부터 봄으로 이이져서 여름과 가을을 거쳐 다시 겨울이 찾아오는 것처럼, 죽음으로부터 변화가 일어나 삶이 있게 되고, 삶이 또다시 변해서 죽음으로 돌아가기 때문이다. 태어난 것은 이처럼 죽음으로부터 변화되어 나온 것일 뿐만 아니라 다시 죽음에로 들어가게 되므로, 삶은 죽음과의 이중적 관계 아래 이해되어야 마땅하다. 마치 겨울(死)로부터 봄(形)을 거쳐 여름(生)이 성립되었다가 가을(老)을 지나 마침내 겨울(死)로 귀일되는 것과 흡사하다. 따라서 사계절의 순환이 이어지듯 인간의 삶도 죽음으로 이어지고, 죽음도 다시 삶에로 연계되는 것은 자연스런 흐름이 아닐 수 없다.

자연의 변화에는 계절의 순환만 있는 게 아니고 밤낮의 교대 역시 매일 일어나는 자연현상이다. 장자는 또한 생사는 계절의 순환만이 아니라 밤과 낮의 바뀜이나 진배없다고 말한다.[100] 밤과 낮, 춘하추동이 시간의 흐름에 따라 추호의 어김도 없이 한 순간도 쉬지 않고 기의 흐름에 따라 자연스럽게 임무를 교대하는 것처럼, 우리의 삶도 세월의 변화와 함께 추호의 동요도 없이 죽음을 담담하게 맞아야 한다는 것이다. 생사의 교체를 밤낮의 교대와 마찬가지로 당연한 것으로 수용하자는 것이 장자의 주장이다. 그러기에 장자는 자신의 임종에 직면해서 제자들이 후하게 장례를 지내려 하자 "나는 천지를 관곽棺槨으로 삼고, 일월을 한 쌍의 옥으로 삼고, 만물을 예물로 간주한다네. 내 장례식은 이처럼 갖추어졌거늘 무엇을 덧붙이려 하는가!"라고 일갈을 했던 것이다. 그러자 제자들이 그렇게 장례를 지내면 짐승들이 시신을 파먹을까 걱정된다고 말하자 장자는 "땅 위에 두면 까마귀나 소리개의 먹이가 되고, 땅속에 묻히면 땅강아지나 개미의 밥이 된다"라고 답했다.[101] 인간의 죽음을 이처럼 철두철미하게 자연의 변화로 이해하는 장자는 인간과 자연 사이에 추호의 간격도 인정하지 않으므로, 자연으로부터 물려받은 육신이 죽음을 당할 경우 조금의 주저함도 없이 자연에로 되돌려주는 것이 당연한 처사라는 것이다. 그러기에 자신의 장례를 올릴 때 장자는 천지자연, 일월성신日月星辰과 더불어 자연의 품안에서 안식을 취하겠다고 말한 것이다.[102]

그러나 사람들은 「제물론齊物論」에 나오는 여희麗姬처럼 삶을 기

100 『장자』 「지락」, 452쪽.
101 『장자』 「열어구」, 850쪽.
102 『장자』 「대종사」, 178쪽.

뻐하는 것이 미혹인 줄 모르고, 죽음을 싫어하는 게 어려서 고향을 떠난 채 돌아갈 길을 잃음인지 모르는 것이다.[103] 앞의 인용문에서 장자는 아내의 죽음을 직면해서 구슬프게 운다면 이는 '운명에 통하지 못한 짓'[104]이라고 말한 바 있다. 운명이란 '천지자연의 어쩔 수 없음',[105] '그 까닭을 알지 못하면서도 그렇게 되는 것'[106]으로 인간의 죽음이 바로 그것이다.[107] 따라서 생사란 운명의 흐름이므로, 우리는 죽음에 편안히 의탁해야 한다는 것이다. 장자의 이와 같은 생사 이해와 관련된 일화가 「대종사大宗師」에 수록되어 있는데, 어느 날 자여子輿에게 병이 생겨 자사子祀가 문병을 갔더니 자여가 말했다.

"저 조물자造物者는 참으로 위대하구나! 내 몸을 이처럼 굽게 만들다니."
그의 굽은 등은 불쑥 튀어나오고 오장은 위로 올라가고 턱은 배꼽에 가려지고 어깨는 정수리보다 솟고 목덜미는 하늘을 가리켰다. 음양의 기는 이처럼 조화를 잃었건만, 그 마음은 한가롭게도 무사無事했다. (자여가) 비틀거리면서 우물에 가서 자기 모습

---

103 『장자』「제물론」, 85쪽.
104 『장자』「지락」, 450쪽.
105 『장자』「대종사」, 177쪽 ; 「달생」, 487쪽.
106 『장자』「덕충부」, 150쪽 ; 「인간세」, 122쪽.
107 『장자』「덕충부」, 57쪽.

을 비춰보고 말했다. "아! 조물자가 내 몸을 이처럼 굽게 만들었구나!" 이에 자사가 물었다. "자네는 그 몰골이 싫은가?" 자여가 답했다. "아니, 내 어찌 싫겠는가! (조물자가) 내 왼팔을 변화시켜 활로 만든다면 나는 활로써 올빼미를 잡아 구워먹으려네. 나의 꽁무니를 점점 바꾸어서 수레바퀴로 만들고 나의 신神을 말로 바꾸면 나는 그 마차를 타려네. 어찌 다른 마차가 필요하겠는가! …… 대저 사물이 자연의 이치를 어길 수 없는 것은 옛적부터 명약관화했거늘, 내 어찌 이런 몰골을 싫어하겠는가!"[108]

그러니까 운명의 흐름에 따라 자여는 만일 자기 자신이 닭으로 변한다면 그 변화에 편안하게 의탁해서 닭 울음을 냄으로써 새벽의 도래를 알릴 것이고, 마차로 화한다면 그 역할을 기꺼이 감내하겠다는 것이다. 또한 음양의 조화를 잃어 구차한 몰골이 될지라도 자여의 마음은 여전히 한가롭고 무사할 뿐이었다. 이런 인물이 어찌 구차한 몰골이라 해서 싫어함이 있겠으며, 구차하지 않다고 해서 어찌 기뻐함이 있겠느냐는 것이다. 그래서 장자는 "삶이라 해서 좋아할 줄 모르고, 죽음이라 해서 싫어할 줄 모른다"[109]라고 말했다. 그러니까 생을 얻은 것은 그러한 때를 만났기 때문이고, 생을 잃음은 죽음의 시간이 도래했기 때문이다. 생사의 변화에 순응해서 자

---

108 『장자』「대종사」, 189쪽.

109 『장자』「대종사」, 169쪽.

연의 이치에 순응할진대, 그 한가로운 마음에 어떤 감정도 틈입할 수 없게 된다. 생명을 받아 살다가 운명의 유행에 따라 기의 변화가 일어나기 이전에 변화를 예상할 것조차 없고, 변화가 이미 일어나 바뀐다면 변하기 이전을 남겨둘 필요조차 없는 것이다.[110]

그러나 이와 같이 불가측한 운명의 유행에 편안히 자신의 존재를 의탁함은 운명론이라든가 숙명론과는 크게 차이가 난다. 운명론은 이미 정해진 운명이기에 어쩔 수 없이 자포자기하는 삶의 방식이지만, 장자의 경우 운명의 흐름으로부터 벗어날 수 없음을 알아 그런 운명에 체념하는 것이 아니라 운명의 전개에 편안히 의탁함으로써 운명으로부터 벗어나게 되는 안명론安命論이자 달명론達命論이다. 그러기에 장자는 운명의 흐름에 편안히 순응함이 바로 덕의 지극함이라고 했다.[111]

2) 생사관: "삶을 좋아하지도, 죽음을 싫어하지도 않는다"

이러한 생사 이해에 입각해서 장자는 "어느 누가 참으로 무無를 머리로 삼고, 삶을 척추로 삼고, 죽음을 꼬리로 간주할 수 있을까? 그 누가 생사가 하나임을 아는가?"라고 물으면서 바로 그런 인물과 친구가 되고 싶다고 했다.[112] 그런 인물을 우리는『장자』33편 곳곳에

---

110 『장자』「대종사」, 199쪽.
111 『장자』「덕충부」, 150쪽 ;「인간세」, 122쪽.

서 만나게 된다. 「덕충부」편에는 내면의 덕이 무용無用하기에 신묘神妙한 인물이 등장하는데, 지인至人은 신묘해서 커다란 연못이 불탈지라도 그를 태울 수 없고, 황하가 얼어도 그를 얼릴 수 없으며, 사나운 천둥이 산을 무너뜨리고 태풍이 바다를 뒤흔들지라도 그를 놀라게 할 수 없다고 한다. 이와 같은 인물이라면 구름을 타고 해나 달을 타고서 사해四海 밖에서 소요逍遙한다. 생사가 그에게 아무런 영향을 미치지 못하거늘, 하물며 이해관계 따위에 조금도 흔들림이 없다는 것이다.[113] 이런 인물이 사는 모습을 장자는 또한 다음과 같이 묘사한다.

A. 저 사람은 이제 조물자造物者와 친구가 되어 천지의 일기一氣에서 소요한다. 그는 삶을 군살이나 혹이 달라붙은 것으로 여기고, 죽음을 붓거나 곪은 부위가 터진 것으로 간주한다. 이와 같은 인물이 어찌 생사의 선후나 우열을 따지겠는가! 갖가지 물질을 빌려 자신의 몸으로 잠시 의탁하고, 간이나 쓸개를 잊고, 눈과 귀도 내려놓은 채 죽음과 삶을 반복하고, 그 처음과 끝을 헤아림이 없어 세상 밖에서 유유자적하게 노닐고 무위의 자리에서 소요하거늘, 그가 어찌 세속의 예법을 좇아 사람의 이목을 끌려고 하겠느냐![114]

---

112 『장자』 「대종사」, 188쪽, 189쪽.
113 『장자』 「제물론」, 81쪽.

B. 서로 다른 입장에서 본다면 한 사람의 몸 안에 있는 간과 쓸개도 중국 대륙의 양끝에 자리한 초楚나라와 월越나라만큼이나 떨어져 보이고, 서로 같은 자리에서 볼진대 만물은 하나이게 된다. 이와 같이 보는 인물이라면 귀나 눈이 좋아하는 바를 돌보지 않고, 그 마음을 덕의 조화 가운데 노닐게 한다. 만물의 경우 그 하나 됨을 볼 뿐이고, 외형상의 변화는 살피지 않는다. 예컨대 육신의 발을 잃는 따위를 흡사 흙이 도로 땅에 떨어지는 것으로 간주한다.[115]

천지일기天地一氣에서 소요하는 인물은 자신의 생을 혹이 달라붙은 것쯤으로 간주하기에, 죽음이란 군더더기로 들러붙은 혹이 터진 것으로 여기므로, 삶을 좋아하고 죽음을 싫어하는 식으로 생사에 대한 시비 감정을 일으키는 일이 없다. 자신의 삶이란 여러 물질을 빌려 자신의 육신으로 잠시 가탁한 것일 뿐이어서, 죽음의 시간을 맞게 되더라도 아무런 헤아림이 있을 수 없다. 따라서 삶과 죽음도 그와는 아무런 관련이 없고 삶이나 죽음에 의해 속박되는 일이 없다. 세상 사람의 자리에서 서로 다르게 볼진대, 자기 몸 안의 간과 쓸개도 중국 대륙 양끝에 자리한 초나라와 월나라만큼이나 떨어진 것으로 보게 된다. 그러나 천지일기의 자리에서 본다면 만물

---

114 『장자』 「대종사」, 193쪽, 194쪽.
115 『장자』 「덕충부」, 145쪽.

은 하나이게 되고 생사도 둘이 아니게 된다. 생사와 만물을 하나로 보는 까닭에 삶에서 죽음으로의 변화와 같이 외형상의 변화는 쳐다보지도 않는다. 죽음이란 마치 몸에 붙은 흙이 다시 땅에 떨어지는 것으로 간주할 뿐이다. 따라서 죽음이 그에게 아무런 영향을 미치지도 못하고, 또한 삶도 그에게 아무런 영향을 미치지 못한다.

3) 생사변화와 도: "생사변화에 조금도 개의치 않는다"

지금까지 살펴본 바와 같이 장자는 생사의 변화를 '운명(命)', '천지자연의 흐름(物之情)', '자연의 어쩔 수 없는 과정(物之不得已)'으로 간주했는데, 또한 생사변화가 미치지 못하는 도道를 다음과 같이 말하고 있다.

> 생사는 큰 문제이기는 하지만, 그는 생사에 조금도 개의치 않는다. 하늘이 비록 뒤엎어지고 땅이 꺼져도 그는 눈 하나 깜짝거리지 않는다. 참된 도와 함께하므로 사물의 변화에 구속되지 않는 것이다. 만물을 변화에 맡겨둔 채 자신은 근본 자리를 지키고 있을 뿐이다.[116]

무릇 생명의 근원 자리를 지키는 사람은 어떤 일도 두려워하지

---

116 『장자』 「덕충부」, 144~145쪽.

티벳 황화대구곡에서 마니차를 돌리면서 기도하는 할머니

않는다. 용사는 혼자서 아주 용감하게 적진 속으로 뛰어든다. 용
맹을 떨치고자 하는 자도 이와 같거늘, 하물며 천지를 주재하여
만물과 하나가 되고, 여섯 가지 감각기관도 가탁한 것으로 여기
고, 눈과 귀도 환각을 일으키는 기관으로 간주하고, 모든 변화가
하나로 귀일됨을 알아 마음이 일찍이 죽은 일이 없는 인물에 있
어서랴![117]

그가 생사가 걸린 중차대한 문제라 할지라도 조금도 개의치 않
는 것은, 자신을 포함해서 일체를 변화에 맡겨두고서 자신은 근본
자리를 지키고 있기 때문이다. 참된 도와 함께하는 까닭에 생사변
화에 영향을 받지 않는 것이다. 죽음을 두려워하지 않는 것은 생사
의 근원 자리를 담연하게 지켜 그 마음이 일찍이 죽은 일이 없기 때
문이다. 따라서 장자는 생사변화와 도를 동시에 말하고 있는 셈이
다.[118] 그렇다면 생사와 불사의 도는 어떻게 매개되는지, 상호 관련
을 어떻게 이해해야 하는지 검토해 보자.

1. 나의 스승 도道여! 나의 스승 도여! 만물을 부수어도 난폭하
   다 하지 않으며, 은택이 만세에 미치건만 어질다 하지 않고, 상

---

117 『장자』「덕충부」, 145쪽.

118 「덕충부」에서 장자는 "마음이 일찍이 죽은 일이 없는 사람"(心未嘗死者, 145
쪽)을 말했고, 「대종사」에서는 '외생外生'과 '견독見獨'의 단계 등을 거쳐 '불
사불생不死不生'의 경계로 들어감을 말한 바 있다.(能入於不死不生, 184쪽).

고上古보다 훨씬 오래 살았음에도 장수한다 하지 않고, 하늘을
신고 땅을 뒤덮은 채 삼라만상을 지어내건만 솜씨가 정교하다
하지도 않는다. 바로 이를 천락天樂이라 이름한다. 그러므로 천
락을 아는 인물은 살아 있을 때에는 자연의 이치대로 행하고, 죽
음에 당하면 물화物化한다고 말한다. 따라서 천락을 아는 인물은
하늘을 원망하지 않고, 사람의 비난을 받지도 않고, 사물에 얽매
이지도 않고, 귀신의 책망마저 받지 않는다.[119]

2. 안회가 공자에게 물었다. "저는 일찍이 선생님으로부터 가는
것을 전송하지 않고 오는 것을 막지 않는다고 들은 바 있습니다.
제가 어떻게 해야 그런 경지에서 노닐 수 있겠습니까?"
이에 공자가 답했다. "옛사람은 밖이 변해도 안은 변하지 않았는
데, 지금 사람들은 안은 바뀌고 밖은 바뀌지 않았다. 천지만물과
함께 물화物化하는 자는 한결같이 변하지 않는 자이다."[120]

인용문 1에 따르면 천락을 아는 인물은 살아 있을 때 자연의 이
치에 따르고 죽음을 당해서는 물화物化한다고 했다. 사물의 변화
에 있어서 생사가 중차대한 것이지만, 천락을 아는 인물은 사물의
변화에 얽매이지도 않는다. 하늘이 뒤엎어지고 땅이 꺼져도 눈 하

---

119 『장자』「천도」, 340쪽.
120 『장자』「지북유」, 588쪽.

나 깜짝거리지 않는 것은 도와 하나가 되었기에 사물의 변화에 구속되지 않는 것이다. 인용문 2에서 제시한 바와 같이 물화하는 인물은 한결같이 변하지 않는 자리를 지킨다고 한다. 한결같이 변하지 않는 자리를 지키는 까닭에, 인용문 1에서 밝힌 바와 같이 살았을 때에는 자연의 이치대로 행하고 죽었을 때에는 어디에도 걸림이 없이 물화하는 것이다. 그렇다면 물화에는 세 가지 의미가 함축되어있다고 말할 수 있다. 첫째는 사물의 자연스런 움직임으로서 변화를 뜻하고, 둘째는 사물의 그와 같은 자연스런 흐름에 순응함을 의미하고, 셋째는 변화에 순응하면서도 또한 변화에 끌려 다니지 않는다는 뜻이다. 그러니까 생사가 비록 큰 문제이기는 해도 생사에 조금도 개의치 않을 수 있는 것도, 자연의 부득이한 흐름에 따라 변화에 순응하기는 하지만 그와 같은 변화에 조금도 끌려 다니지 않기 때문이다. 그러기에 육신의 형상, 즉 밖은 변해도 그의 근본 자리는 전혀 흔들림이 없고, 참된 도와 함께하기에 사물의 변화에 구속당하지 않게 된다. 자기 자신을 포함한 일체를 변화에 맡겨두면서도 우리는 근본 자리를 굳게 지킬 뿐이다.

4) 나비 꿈 비유: "장자가 나비 되든지, 나비가 장자 되든지"

물화에 내재된 이런 의미와 관련하여 장자의 유명한 호접몽蝴蝶夢, 나비의 꿈 비유를 검토해 보자. 『장자』 33편 가운데서도 핵심을 이루는 편이 바로 「소요유逍遙遊」와 「제물론」이다. 두 편 중에서 보다 철학적인 내용을 담은 것이 「제물론」이다. 우리가 이 편을 열면 삼뢰(三籟, 세 가지 피리) 일화를 통해 상아喪我, 곧 '자신을 잊었다'가 제시되고, 이어서 장자는 다양하게 이야기를 전개하다가, 이 편의 마지막에서 나비의 꿈 비유를 제시하고 있다. 따라서 나비의 꿈은 어떤 의미에서 「제물론」의 귀결처이자 『장자』 33편의 결론이라 말해도 지나치지는 않다. 장자의 생사관이 총괄적으로 축약·제시된 것이 바로 나비의 꿈이다.

> 어느 날 장주莊周가 꿈에 나비가 된 일이 있었다. 나비는 나풀나풀 날아 유유자적하게 즐기면서도 자신이 장주인 줄 알시 못했다. 하지만 문득 꿈에서 깨어나 보니 틀림없는 인간 장주였다. 장주가 꿈에 나비가 된 것인지, 아니면 나비가 꿈에 장주가 된 것인지 도대체 알 수가 없구나! 하지만 장주와 나비 사이에는 반드시 구분이 있을 것이니, 이를 물화物化라 일컫는다.[121]

인용문이 유명한 나비 꿈 비유인데, 이 일화 가운데에는 장자의 만물제동萬物齊同 사상이라든가 물화物化, 생사 문제에 대한 해법이 모두 담겨 있다. 인용문을 살펴보면, 어느 날 장주는 꿈에 나비가 되어 나풀나풀 유유자적하게 날아다녔으면서도 자신이 장주임을 알지 못했다. 예컨대 자연의 변화, 즉 꿈이라는 자연현상에 따라

---

121 『장자』 「제물론」, 92쪽.

티벳 랑구스

나비가 되자 나비로서 마음껏 날아다녔을 뿐이고, 꿈을 꾸기 이전 장주로서의 삶을 조금도 남겨두지 않은 것이다.[122] 또한 장자는 꿈을 꾸었을 때 무언가 되리라는 기대를 조금도 하지 않았고,[123] 꿈에 나비가 되자 곧바로 나비로서의 삶을 그대로 수용한 것이다. 그러나 돌연 잠에서 깨어나 보니 틀림없는 장주였다. 장주가 꿈에 나비가 된 것인지 나비가 꿈에 장주로 된 것인지 알 수 없다고 했는데, 장자는 장주의 삶이 꿈인지 나비가 날아다닌 것이 꿈인지 차별하지 않는다. 인간으로서 장주든지 곤충으로서 나비든지 주어진 삶을 있는 그대로 수용할 따름이다.[124]

일반 사람들은 물론 장주가 꿈에 나비로 된 것이라고 말하겠지만, 인간의 삶 자체가 꿈이 아니냐고 장자는 말할지도 모르겠다.[125] 만일 우리가 꿈의 자리에서 볼 경우 나비가 꿈을 꿔서 장주가 되어 유유자적하게 소요했다고 말할 수도 있으리라. 그러니까 인용문에서는 장주가 꿈에 나비가 되었는지, 혹은 나비가 꿈에 장주로 되었는지 굳이 알려고 하지 않는다. 대신 꿈이든 생시든 장주로 될 경우 나비는 잊은 채 인간으로서 자적自適하면 충분하고, 나비일 경우 장주는 되살리지 않으면서 나비로서 훨훨 날아다니면 되는 것이다. 꿈이든 생시든 장주가 나비로 되었다면 인간 장주는 죽은 것

---

122 『장자』「대종사」, 199쪽.

123 『장자』「대종사」, 199쪽.

124 『장자』「대종사」, 178쪽.

125 『장자』「제물론」, 85쪽.

이고 나비는 생을 얻은 것이므로, 생사가 아무런 영향을 주지 못하는 까닭에 더 이상 장주의 흔적을 찾을 필요는 없다.

그런데 인용문의 주목되는 부분은, 마지막 문장에서 장자는 "하지만 장주와 나비 사이에는 반드시 구분이 있을 것이니, 이를 물화物化라고 일컫는다"라고 말을 맺으면서 「제물론」의 대미를 장식한 점이다. 장자는 장주의 삶이 꿈인지 나비가 날아다닌 것이 꿈인지 차별하지 않았지만, "장주와 나비 사이에는 반드시 구분이 있다"라고 분명히 밝히고, 곧이어 이를 물화라 일컫는다고 했다. 사물의 변화에 따라 장주는 꿈에 나비가 되었다가 다시 깨어나 장주로 되기도 한다. 장주가 자연의 흐름에 따라 나비가 되기도 하고, 새로운 움직임에 따라 나비가 다시 인간으로 되기도 한다. 장자의 지적대로 장주와 나비는 물론 구분이 있기는 하지만, 그와 같은 존재 형태의 구분을 어쩔 수 없는 흐름에 따라 자유롭게, 아무런 흔적도 없이 넘나드는 것이 바로 물화라는 것이다. 따라서 물화는 이와 같은 장주와 나비라든가, 삶과 죽음 같은 존재 형태상의 구분을 전제로 해서 성립되고, 또한 그런 경계선을 아무런 차별 없이 넘나드는 것이 바로 물화이다. 이와 같은 물화의 원리에 충실한 지인至人은 당연히 삶이라고 좋아할 줄 모르고 죽음이라 해서 싫어할 줄 모르는 것이다. 그러므로 그는 생사의 변화에 아무런 걸림이 없게 된다.

그러니 물화는 간단히 성취할 수 있는 것이 결코 아니다. 장자에 따르면 세상에서 자취를 감추기는 쉬워도 무심하게 아무런 흔적을 남김없이 소요하기란 어렵고, 사람에게 부림을 당할 때 그를 속이기는 쉬울지라도 하늘의 부림을 받으면 속이기 어려운 법이다. 또한 지식으로 사물의 이치를 안다는 말은 들었을지라도 무지無知로 모든 것을 안다는 말은 듣지 못했을 것이다.[126] 물화란 바로 무심하게 소요함이라든가 날개 없이 나는 것, 또는 무지로 모든 것을 아는 것을 뜻한다. 무릇 눈과 귀를 밖이 아닌 안으로 통하게 하고, 마음의 작용을 안이 아닌 밖으로 쏠리게 한다면 귀신마저도 머무는데, 하물며 사람에 있어서는 두말 할 나위조차 없으니 바로 이것이 물화라고 장자는 말한다.[127]

따라서 『장자』33편 가운데 가장 난해하고 철학적으로 중요한 「제물론」은 첫머리에서 상아喪我의 과제를 제시한 다음, 다양하게 논의를 전개하다가 마지막에 이르러 물화로 맺는 것 역시 그 맥락을 그냥 지나쳐서는 안 되는 대목이다. 상아의 원리가 물화의 단계에 이르러 그대로 성취된 것이다. 물화는 상아를 근본으로 해야만 가능하다고 말할 수 있다. 예컨대 상아를 성취하지 못한 채 자기 존재에 머물러 있어서는 운명의 흐름이라든가 기의 불가측한 변화를 있는 그대로 수용하기는 어렵다. 만물과 더불어, 그 변화와 함께 물화할 수 있는 것은 상아의 원리에 의해서만 가능하고, 상아 역시 물화를 통해서 구체적으로 실현될 수 있는 것이다. 그러므로 장자가 「제물론」의 첫머리에서 상아의 원리를 그 실마리로 제시하고 논의

---

126 『장자』「인간세」, 117쪽.

127 『장자』「인간세」, 117쪽.

를 가지각색으로 전개하여 그 자취를 찾기 어려운 듯하다가, 마지막 단계에 이르러 나비 꿈 비유를 통해 물화로 논의를 맺은 것이다.

5) 성인무정론: "삶이든 죽음이든 자연의 흐름에 따를 뿐"

이와 같은 물화를 토대로 해서 장자 특유의 소요逍遙도 가능하게 된다. 장자에 따르면 진인眞人은 운명의 어쩔 수 없는 흐름의 복판에서 유유자적함으로써 삶이든 죽음이든 선용善用한다.[128] 그러기에 진인은 태어났다고 해서 기뻐하지도 않고 죽는다고 해서 발버둥치지도 않는다. 그는 기의 변화에 따라 유연하게 생사의 세계를 왕래할 뿐으로, 생명을 잃을 경우 제자리로 돌아갈 따름이다. 따라서 장자의 소요란 천지일기天地一氣의 자리에서 자적自適하게 노니는 것이고, 생사가 치열하게 교대되는 삶의 현장에서 생사를 담연湛然하게 맞았다가 담담湛湛하게 보내는 것이므로, 생사에 아무런 걸림이 없게 된다.

　이러한 물화와 소요를 바탕으로 해서 성립된 것이 바로 성인 무정론無情論이다. 무정론은 「덕충부德充符」에 제시된 장자와 그의 절친한 친구인 혜시 사이의 다음 대화를 통해 제시된다.

　혜시가 장자에게 물었다. "사람에게는 원래 정情이 없는 것일

---

128 『장자』「대종사」, 178쪽.

까?" 장자가 그렇다고 답하자, 혜시가 다시 "사람으로서 정이 없다면 어찌 그를 사람이랄 수 있겠느냐!"라고 반문했다. 이에 장자는 다음과 같이 답했다. "도가 사람에게 사람 형상을 부여하고 하늘이 육신을 주었거늘, 어찌 사람이 아니겠는가!"

그러자 혜시가 또다시 말했다. "이미 사람이라고 한다면 어찌 정이 없겠나!" "그것은 내가 하는 정과는 차이가 난다네. 내가 정이 없다고 말한 것은 좋아하거나 싫어하는 감정으로써 자기 자신의 몸을 해치지 않고 항상 자연에 따를 뿐 인위를 보태지 않는다는 것을 의미한다네."

혜시가 또 다음과 같이 의문을 제기했다. "인위를 행하지 않는다면 어떻게 자기 몸을 보전할 수 있겠나?" 이에 장자가 말했다. "도는 우리에게 모습을 부여하고 하늘은 육신을 주었으니, 좋아하거나 싫어하는 감정으로 자신의 몸을 해쳐서는 안 되네. 지금 자네는 자기의 정신을 밖으로 치달리게 하여 자신의 몸을 해쳐서는 안 되네. 지금 자네는 자기의 정신을 밖으로 치달리게 하여 자신의 정기精氣를 메마르게 하고 있군. 나무에 기댄 채 헛소리를 하면서 거문고에 의지하여 시비 다툼을 일삼는구나! 자연은 자네의 모습을 골라서 만들어 주었거늘, 자네는 어찌하여 견백론堅白論같은 궤변만 늘어놓는가!"[129]

---

129 『장자』「덕충부」, 164쪽, 165쪽.

그러니까 도가 성인에게 사람의 모습을 부여했으므로, 성인은 사람들과 한 무리를 이루고 살아가기는 한다. 일반 사람들은 옳고 그름, 좋고 싫음 등의 감정을 지니고서 자기 자신을 해치게 되는데, 혜시처럼 시비를 일삼는 것이 바로 그렇다. 성인이 사람의 형상을 하고 있기는 해도 세상 사람처럼 옳고 그름, 좋고 싫음의 감정으로 자기 자신을 해치는 일이 결코 없는 것은 그런 감정을 자기 마음에 두지 않기 때문이다. 성인에게 정이 없다는 장자의 말은 "항상 자연의 원리에 따를 뿐 인위를 보태지 않으니(常因自然, 不益生)"[130] 옳고 그름, 좋고 싫음 같은 인위적인 감정이 조금도 없다는 뜻이다. 예컨대 옳고 그름의 감정으로 자기 자신의 몸을 해치는 어리석음을 범하지 않는다는 뜻이다.

우리가 앞에서 장자의 생사관을 검토한 바와 같이 생사는 하나임에도 불구하고 세간 사람들은 생사를 한사코 둘로 나누어 삶과 죽음 각각에 대한 좋고 싫음을 굳게 지킬 뿐이다. 예컨대 삶을 좋아하고 죽음을 꺼려하는 식의 감정 같이 맹목적으로 삶에만 치우친 감정으로 인해 자신의 몸을 해치게 되는 것이다. 이를 장자는 '인위를 보탠다(益生)'라고 했다. 예컨대 생사는 자연의 흐름이건만 삶을 좋아하고 죽음을 싫어하는 것이 바로 '인위를 보탠다'고 이름한다. 그러나 성인은 생사에 대한 좋고 싫은 감정이 없으므로, 자신의 정신

---

130 『노자』 55장에 '익생왈상益生曰祥'이라 했는데, '상祥'이란 '재앙災殃'을 뜻한다.

을 밖으로 치달리게 하지 않는다. 그러므로 성인은 사물의 자연스런 흐름에 대해 옳고 그른 감정을 일으키기보다 무정無情, 곧 판단을 내리지 않음으로써 자연히 불가측한 변화를 있는 그대로 수용하게 된다. 다시 말해 '항상 자연에 따를 뿐 인위를 보태지 않는다.' 그러므로 장자는 다음 같이 말한다.

성인은 정에 통달함(達情)으로써 마침내 운명을 완수하게 된다.[131]

장자에 따르면 정에 통달한 인물은 어떻게 할 수 없는 일을 애써 찾아 힘쓰는 일이 없고, 운명에 통달한 사람은 알 수 없는 일을 굳이 알려고 하지도 않는다.[132] 「지락」편에서 장자는 아내의 죽음에 당해 구슬프게 운다면 운명에 통하지 못한 짓이라고[133] 밝힌 바 있다. 아내의 생사에 직면해 좋고 싫은 감정을 일으키기보다 무정無情, 곧 죽음을 싫어하는 감정을 일으키지 않음으로써 자기의 운명을 완수한 것이다. 그러므로 장자의 무정이란 곧 달정達情을 뜻하므로, 정이 없다는 것을 뜻하지 않는다. 생사의 어쩔 수 없는 흐름에 직면해서 생사에 대해 좋고 싫은 감정을 내지 않음으로써 자기

---

131 『장자』 「달생」, 367쪽.
132 『장자』 「달생」, 465쪽.
133 『장자』 「지락」, 450쪽.

티벳 랑구스에서 야크의 젖을 짜는 여인

운명을 넘어서는 것이다. 예컨대 기의 변화와 운명의 흐름에 조금
도 흔들리지 않음으로써 음양의 기가 조화를 잃게 되더라도 마음
은 한가로울 수 있게 된다.[134] 또한 참된 도와 함께하므로, 사물의
변화에 얽매이지도 않고 만물을 변화에 맡겨둔 채 자신은 담연하
게 근본 자리를 지킬 수 있는 것이다.[135]

---

134 『장자』「대종사」, 189쪽.
135 『장자』「덕충부」, 145쪽.

4장

아름다운 마무리, 어떻게 준비할 것인가

\

1) 죽음은 진리가 제시되는 순간

죽음을 체험한 사람들은 자기 삶이 눈앞에서 다시 재현되었다고 증언하면서 다음 질문을 받았다고 한다. "당신은 자신의 삶에서 무엇을 했는가? 다른 사람을 위해 어떤 일을 했는가?" 따라서 죽음에 직면해서 우리는 자신이 실제로 누구이고 어떤 사람인가, 이런 사실로부터 결코 벗어날 수 없다. 우리가 원하든지 원하지 않든지, 우리가 좋아하든지 싫어하든지 관계없이 죽는 그 순간 우리의 진정한 모습이 드러난다. 그러므로 죽음의 순간 드러나는 우리의 두 가지 모습을 아는 것이 중요하다. 첫째, 우리는 어떤 삶을 살았는가? 둘째, 죽어가는 순간 마음의 상태가 어떠한가?[136] 우리가 부정적인

---

136 소걀 린포체, 『죽음으로부터 배우는 삶의 지혜』, 63쪽,

업을 많이 축적했다고 해도 죽는 순간 마음을 바꿀 수 있다면, 우리의 미래가 결정적인 영향을 받아 업이 또한 바뀔 수 있다. 왜냐하면 죽음의 순간이야말로 업을 정화할 수 있는 예외적으로 유력한 기회이기 때문이다.

죽음의 순간 몸과 마음의 모든 구성요소는 떨어져 나가 분해된다.[137] 몸이 죽을 때 오감과 미묘한 오대가 해체되며, 성냄·욕망·무지처럼 부정적 감정으로 가득 찬 마음의 일상적 측면이 소

---

137 우리가 죽을 때 붕괴되는 육신과 마음의 구성요소를 먼저 이해할 필요가 있다. 인간 존재는 다섯 가지, 지수화풍공地水火風空으로 구성된다. 지수화풍공 오대五大에 의해 육신은 형성되어 유지되었다가 오대가 해체될 때 우리는 죽는다. 우리는 삶을 조건 짓는 외적 요소인 오대에 익숙하다. 이러한 외적 요소들은 육신 안의 내적 요소들과 상호작용한다. 육신에서 살·뼈·냄새 맡는 기관은 '땅의 인자(地大)'로부터 형성된다. 피·미각기관·몸의 맛과 체액은 '물의 인자(水大)'에 의해 형성된다. 온기·색·시각과 형상은 '불의 인자(火大)', 호흡·촉감·몸의 느낌은 '바람의 인자(風大)', 몸에서 빈 곳·청각과 소리는 '허공의 인자(空大)'로부터 형성된다. 오대, 곧 지수화풍공의 잠재력과 특질은 우리 마음 안에도 존재한다. 마음의 능력 중 모든 경험을 위한 토대 역할을 하는 것이 바로 땅의 성질이다. 그것의 지속성과 적응력은 물, 명료하게 지각하는 능력은 불, 계속적인 움직임은 바람, 아무 한계 없이 텅 비어 있음은 허공의 성질과 관계된다. 인간의 죽음은 두 가지 해체 과정으로 구성된다. 오감五感과 오대五大가 분해되는 외적인 해체, 그리고 거칠거나 미묘한 생각과 감정의 내적인 해체가 그것이다.(소갈 린포체, 『티벳의 지혜』, 412~413쪽)

멸된다. 삶 속에서 밝은 마음을 가렸던 모든 것이 떨어져 나가므로, 우리의 참된 본성을 어둡게 하는 것은 마침내 아무것도 없게 된다. 남겨진 것은 구름 한 점 없이 맑은 하늘과도 같은 원초적 근원, 곧 우리의 절대적 본성뿐이다.[138]

지금까지 우리는 인간다운 삶의 권리만 생각했을 뿐, 인간다운 죽음의 권리는 생각해 본 일이 없다. 우리 삶은 죽음에 의해 마감되므로, 웰빙은 웰다잉에 의해 완성된다. 잘 죽지 못한 삶은 결코 웰빙일 수 없다. 이제 이 세상에서만 통용되는 그런 방식으로 살 것인지, 아니면 이 세상뿐만 아니라 저 세상에서도 통용되는 방식으로 살 것인지 물어볼 때가 되었다. 죽음을 코앞에 맞이했을 때는 이미 늦다. 자신에게 언제든지 찾아올 수 있는 죽음을 실제로 맞이하기 전에 스스로 그것을 물어보아야 한다.

죽는 법을 배우는 것은 사는 법을 배우는 것이다. 어떻게 사느냐를 배우는 것은 이 삶뿐만 아니라 앞으로 다가올 삶에서 어떻게 행동하느냐를 배우는 것이다. 어떻게 하면 변화된 모습으로 거듭나 다른 사람을 도울 수 있는가를 배우는 것이 진정 세상을 돕는 가장

---

138 소걀 린포체, 『티벳의 지혜』, 429~430쪽.
　　이 순간을 『티벳 사자의 서』는 다음 같이 말한다. "모든 것의 본성은 저 하늘처럼 열려 있고 텅 비어 있고 숨김없이 드러난다. 밝게 빛나며 텅 비어 있는 공空, 한 곳에 쏠리거나 밖으로 퍼짐 없이 리그파가 있는 그대로 떠오른다."

효과적인 방식이다. 죽는 법을 배운다는 것은, "당신은 자신의 삶에서 무엇을 했는가? 죽음의 순간 어떻게 죽었는가?" 임종 순간 마주치는 두 질문에 유념하면서 삶을 영위한다는 뜻이다. 죽음을 통해 어떻게 사느냐를 배우는 것은, 지금 이 삶의 세속적 가치에 매몰되지 않고 죽음과 다음 삶에까지 통용되는 두 질문을 명심하면서 삶을 산다는 말이다.

2) 우리는 자신이 누구인지 모른다?

우리는 왜 죽음의 위협 아래 사는 것일까? 우리가 죽음을 두려워하는 가장 큰 이유는 아마도 우리 자신이 누구인지 잘 모르기 때문이다. 우리는 다른 것들과 변별되는 독자적이고도 개별적인 정체성이 있다고 믿는다. 그러나 좀 더 구체적으로 들여다보면 이 정체성이 그것을 받쳐주고 있는 것들의 무한한 집합에 불과하다는 사실을 알게 된다. 이를테면 이름이나 개인의 '일대기', 배우자, 가족, 집, 일, 친구, 신용카드 등 우리가 스스로의 안전을 위해 의지하고 있는 것들은 무너지기 쉬운 일시적인 버팀목들일 뿐이다. 따라서 그것들을 모두 잃어버린다면 우리가 진정 누구라고 말할 수 있을까?

우리는 이처럼 허구적인 정체성 아래 살고 있다. 『이상한 나라의 앨리스』에 나오는 가짜 거북만큼이나 비현실적인 동화 속에서 노이로제에 걸린 채 살고 있다. 사상누각, 빌딩을 올리는 쾌감에 정신이 팔려 모래 위에 집을 짓고 있다. 죽음의 환상을 쳐부수어 은신처로부터 우리를 쫓아낼 때까지 이 세상은 아주 그럴듯하게 여겨질 수 있다. 만일 우리가 죽음을 넘어선 보다 깊이 있는 실재에 대한 아무런 단서가 없다면, 그때 우리에게 무슨 일이 일어나겠는가? 우리는 자신만이 갖고 있는 독특한 정체감으로 남과 다른 '자신'을 특징짓는다. 그 정체감이란 구체적으로 이름 석 자, 금방 멀어질 수도 있는 위험천만한 환경들……. 그렇다면 진짜 '나'는 누구란 말인가? 죽음의 순간이 오면 이러한 버팀목이나 주변 환경에 의해 비춰진 내가 아닌, 평생을 두고 애지중지해 왔지만 실은 자신도 잘 몰랐던 맨몸의 벌거벗은 '나'를 만나게 된다. 태어나서 죽을 때까지 인간의 일생이란 어쩌면 '진정한 나'를 알고 만나러 가는 길에 다름 아닐 것이다. 이처럼 근본적인 존재로서의 나를 만나러 가는 길에서 평생 살아왔던 '내'가 낯선 '내'가 되지 않기 위해서 어떻게 해야 할까.

교통사고를 당한 어떤 사람이 병원에서 불현듯 깨어나 자신이 기억 상실증에 걸렸다는 사실을 알게 되었다고 가정해 보자. 겉으로는 변한 것이 하나도 없다. 그는 예전과 다름없는 감각과 마음을 지니고 있다. 그러나 그에게는 자신이 실제로 누구인지 알 수 있는 어떠한 기억의 실마리도 없다. 우리의 삶도 이와 다르지 않다. 우리는 진정한 정체성, 우리의 근원적인 본성을 기억할 수 없다. 우리는 공포와 두려움에 사로잡혀 임시변통으로 또 다른 정체성을 만들어낸다. 점차 심연 속으로 추락하는 절망감에도 불구하고 우리는 새로

만들어낸 정체성에 매달린다. 우리의 무지가 꾸며낸 이 같은 허구적 정체성이 바로 '에고'다.

3) 죽음을 받아들이지 않으면 값비싼 대가를 치른다

생사학은 우리가 죽음을 준비할 때 일어날 일과 준비하지 않을 때 일어날 일의 차이를 정확하게 제시한다. 이것만큼 선택의 결과가 현격한 경우는 없을 것이다. 우리가 죽음을 받아들이지 못한다는 말은, 쉽게 말하면 이 삶을 전부로 안다는 뜻이다. 사람들은 세속적인 삶의 방식에만 전념하고 있지 않은가. 그래서 사는 동안만이 아니라 죽는 순간, 죽음 이후에도 세속적인 가치에서 벗어나지 못하니까 값비싼 대가를 치르게 되는 것이다. 우리가 지금 이 삶에서 죽음을 받아들이지 못함으로 인해서 지금 이 삶과 앞으로 다가올 모든 삶이 황폐하게 되고, 우리는 삶을 온전하게 살아낼 수 없게 된다. 우리는 죽어야만 하는 인간의 한계, 세속의 울타리와 육신의 감옥에 갇혀버리고 만다. 우리는 육신을 전부로 알고 있지 않은가. 사람들은 대부분 이런 방식으로 살다가 이런 방식으로 삶을 마감하고 있다. 그러니 '우물 안 개구리'라고 말하는 것이다. 우리가 죽으면 세속적인 것은 삶의 세계에 놓아두고 떠나야 한다. 세속적인 가치는 삶의 세계에서만 통용될 뿐이지, 죽는 순간이나 죽음 이후에는 아무런 의미가 없다. 삶에서 죽음을 받아들이면 세속적인 가치에만 얽매이지 않게 된다.

우리는 죽음과 관련해서 최소한 네 가지 진리는 분명하게 알고 있다. 첫째, 누구나 죽는다. 둘째, 언제나 죽을 수 있다. 셋째, 어디서나 죽을 수 있다. 넷째, 누가 언제 어디서 어떻게 죽을지는 아무것도 정해져 있지 않다. 이처럼 인간은 죽음 앞에서 누구나 평등하다. 하지만 죽음 자체는 누구에게나 공평하다 해도, 사람이 죽어 가는 마지막 모습은 똑같지 않다. 바로 여기에 죽음 준비 교육의 필요성이 있는 것이다. 즉 죽음에 임했을 때 올바른 태도를 가지는가 아닌가에 따라 그 사람의 죽음은 값진 죽음이 될 수도 무의미한 죽음이 될 수도 있다는 것이다. 하지만 안타깝게도 아직까지 우리는 죽어 가는 사람이 어떤 심리 상태를 거치면서 죽어 가는지 별로 생각해 보지 않았다.

죽는 순간, 우리의 마음 상태는 매우 중요하다. 만일 우리가 긍정적인 마음으로 죽는다면, 우리의 부정적인 카르마에도 불구하고 우리의 다음 삶은 개선될 수 있다. 만일 우리가 혼란스럽고 근심에 빠진 상태로 죽는다면, 우리가 그간의 삶을 잘 꾸려 왔을지라도 해로운 결과를 초래할 수 있다. 우리가 죽기 직전 지녔던 마지막 생각과 감정이 곧바로 이어질 미래의 행방에 결정적인 영향을 미친다는 뜻이다. 이런 연유로 스승들은 죽어 가는 순간의 주위 분위기가 몹시 중요하다고 강조한다. 가족이나 친구와 더불어 사랑과 자비, 헌신 등의 긍정적인 감정과 성스러운 분위기를 고취하기 위해 최선을 다해야 하고, 죽어 가는 사람이 집착과 갈망, 애착을 내려놓을 수 있도록 가능한 한 모든 일을 다 해야 한다.

우리는 때때로 '죽으면 어떻게 될 것인가'를 궁금해 한다. 우리가 크게 변하지 않는 한, 지금 마음이 어떤 상태에 있는가, 지금 우리가 어떤 사람인가 하는 점이 죽는 순간 우리가 어떻게 될 것인가를 결정한다. 이런 까닭에 우리가 할 수 있는 한 지금 이 삶에서 마음의 흐름을 정화하고, 내 자신과 그 성격을 근본적으로 뜯어고치는 것이 절대적으로 중요하다.[139]

삶을 아름답게 마무리하기 위해서는 일단 죽음을 일상 대화 주제로 올려 죽음에 대한 거부감을 희석시켜야 한다. 가족과 친구 사이에 언제든지 허심탄회하게 죽음을 이야기할 수 있어야 한다. 또 죽음을 정확히 이해하기 위한 노력을 해야 한다. 죽음을 학교에서는 가르쳐주지 않으므로, 죽음과 관련된 책을 읽는 것도 한 가지 방법이다. '회자정리會者定離', 만난 사람은 헤어지기 마련. 사랑하는 사람이 세상을 떠나는 것이 아쉽기는 하겠지만, 헤어지지 않을 수 없다. 평소 죽음에 대해, 임종 방식에 대해 함께 이야기를 나누다가 갑자기 헤어질 시간이 찾아오면 평소와 마찬가지로 서로 마음속 이야기를 주고받으면서 편안하게 작별인사를 나누고 다음의 만남을 기약해야 한다.

---

139 소걀 린포체, 『죽음으로부터 배우는 삶의 지혜』, 286쪽.

4) 아름다운 마무리, 5가지가 필요하다

'어떻게 살 것인가?' 하는 물음은 세속적인 성공이나 출세 등을 모색하는 '삶의 양(Quantity Of Life)'과 관계되는 질문이다. '어떻게 죽을 것인가?' 하는 물음은 삶과 죽음의 의미, 영혼, 가치, 삶의 보람, 죽음 방식의 중요성을 의미하는 '삶의 질(Quality Of Life)'과 '죽음의 질(Quality Of Death)'에 관계되는 물음이다. 삶의 양적인 차원과 관련되는 문제는 이 세상에서만 의미 있는 듯이 보일 뿐 영혼의 성숙과는 별 관련이 없다. 삶과 죽음의 '질'에 관계되는 문제는 이 세상과 지 세상 양쪽 모두에 통용된다. 지금까지 우리는 인간다운 삶의 권리만 생각했을 뿐, 인간다운 죽음의 권리는 생각해 본 일이 없다. 우리 삶은 죽음에 의해 마감되므로, 웰빙은 웰다잉에 의해 완성된다. 죽는 법을 배우는 것은 사는 법을 배우는 것이다. 죽음을 통해 어떻게 사느냐를 배우는 것은 이 삶뿐만 아니라 앞으로 다가올 삶에서 어떻게 행동하느냐를 배우는 것이다.

① **죽음 이해**: 삶을 아름답게 마무리하기 위해서는 죽음을 잘 알아야 한다. 왜 죽음을 알아야 할까? 육체 중심의 죽음 이해로 삶을 잘 마무리할 수 있을까? 죽음을 어떻게 이해하는지, 스스로에게 물어보자. 과학 만능의 시대를 살다보니 학교와 사회에서는 죽음을 가르쳐 주지 않고, 죽음을 제대로 알고 있는 사람을 찾아보기도 어렵다. 죽음을 정확히 이해하는 일은 결코 쉬운 일이 아니다. 죽음은

육신의 죽음일 뿐이므로, 죽으면 다 끝나는 게 아니라 새로운 시작이다. 사람들은 육체 중심으로 죽음을 이해하고, 삶 역시 마찬가지로 육체 중심으로 살아간다. 죽음을 잘 이해하는 일은 삶을 의미 있게 영위하는 일과도 직접 연관된다. 우리도 언젠가 자신이나 사랑하는 사람의 죽음을 맞이해야 하고, 죽음을 잘 이해해야 삶을 의미 있게 영위할 수 있으므로 죽음을 제대로 이해하는 노력을 포기할 수 없다.

우리가 죽음을 받아들이지 못한다는 말은, 이 삶을 전부로 안다는 뜻이다. 그래서 우리는 죽어야만 하는 인간의 한계, 세속의 울타리와 육신의 감옥에 갇혀버리고 만다. 사람들은 대부분 이런 방식으로 살다가 이런 방식으로 삶을 마감하고 있다. 따라서 죽음을 잘 이해하는 것은 정말 중요하다. 불교는 오래전부터 '죽음은 육신이라는 낡은 옷을 갈아입는 것'이라고 말했다. 이 책을 통해 제시하는 메시지 역시 죽음을 바르게, 또 깊이 있게 이해하자는 것이다.

② **죽음 준비**: 우리는 죽음과 관련해 네 가지를 알 수 있다. 누구나 죽는다, 언제나 죽을 수 있다, 어디서나 죽을 수 있다, 마지막으로 누가 언제 어디서 어떻게 죽을지는 아무것도 정해져 있지 않다. 인간은 죽음 앞에서 누구나 평등하지만 사람이 죽어 가는 마지막 모습은 똑같지 않다. 살기도 바쁜 세상에 왜 죽음까지 준비해야 하는가? 이런 의문이 들 수도 있다. 우리 사회는 죽음을 정확하게 이해하지 않고, 아무런 준비 없이 황망하게 죽는 사람이 대부분이 아

닌가? 우리는 태어난 순간부터 죽음과 함께 살게 되고, 죽음이 찾아온 순간 삶 전부를 마감하는 것이므로 죽음을 철저하게 준비해야 하는 것은 더 이상 말할 필요조차 없다.

삶을 아름답게 마무리하기 위해서는 죽음을 잘 알고 이를 바탕으로 철저하게 준비해야 한다. 죽음 준비, 여기에 지름길은 없다. 일상의 삶에서 꾸준히 실천하는 수밖에 없다. 죽음 준비를 사람들이 어떻게 해야 하는지, 막연하게 생각하는 경향이 있다. 죽음 준비의 처음과 끝은 '①죽음 이해'에서 제시했듯이 죽음을 정확하게 이해하는 일이다. 죽음은 아무것도 없는 끝이 아니라 새로운 시작이라는 사실을 칠두칠미하게 이해하는 것이 기본전제이다. 숙음에 대한 바른 이해를 바탕으로 해서 죽음 준비의 구체적 내용은 다음 같이 제시할 수 있다.

첫째, 다른 무엇보다도 죽음 준비는 갑자기 지금 죽음이 찾아오면, 떠날 준비가 되었는지, 어떻게 죽을 것인지 자신에게 물어보는 것이다. 아무 준비도 하지 않았는데 갑자기 죽음이 찾아오면 얼마나 당황하게 될까? 죽음이 언제 찾아올는지 알 수 없다. 죽음이 언제 어디서 우리를 부를지라도 선뜻 일어설 준비가 되어 있어야 할 것이다. 죽음에 임했을 때 올바른 태도를 가지는가 여부에 따라 그의 죽음은 값진 죽음이 될 수도 무의미한 죽음이 될 수도 있기 때문이다.

애플의 스티브 잡스는 17살 때부터 다음 글을 보고 감명을 받았다. "하루하루가 인생의 마지막 날인 것처럼 산다면 언젠가 바른 길에 서 있을 것이다." 스티브 잡스는 매일 아침마다 거울을 보면서 물었다. "오늘이 내 인생의 마지막 날이라면 지금 하려는 일을 정말 할 것인가?" 그는 2005년 스탠포드대 졸업식 축사에서 "죽음은 삶이 만든 최고의 발명품"이라 말했다. 인생의 주요한 순간마다 죽을 지도 모른다는 사실을 명심하는 것이 자신에게 가장 중요한 가르침이었다는 것이다.

죽음 준비에 왕도는 없다. 죽음을 항시 가까이 있는 삶의 과정이라는 인식, 또 다가올 죽음을 깊이 생각하고 준비하는 마음가짐만이 현대의료가 제공하는 임종 문화의 난맥상을 피할 수 있는 유일한 방법이다.[140] 죽음을 준비하지 않으면 죽음보다 더 나쁜 일들이 일어난다. 대다수 사람들은 숙환으로, 지병으로, 암이나 심혈관계 질병으로 입원과 퇴원을 반복하다가 병원에 생사결정권을 넘겨주고 삶을 마무리한다. 삶을 정리할 시간도 없이 반복해서 병원 신세만 지다가 죽음을 맞이하고 싶은 사람은 없을 것이다. 가족들의 얼굴도 알아보지 못하고 몸에 수십 개의 관을 삽입한 채 24시간 울리는 기계음을 들으며 죽어 가고 싶은 사람도 없을 것이다. 죽은 뒤에 가족이 풍비박산 나고 자식들이 철천지원수가 되는 모습을 보고 싶지도 않을 것이다. 그러나 죽음을 외면하고 평소에 준비하지 않으면 이런 일은 언제라도 일어날 수 있다.[141]

---

140 김현아, 『죽음을 배우는 시간』, 창비, 2020, 190쪽.
141 김현아, 같은 책, 8쪽.

한국골드에이지포럼에서 사전의료의
향서 양식을 만들었다.

둘째, '사전의료의향서' 또는 '사전장례의향서'를 미리 준비한다. 사전의료의향서만 준비하면 죽음 준비는 다 한 것이고 좋은 죽음이라는 언론 보도가 계속되고 있지만, 사전의료의향서는 무의미한 연명치료를 중단하겠다는 의사표시일 뿐이므로 죽음 준비의 일부에 불과하다. 사전의료의향서 준비는 평소 건강할 때 해야 하는데, 당사자가 의식불명 상태에 빠졌을 때 본인 대신 가족이 서류를 준비하는 경우가 대부분이라고 한다. 그러니까 평소 죽음 준비를 하지 않는다는 뜻으로, 대부분 사람들은 죽음을 자기 문제로 생각하지 않는 것이다. 또 우리의 장례식 풍경과 관련해 워런 닐랜드(Neiland) 교수의 지적을 뼈아프게 생각해야 하지 않을까? "한국식으로 죽거나 묻히고 싶지는 않다. 고인을 보내는 건 굉장히 개인적인 경험인데, 그곳 풍경은 꼭 패스트푸드 식당 같았다."[142]

언젠가부터 장례 문화가 고인을 추모하는 의식으로서의 의미를 잃어버렸다. 허례허식 가득한 장례식장에 상주와 조문객만 남고

---

[142] 조선일보, 2014년 9월 2일

고인은 지워졌다. 2015년 한국소비자원의 조사에 따르면 장례 및 장묘에 드는 비용은 평균 1,380만 8,000원이었다. 이 중 장례식장 사용료, 음식 접대비 등 장례에 드는 비용이 1,013만 8,000원에 달한다. 우종옥 전 교원대 총장은 자식들에게 당부했다. "내가 죽으면 장례식에는 가족과 친지만 부르고, 조의금도 받지 마라. 시신은 조용히 화장해 나무 밑에 뿌려라." 가족만 참가하는 '가족장', 빈소를 하루만 차리는 '하루장', 빈소를 차리지 말고 장례절차를 진행하는 '무빈소 장례식' 등 장례절차를 간소화한 '작은 장례식'이 늘고 있다.[143] 자신이 죽은 뒤 장례절차를 미리 정해두는 사전장례의향서 작성을 통해 화장, 매장, 혹은 자연장 등 자신이 원하는 간소한 장례 방식, 부의금 받을지 여부, 염습, 수의, 관 등을 미리 준비해두어야 자녀들이 부담 없이 장례식을 치를 수 있을 것이다.

셋째, 유서 작성에는 유산 문제만 중요한 게 아니다. 가족에게 남겨줄 게 경제적 유산밖에 없는가. 자녀에게 물려줄 것이 유산밖에 없다면, 그보다 '남루한 삶, 비참한 죽음'은 없을 것이다. 우리는 아들과 딸에게 어떤 사회, 어떤 가치를 물려주고 있는가. 우리가 어떤 행복, 어떤 가치를 추구하고 있는지 한번 살펴보면, 보다 구체적인 내용이 드러날 수 있을 것이다. 직장인 대상으로 설문했더니, 우리 사회 중산층의 기준은 다음과 같았다. (1) 부채 없는 아파트 30평 이상 소유, (2) 월 급여 500만 원 이상, (3) 자동차는 2,000CC급 이

---

143 조선일보, 2020년 7월 25일

상 중형차 소유, (4) 예금액 잔고 1억 원 이상, (5) 해외여행 1년에
한 차례 이상 다닐 것. 이와 같은 설문 결과는 우리 모두가 공유하
고 있는 의견이라고 해도 무방하지 않을까 싶다. 우리 사회의 중산
층 기준은 오직 돈 하나뿐이어도 되는 걸까? 가치관, 신념, 사회정
의 같은 정신적 가치는 하나도 없고 경제력과 재산만을 우리는 중
산층 기준으로 삼고 있기 때문이다.[144]

---

144 프랑스, 영국, 미국에서 통용되는 중산층 기준은 어떤지 살펴보자. △프랑
스의 경우, ①외국어를 하나 정도는 할 수 있고, ②직접 즐기는 스포츠가
있고, ③다룰 줄 아는 악기가 있고, ④남들과는 다른 맛을 낼 수 있는 요리
를 만들 수 있고, ⑤'사회적 공분公憤'에 의연히 참여할 것, ⑥약자를 도우며
봉사활동을 꾸준히 할 것. △영국의 경우, ①페어플레이를 할 것, ②자신의
주장과 신념을 가질 것, ③독선적으로 행동하지 말 것, ④약자를 두둔하고
강자에 대응할 것, ⑤불의·불평·불법에 의연히 대처할 것. △미국의 경우,
①자신의 주장을 떳떳하게 말할 것, ②사회적인 약자를 도와야 하며, ③부
정과 불법에 저항하고, ④정기적으로 보는 비평지가 있을 것. 3개국의 기준
에는 가치관, 사회정의와 관련된 내용이 모두 포함되어 있다.
프랑스 중산층의 기준은 퐁피두 전 대통령이 제시한 '삶의 질' 공약 내용을
토대로 했다. 물론 중산층 기준의 근거가 불분명하고 논란의 여지는 있다.
하지만 우리의 중산층 기준은 물질적·경제적인 부분에 치우쳐 있고, 다른
국가의 중산층 기준은 정신적·사회적인 부분에 중점을 두고 있어 뚜렷한
대조를 보여준다는 사실은 인정할 수 있을 것이다. 미국, 영국, 프랑스의 중
산층 기준에서 돈과 관계되는 것은 하나도 없다. 행복 전문가 에드 디너 교
수의 우리 사회 진단이 다시금 실감난다. "한국 사회는 지나치게 물질 중심
적이고, 사회적 관계의 질이 낮다. 특히 경제 중심의 가치관은 최빈국 짐바
브웨보다 심하고, 미국에 비해 3배, 일본에 비해 2배나 높다." 우리 사회 낮

사실 우리 사회에 경제적 가치 이외에 다른 소중한 가치관이 있는지 자문해볼 필요가 있다. 그러니까 유서를 통해 우리는 재산만 물려줄 것인지 깊이 숙고해야 한다. 유산보다 중요한 것은 '의미 있는 삶, 아름다운 마무리'에 대한 자기 의견 제시일 것이다. 자신이 살아온 삶에 대한 회상과 함께 죽음 이해와 죽음 준비, 그리고 자신이 원하는 장례방식 등을 작성해 매년 연말연시에 읽어보고 수정한다.

넷째, 누구나 죽으면 세속적인 것은 그대로 남겨두고 영혼이 빈 몸으로 떠난다. 우리 사회가 소중히 여기는 명문대 출신, 출세, 재산 등 세속적인 성취는 이 세상에서만 통한다. 우리가 소중히 여기는 모든 것은 죽으면 다른 세상에 가져갈 수 없으므로, 저 세상에는 아무런 의미가 없다. 그렇다면 우리가 죽음의 길에서 가져가는 것이 아무것도 없을까? 죽을 때 가져가는 것이 있다. 죽으면 육체는 죽고 영혼이 혼자서 길을 떠나는 것이다. 영혼이 삶의 과정에서 성숙했든지 미성숙했든지, 죽으면 성숙한 영혼 혹은 미숙한 영혼이 각자 길을 떠나는 것이다. 잘 살아야 잘 죽는다는 말에서 '잘'은 영혼의 성숙을 뜻한다. 영혼의 성숙이란 지혜의 발현과 사랑의 실천을 의미한다.

은 행복감의 원인은 바로 경제만능주의에 있다는 말이다. 1960년대부터 경제발전에만 전념해 돈으로만 계산되는 그런 행복, 사람 위에 돈이 올라가 있는 가치관 부재의 사회가 만들어진 것이다.

사람들은 삶과 죽음이 둘로 나뉘지 않음에도 불구하고 어리석음으로 인해 삶에만 치중하고 죽음을 도외시한다. 죽음은 아예 없는 것으로 친다. 자신의 코앞에 놓인 죽음 앞에서 임종 가능성을 외면하는 것은 성숙한 영혼이 취할 행동이 아니다. 성숙한 영혼이라면 평소에 죽음을 외면할 수 없고 갑자기 찾아올 수 있는 죽음을 가능한 철저하게 준비할 것이다. 영혼이 성숙해서 지혜가 갖추어지면, 죽는다고 끝나는 게 아니고 삶과 죽음이 연결되어 있음을 꿰뚫어 보게 되고, 매일 감사하는 마음으로 생활하고 밝은 미소를 주위에 전파하는 사랑을 실천하게 된다. 따라서 죽음 준비에서 영혼의 성숙은 중요한 과제가 아닐 수 없다. 우리는 자기 영혼의 성숙을 세 가지 이유에서 준비해야 한다. A 삶을 보다 의미 있게 살기 위해, B 평소 죽음 준비를 하기 위해, C 죽음 이후 가벼운 마음으로 길을 떠나기 위해.

다섯째, 아름다운 마무리를 위한 마음 수행이다. 최근 의학의 발달과 함께 인간의 수명은 크게 늘어나고 있는데, 우리의 삶은 대략 3기로 구분할 수 있다. 제1기는 탄생에서부터 약 30년 동안 태어나 성장하고 교육받는 '성장기'. 제2기는 약 30세부터 약 60세까지 직업을 갖고 생활하면서 자녀를 키우는 '사회 활동기'. 제3기는 약 60세 이후부터 일에서 물러나 죽는 시점까지 새로운 삶을 영위하는 '노년기'. 수명 연장과 함께 제3의 인생을 어떻게 보낼 것인지가 노년기의 화두가 되었다. 제1기 성장기, 제2기 사회 활동기를 거쳐, 제3기 노년기는 죽음 준비를 하기 적합한 시기다. 태어남과 동시에 죽음은 누구에게나 상존하므로 죽음 준비는 노년기에만 해야 할 일은 아니다.

인간이라면 누구나 가능한 빨리 죽음을 준비해야 한다. 그러나 2019년 임종자 295,100명 중 죽음을 실제로 준비한 사람은 얼마나 될까? 넉넉하게 주어진 제3의 인생, 의학의 발달과 함께 몸과 마음은 이전보다 한층 건강해졌다. 붓다는 죽음의 고통을 극복하기 위해 출가했으며 깨달음 통해 죽음을 넘어섰다고 말했고, 명상 중에서 죽음 명상이 최고라 했다. 노년기에 수행을 통해 아름다운 마무리를 준비해야 하는 것이 아닐까. 달라이 라마도 매일 죽음 명상을 실천한다고 한다. 아름다운 마무리를 위해 명상을 생활화하는 것, 죽음 준비에서 빼놓을 수 없다.[145]

③ **죽음, 일상 대화의 주제**: 평소 죽음을 주제로 당사자와 가족 간의 대화가 충분히 이루어져야 한다. 사람들은 죽음을 일상 대화 주제로 삼지 않는다. 죽음에 대한 거부감이 그만큼 크고 죽음이 두렵기 때문이다. 죽음은 누구에게나 언제든지 어디서든지 찾아올 수 있으므로 가족 간의 일상 대화 주제로 삼는 것이 바람직하다. 가족 간의 대화를 통해 죽음에 대한 이해를 증진시키고, 자기가 원하는 임종 방식을 가족에게 제시하고, 가족의 동의를 미리 받아 두는 게 좋다. 가족 간에 대화 없는 상태에서 사랑하는 사람이 갑자기 죽음

---

[145] 이 책의 '5부 아름다운 마무리를 위한 수행' 참조.

을 맞게 되면 크게 당황하게 되기 때문이다. 이상 세 가지는 죽음이 임박하게 해서는 안 되고, 평소 생활에서 꾸준히 실천해야 한다.

④ **죽음 수용**: 죽음을 왜 차분히 수용해야 하는가? 죽음 앞에서 두려움에 떠는 사람도 있고 화를 내는 사람도 있다. 앞에서 제시한 세 가지를 평소 준비하지 않았다면 자기가 죽는다는 사실을 수용할 수 있을까? 이럴 경우 죽어 가는 사람의 임종 모습에서 아름다운 마무리를 찾아보기 어렵다. 자기 자신이나 가까운 사람이 불치병에 걸리면 누구나 슬퍼하게 마련이다. 어떤 상황에서든 치유를 향한 첫걸음은 이처럼 자기가 겪고 있는 상황을 있는 그대로 인정하는 것이다. 임종자는 시간의 흐름과 함께 감정적 흔들림을 서서히 추스르고 임박한 죽음을 차분히 직시해 수용하게 된다.

죽는 순간 우리의 마음 상태가 매우 중요하다. 우리가 긍정적인 마음으로 죽는다면, 우리의 부정적인 카르마에도 불구하고 다음 삶은 개선될 수 있다. 우리가 혼란스럽고 근심에 빠진 상태로 죽는다면, 우리가 그간의 삶을 잘 살았을지라도 해로운 결과를 초래할 수 있다. 우리가 죽기 직전 지녔던 마지막 생각과 감정이 곧바로 이어질 미래의 행방에 결정적인 영향을 미친다. 이런 연유로 스승들은 죽어 가는 순간의 분위기가 몹시 중요하다고 강조한다. 죽음을 수용하면 죽음을 넘어설 수 있는 계기도 마련될 수 있다. 죽음을 수용하는 시점부터 죽음은 더 이상 걸림돌이 되지 않을 수 있다. 죽음에 순응하는 순간부터 영혼의 치유는 시작될 수 있기 때문이다.

⑤ **사랑하는 사람의 죽음, 가족의 수용**: 사랑하는 사람의 죽음을 가족이 수용해야 한다. 임종 당사자가 수용했더라도, 남아 있는 가족이 그의 임종을 받아들이지 않는다면 임종 당사자가 편하게 떠날 수 있을까?

이처럼 5가지가 전제되지 않으면 서로 진정한 작별인사를 나눌 수 없게 된다. 평소 일상에서 ① ② ③을 꾸준히 실천하고, 사랑하는 사람의 임종에 임해서 죽음을 수용해야만, 당사자와 가족이 모두 편안하게 "이젠 떠나겠다", "편안히 떠나시라"는 작별인사를 나누고 다시 만나자고 기약할 수 있을 것이다. "아름다운 마무리는 언제든 떠날 채비를 갖춘다. ······ 우리 앞에 놓인 많은 우주의 선물도 감사히 받아 쓸 뿐, 언제든 빈손으로 떠날 수 있도록 준비한다. ······ 아름다운 마무리는 끝이 아니라 새로운 시작이다."[146]

만일 ①죽음을 공부하지 않아 죽음이 끝이 아니라 새로운 시작임을 모른다면, ②평소 죽음을 준비하지 않았다면, 또 ③가족 간에 죽음을 평소 충분히 대화하지 않았다면, ④임종 순간이 다가왔을 때 당사자가 죽음을 받아들이지 않는다면, 그리고 ⑤가족이 사랑하는 사람의 죽음을 받아들이지 않고 있다면 어떻게 마음 편하게 떠날 수 있겠는가? 이렇게 제시한 다섯 가지를 평소에 꾸준히 준비하지 않으니까 매년 약 28만 명 임종자 가운데 아름답게 삶을 마무

---

146 법정, 『아름다운 마무리』, 22~26쪽.

리하는 사람을 찾아보기 어려운 것이다. 또 당사자가 자신의 임종 가능성을 수용하지 않고 있어서 우리 주위에서는 당사자에게 임종의 시간이 임박했음을 알리지 않는 일이 자주 발생한다. 마지막 죽는 순간에 당사자는 임종하는 줄도 모른 채 작별인사도 못하고 떠나는 일이 주변에서 자주 발생하는 것이다.

아름다운 마무리는 쉽게 될 수 있는 게 아니다. 우리 사회에서 삶의 질과 행복 만족도가 왜 낮은 수준에 머무르고 있는가? 삶을 마무리하는 방식이 편안하지 않으면 우리 삶의 질이 높아질 수 있을까? 죽음의 질은 삶의 질과 다르지 않기 때문이다. 아름다운 마무리를 위해서는 우리 모두 평소에 죽음을 정확하게 알기 위해 노력해야 한다. 아름답게 마무리하는 사람이 늘어나야만 우리 사회는 죽음의 질과 함께 삶의 질이 향상될 수 있을 것이다. 삶의 질과 죽음의 질은 서로 상통하기 때문이다.

5장

죽음 앞의 인간, 우리는 어떻게 죽는가

＼

1) 인간의 죽음, 9가지 유형으로 구분된다

죽어 가는 사람의 모습은 대개 아홉 가지 과정으로 구분해 볼 수 있다. 첫째 두려움 혹은 절망, 둘째 부정, 셋째 분노, 넷째 슬픔, 다섯째 삶의 마무리, 여섯째 수용, 일곱째 희망, 여덟째 마음의 여유, 아홉째 밝은 죽음. 대체로 이러한 순서로 죽음을 받아들이는 과정이 전개된다. 물론 이런 과정이 꼭 순서대로 진행되는 것은 아니다. 대부분의 사람들은 죽음을 두려운 현상 혹은 절망으로 여기지만, 처음부터 죽음을 기꺼이 수용해 밝은 모습으로 미소 지으며 죽음을 준비하고 맞이하는 사람도 있다. 죽어 가는 사람들의 반응을 좀 더 자세히 살펴보자.

첫 번째 반응, 절망과 두려움: 죽으면 아무것도 없다고 생각하는

노르웨이 화가 뭉크의 절규

사람은 어떻게 해서든지 삶의 시간을 연장하려고만 한다. 결국 두 눈을 부릅뜬 채 공포와 두려움에 가득 찬 표정으로 죽음을 맞이하는 모습은 안타까움만 남길 뿐이다. 사람들은 현재의 삶을 인생의 모든 것으로 여길 만큼 영혼이 메말라 있다. 삶 이후의 삶에 대한 어떤 실제적이거나 근거 있는 신념도 없이 대부분의 사람들은 궁극적인 의미를 상실한 채 자신의 삶을 이어가고 있을 뿐이다.

두 번째 반응, 부정: 대부분의 사람들이 죽음이 임박했다는 통보를 받으면 "뭐라구요? 나는 아니야. 뭔가 잘못되었을 거예요"라고 대답한다. 죽음을 부정하거나 거부하는 것은 일시적인 방어수단이며 시간이 지남에 따라 '부분적 순응'으로 대치되게 마련이지만, 자신에게 임박해 있는 죽음을 부정하는 사례도 있고, 사랑하던 사람이 이미 죽었음에도 몇 달, 심지어 몇 년 뒤까지도 그 죽음을 가족이 인정하지 못하는 경우도 있다. 특히 세속적인 성취에만 몰두한 사람은 죽음에 대한 부정 혹은 거부감이 심하다. 사회적 성공이나 출세만을 지향해 달려왔기 때문에, 평소에 죽음에 대해서는 생각해 볼 기회가 거의 없었던 것이다. 모든 것을 세속적인 관점에서 돈이나 물질로만 바라보는 사고방식으로 평생을 살았지만, 죽음은 그런 식의 접근을 결코 허용하지 않는다.

세 번째 반응, 분노: 임종 환자들은 "왜 내가 죽어야 하냐?"며 주위 사람에게 분노의 감정을 숨기지 않는 경우가 많다. "아직 죽고 싶지 않다, 더 오래 살고 싶다"는 희망의 감정이 분노의 형태로 표출되는 것이다. 분노로 가득 찬 말기 환자와는 아무런 대화가 이루어지지 않는다. 무엇보다도 자신이 죽을 수밖에 없는 사람이라는 진단이 내려지면 사람들은 세상과 주변 사람, 심지어는 자신에게조차 억울하고 분하다는 생각이 본능적으로 치솟아 오르게 된다. 이런 사람들은 지금까지 살아온 인생이 너무 힘들었거나 가까운 사람으로부터 씻을 수 없는 상처를 입었을 경우, 자신을 불행하게 했던 사람이나 주변 사람들에게로 분노의 화살을 돌린다.

네 번째 반응, 슬픔: 회복 가능성이 없는 환자가 다가오는 죽음의 그림자를 느끼게 될 때, 증상이 점점 뚜렷해지고 몸이 현저하게 약해질 때쯤이면 그전까지 보여주었던 초연한 듯한 자세와 무감정,

분노 등의 감정은 극도의 상실감으로 바뀌게 된다. 이런 상실감은 여러 가지 양상을 띠게 된다. 아무런 준비도 없이 갑자기 찾아온 죽음에 대해 이런 식으로 극도의 상실감을 나타내는 것은 어쩌면 인지상정의 감정이라고 말할 수 있다. 이때는 어떠한 격려나 위로의 말도 소용이 없다. 죽는다는 것은 최대의 슬픔을 당하는 것이므로, 슬퍼하지 말라고 위로할 수도 없는 노릇이다. 이처럼 우울한 시기엔 말없이 곁을 지켜주는 사람이 필요하다.

다섯 번째 반응, 삶의 마무리: 죽기 전에 인간관계상 갈등이 있다면 원만하게 회해를 하고, 매듭짓지 못한 문제가 있다면 잘 마무리하는 일은 죽음을 앞둔 환자가 꼭 해야 할 중요한 일이다. 그러나 죽음이 임박한 말기 환자 대부분의 경우는 죽음에 대한 아무런 준비도 없이, 마치 자기 문제가 아닌 듯이, 혹은 불행한 죽음을 원하기라도 하는 양 두려움과 절망 속에서 죽어 간다. 그러나 죽음은 삶을 가장 절실하게 마무리 지을 수 있는 최고의 기회이다. 삶을 아름답게 마무리하는 것은 죽음이 우리에게 주는 마지막 선물이기도 하다.

2) 죽음을 수용하면 어떻게 달라지는가

죽어 가는 사람의 여섯 번째 반응, 수용 : 7년여 동안 100여 명의 마지막 모습을 지켜본 요양보호사는 두 가지 죽음 유형을 말한다. 어떤 유형의 노인들은 겉으로는 죽음을 두려워하지 않는 것처럼 보였지만 내심 말하거나 생각하기를 꺼려했다. 다른 유형의 노인들은 죽음에 대해 진지하게 생각하고 임종 과정을 알고자 했다. 죽음에 대해 생각하기를 꺼려한 사람, 죽음의 과정을 깊이 이해하려고 했던 사람, 두 가지 유형이 죽음에 임해 취한 마지막 태도는 크게 달랐다. 첫 번째 유형이 죽음을 부정하고 외면하면서 두려움에 떨었다면, 후자는 때가 되어 죽음이 찾아오면 순순히 받아들였다. 평소 자기 죽음을 생각했던 사람들은 곧 임종의 시간이 찾아오는 것을 알았지만 두려워하는 기색이 없었다. 오히려 가족과 요양보호사를 위로하기까지 했다. 요양보호사는 우리가 살아가면서 해야 할 가장 중요한 과제 중 하나가 죽음을 수용하는 마음이라고 말했다.[147]

자기 자신이나 가까운 사람이 불치병에 걸리면 누구나 슬퍼하게 마련이다. 하지만 그것을 부정적으로만 볼 필요는 없다. 어떤 상황에서든 치유를 향한 첫걸음은 이처럼 자기가 겪고 있는 상황을 있는 그대로 인정하는 것이다. 죽음에 임해 슬픔을 표출하는 것도 임박한 죽음을 인정하겠다는 뜻이 어느 정도는 담겨 있다. 바람이 불면 부는 방향에 따라 납작 엎드렸다가 곧바로 일어서 자세를 바로잡는 잡초처럼, 임종자는 시간이 경과함에 따라 감정적 흔들림을 서서히 추스르고 지금 임박한 죽음을 차분히 직시해 수용하게 된

---

147 고재욱, 『당신이 꽃같이 돌아오면 좋겠다』, 웅진지식하우스, 2020, 20쪽.

다. 그제서야 그는 죽음이 무엇을 의미하는지 심사숙고할 기회를 얻는 것이다. 이런 단계까지 나아갈 때 비로소 우리는 앞의 다섯 가지 반응에서 벗어나 새로운 차원, 즉 죽음의 빗장을 활짝 열어젖히고 인생의 진리에 순응하는 단계에 이르게 된다. 우리가 죽음을 인정하지 않으면, 죽어 가는 과정이나 죽은 이후에도 결코 죽음으로부터 벗어날 수 없다. 하지만 죽음을 수용해 순응하면 죽음을 넘어설 수 있는 계기가 마련될 수 있다. 죽음에 순응하는 바로 그 순간부터 영혼의 치유는 시작된다. 죽음에 대해 마음을 비운 사람에게 죽음이 어떻게 두려운 존재일 수 있겠는가.

처음 다섯 가지 반응과 달리, 여섯 번째 반응인 '수용'에서부터는 새로운 차원이 전개된다. 처음 다섯 가지 반응과 그 이후 네 가지 반응의 분기점은 바로 당사자가 임박한 죽음을 수용하느냐, 하지 않느냐, 여부에 달려 있다. 죽어 가는 사람의 모습도 그것에 따라 크게 달라진다. 죽음 앞에서 한없이 절망하거나, 죽음을 두려워만 하거나, 자기가 왜 죽어야만 하느냐며 화를 내거나, 마지막 순간까지 슬픔에만 젖어 있다면, 그는 결코 죽음을 이해하면서 편안하게 임종했다고 말할 수 없다. 이런 식으로 죽는 사람은 삶 역시 제대로 살지 못했다고 말할 수밖에 없다. 왜냐하면 죽음은 바로 삶의 거울이기 때문이다. 죽어 가는 마지막 모습을 통해 우리는 그의 생전의 삶, 그리고 죽음 이후의 삶까지도 상상해 볼 수 있다. 품위 있고 존엄한 죽음을 맞을 줄 아는 사람은 삶 역시 가치 있게 보냈을 것이라고 믿게 된다.

3) "제 장례식에 와주셔서 감사합니다"

살아서 하는 장례식을 연 서길수(75) 전 서경대 교수, 2009년 정년 퇴직 후 강원도 산사에 들어가 3년간 죽음을 공부한 그는 "죽음이란 익은 과일이 떨어지는 것과 같다. 죽음을 몰라서 두렵지, 이치를 받아들이면 슬프기는커녕 기쁘다"고 했다. 서 교수가 부고를 지인들에게 보냈다. 이메일 제목이 '살아서 하는 장례식과 출판기념회'였다. "나는 늘 마음에 죽음을 새기며 하루를 살아가고 있습니다. 자식들에게 할 유언을 준비하다가 생각했습니다. '죽은 뒤 찾아오는 사람들이 무슨 의미가 있는가? 내가 살아서 조문 온 사람들을 직접 만나보고 가는 게 좋겠다.' 그러려면 장례식을 살아서 해야 했습니다."[148]

서 교수는 정년퇴직하고 "삶과 죽음에 대해 공부를 하겠다"며 머리 깎고 3년을 강원도 산사에서 보냈다. 그는 책을 펴낼 때마다 장례식 겸 출판기념회를 하기로 했다.

내 죽음을 내가 보며 가게 해달라고 유언했어요. 연명치료도 하지 말고 가능하면 집에서 세상을 떠나야지요. 숨을 거두면 알리지 말고 빨리 화장하라고 당부했습니다. 삶에도 사계절이 있다고 생각합니다. 정년퇴직할 때 가을이 끝나고 겨울로 들어선 셈

---

148 조선일보, 2019. 12. 28.

이죠. 누구는 '인생은 그때부터'라고 하지만, 그러다 어느 날 죽음을 맞이하게 돼요. 저는 생사生死 문제를 확연히 알고 싶었습니다. 1992년부터 '관법觀法 수행'을 시작했어요. 죽음은 삶에서 마지막 부분이잖아요. 입시 공부, 취직 공부는 얼마나 열심히들 합니까. 정작 가장 중요한 죽음을 준비하는 사람은 거의 없습니다. 죽음은 마지막이자 시작입니다. 하나님 곁으로 가든 윤회에 따라 다시 태어나든, 그렇기 때문에 마지막 순간이 굉장히 중요합니다.[149]

4) "오늘은 죽기 좋은 날입니다"

오이와 고이치의 주도로 치러진 생전장례식生前葬禮式은 참석자 모두가 그와의 추억을 이야기하며 준비해 온 음식과 와인을 즐기는, 웃음이 풍성한 자리였다. 벚꽃처럼 화사한 죽음이었다. 연분홍 빛 봄날, 일본 시가현의 비와 호수가 내려다보이는 작은 집은 건축가인 오이와 고이치가 직접 지은 스트로베일(압축 볏짚) 하우스. 그날은 고이치 선생님의 생전장례식이 열리는 날이었다. 고이치는 재일교포 쓰지 신이치(일본 이름은 오이와 게이보, 슬로우 라이프의 주창자)의 친형이다. 악성 림프종 말기로 이미 수술과 방사선 치료, 6개월 입원을 거쳤다. 생전장례식을 거행하기 보름 전, 그는 집으로 돌

---

149 조선일보, 2019. 12. 28.

아왔다. 형이 퇴원한 이후 동생 신이치는 모든 일정을 취소하고 그와 함께 시간을 보내는 중이었다. 동생은 형의 머리카락을 잘라주거나 마사지를 해주고, 가족 앨범도 들여다보며 함께 삶을 정리해왔다. 그 시간을 동생은 'Death High'[150] 상태라고 표현했다.

당장 살날이 얼마 안 남은 이에게도 우리는 괜찮을 거라고만 이야기하잖아. 그건 거짓 위로에 불과해. 누구나 살아 있을 때 장례식을 치른다면 세상이 한결 평화로울 거야. 다들 영원히 살 것처럼 생각하기 때문에 세상이 이 모양이니까. 내일 죽을 것처럼 살고, 영원히 살 것처럼 배워야 하는데, 고이치를 봐. 내일 죽을 것처럼 살고 있잖아.[151]

고이치는 'Happy Death Day'라고 적힌 검은 티셔츠를 입고 우리를 맞았다. 병색이 짙었지만 활짝 웃는 미소는 여전하였다. 생전장례식은 신이치의 인사로 시작되었다. "느린 죽음 꽃놀이에 오신 여러분을 환영합니다." 곧 신이치의 라쿠고(일본의 전통적인 1인 만담) 판이 벌어졌다. 삶과 죽음에 관한 해학이 가득한 만담에 자주 웃음

---

150 'Runner's High'라는 말은 유명한 마라토너에게서 비롯되었다. 달리는 초반에는 숨이 턱턱 막히고 심장이 터져 죽을 것만 같다가 어느 순간 고요해지면서 편안하게 달릴 수 있다는 뜻이다. 'Death High'도 'Runner's High'와 관련지어 만들어낸 말로, '죽기 좋은 상태'라는 뜻이다.

151 경향신문, 2019. 5. 4.

이 터졌다. 고이치는 휠체어에서 몸을 일으켜 모두에게 건배를 제안했다. 물기 어린 두 눈 가득 웃음을 머금고 "오늘은 죽기에 좋은 날입니다"라고 말했다.

저의 어머니는 11년 전, 오늘 같은 봄날에 친구와 가족을 불러 모아 이틀간 웃고 노래하며 꽃놀이를 즐긴 후 세상을 떠나셨죠. '완벽해'라는 말을 마지막으로 남기고요. 그 이후 저는 죽음을 늘 마주 대하며 살아야겠다고 생각해 왔지요. 저도 어머니처럼 이 세상과 작별하고 싶었어요. 제 삶이 깃든 집에서 기력이 더 쇠하기 전에 가족과 친구들에게 삶이라는 기적에 함께해 줘서 고마웠다는 말을 전하고 싶었습니다.[152]

5) 죽음에 직면해 희망을 읽는다

죽어 가는 사람의 일곱 번째 반응, 희망: 죽음에 의미가 있다면, 다시 말해 죽음 저편에 여행의 본래 목적지가 존재한다면 현재의 고난에 찬 인생길도 어떤 의미를 얻게 된다. 죽음 이후의 삶, 즉 '영원한 생명'이란 미래에만 관련된 문제가 아니다. 그것은 바로 지금 인생을 어떻게 사느냐 하는 것과도 밀접한 관계가 있다. 사후에 계속되는 세계가 있는가 없는가, 또는 죽음이 끝인가 아닌가 하는 문제는

---

152 경향신문, 2019. 5. 4.

실상 이 세상을 살아가는 삶의 방식을 결정하는 기준이 되는 것이다. 기독교에서는 죽음이 새로운 세계로 가는 희망의 문임을 강조하고 있다. 티벳의 달라이 라마는 말한다. "죽음이란 옷을 바꿔 입는 것이다. 쓸모없는 낡을 옷을 버리고 새 옷을 입는 것이다. 백 년이 지나면 우리 몸은 아무런 쓸모가 없어진다. 죽을 시간이 다가오면 낡은 몸을 버리고 새 몸을 받아야 한다. 사람으로 다시 태어날 수 있을 만큼 충분히 선업을 쌓았다면 죽음이 찾아왔을 때 두려워하지 말고 기뻐해야 한다. 왜냐하면 쓸모없는 낡은 몸과 완전히 이별하고 새롭고 완전한 몸을 받을 것이기 때문이다."[153]

이러한 달라이 라마의 가르침은 그대로 티벳인들의 정신적 양식으로 이어지고 있다. '탐빈 달케' 부부(76세)는 달라이 라마와 함께 1959년 인도의 다람살라로 망명했다. 지금은 자식도 없이 보조금으로 힘든 생활을 하고 있다. 그러나 죽음을 눈앞에 둔 그들에게 두려움은 전혀 찾아볼 수 없었다.

"죽는 게 두렵지 않은가?"

"매일 기도하기 때문에 죽음이 언제 찾아오더라도 조금도 두렵지 않다."

"무엇을 위해 기도하는가?"

---

153 소걀 린포체, 『티벳의 지혜』, 7쪽.

"부처님 가르침대로 현생에서 좋은 업을 쌓기 위해 노력한다."[154]

라다크에서는 집집마다 '초칸'이란 불단을 차려 둔다. 이 집의 어른인 96세의 '스탄진'이 자기 집을 지켜주는 불단에 촛불을 켠다. 자기 인생에서 해야 할 일을 모두 다한 그의 마지막 소원은 이제 삶을 잘 마무리하고 죽는 것이다. 얼마 전 고손자까지 태어난 그는 매일 108배를 올린다. 그는 마니차를 돌리면서 '옴 마니 반메 훔' 주문을 한다.[155]

1976년 뉴욕에서 뒤좀 린포체를 찾아온 중년의 미국 여성이 있었디. 그녀는 방으로 들이와 린포체 잎에 앉아 불쑥 말을 꺼냈다. "의사가 앞으로 몇 달 못 산다고 했습니다. 저를 도와주실 수 있습니까? 저는 지금 죽어 가고 있습니다." 그러자 린포체는 그녀가 깜짝 놀랄 정도로 부드럽고 자애롭게 껄껄 웃기 시작했다.

당신도 알다시피 우리는 모두 죽어 가고 있습니다. 죽음이란 시간문제에 불과합니다. 우리 가운데 어떤 사람은 다른 사람보다 먼저 죽게 될 뿐입니다.[156]

---

154 KBS, 「다큐 스페셜」, 1998년 5월 3일.
155 KBS, 「다큐 스페셜」, 1998년 5월 3일.
156 소걀 린포체, 『죽음으로부터 배우는 삶의 지혜』, 320쪽.

이처럼 간단한 몇 마디 말로 그는 누구나 죽음을 피할 수 없다는 보편 원리를 그녀에게 얘기해 주었고, 죽음이 임박한 것은 그녀만이 아님을 알게 했다. 이로 인해 그녀는 근심을 덜게 되었다. 이어서 그는 죽어 가는 과정과 죽음을 수용하는 문제에 대해 그녀에게 말했다. 그리고 죽음에 깃든 희망에 대해서도 말했다. 마지막으로 그가 병을 치유하는 수행을 제시했고, 그녀는 수행에 정진했다. 그리하여 그녀는 죽음을 받아들였을 뿐만 아니라, 매우 헌신적으로 수행에 정진했기에 건강을 회복했다.

6) 죽음 앞에서 마음을 비운다

죽어 가는 사람의 여덟 번째 반응, 마음의 여유: 죽어 가는 사람들 중 소수의 사람들은 생의 얼마 남지 않은 시간들을 마음의 여유와 웃음으로 맞이한다. 이런 사람들은 자신에 대한 자긍심과 자부심이 강하여, 죽음에 임박해서도 마음의 평정과 여유를 지닌 채 적극적으로 죽음에 임한다. 매사에 긍정적인 태도를 지니고 살기 때문에 역경에 처했을 때도 정신적 충격을 덜 받는 사람들이다. 죽는 마지막 순간까지 태연함을 유지할 수 있는 지혜와 배짱이 있는 사람이라면 삶에서 두려울 게 어디 있겠는가. 마음의 여유와 평정심은 죽음의 질뿐만 아니라 삶의 질도 향상시킨다. 죽음 앞에서 조금도 흔들리지 않는 평정심과 마음의 여유는 쉽게 얻을 수 있는 게 아니다. 어떻게 해야 마음에 그런 여유가 생길 수 있을까. 다른 무엇보다도 삶과 죽음의 실상을 꿰뚫어보는 지혜의 눈이 필요하다.

동양철학에 '허虛', '마음을 비운다'는 용어가 있다. 우리는 삶에서 이해득실을 따지는 데 급급하다. 죽음에 대해서도 이러쿵저러쿵 헤아려보지만, 제대로 주판알을 튕기지도 못한다. 그런 메마른 지식, 얕은 지혜로는 죽음의 신비를 벗겨낼 수 없다. 죽음에 대해 별로 아는 게 없으면서, 마치 잘 아는 듯이 죽으면 다 끝난다고 말하는 게 과연 현명한 태도일까. 모르는 것은 모른다고 말해야 왜 아는 것처럼 말하는가. 모르는 것을 안다고 착각할 때, 미혹이 시작된다. 소크라테스의 유명한 발언, "너 자신을 알라"는 죽음에 대해 제대로 알지 못한다는 것을 인정하라는 뜻이다. 죽음에 앞서 자기는 어떤 사람인지, 육체만의 존재인지 물으라는 것이다. 소크라테스의 이 말에서 서양철학은 시작되었다. 죽음을 충분히 알지 못하다는 사실을 인정하기 시작할 때, 죽음에 한 발 다가설 수 있는 계기도 마련될 수 있다. 죽음에 대해 잘 알지 못하다는 사실을 솔직히 인정하면서, 마음을 텅 비우면 오히려 마음이 편안해질 수 있다. 마음을 비워 마음의 평정과 여유를 유지하는 것이 훨씬 바람직하다.

7) 스코트 니어링, 죽음 앞에서의 위엄

많은 사람들은 죽음을 끝으로 생각하지만, 우리 같은 사람들에게 죽음은 변화지. 낮에서 밤으로 바뀌는 것과 비슷하게, 언제나 다시 또 다른 날로 이어지지. 두 번 다시 같은 날이 오지 않지만

소크라테스의 죽음: 소크라테스가 철학으로 청년들을 타락시켰다는 혐의로 왕이 내린 독배를 마시는 모습을 그렸다. 그는 살 수 있는 기회가 주어졌음에도 당당하게 죽음을 맞이한다. 삶을 구걸하는 치욕을 당하기보다 자신의 철학을 지킴으로써 죽음의 길을 택한 것이다. 소크라테스에 따르면 철학적으로 산다는 것은 재물, 권력 등 세속적 가치가 아닌 진리나 지혜, 영혼의 문제에 관심을 기울이며 사는 것을 뜻한다. "죽음을 두려워하는 것은 지혜롭지 않음에도 불구하고 지혜로운 듯이 생각하기 때문이다. 죽음에 대해 아무것도 모르면서 안다고 착각하는 것이다." 소크라테스의 "너 자신을 알라"는 서양철학의 출발을 알리는 선언이었다. 작가: 자크 루이 다비드(Jacques Louis David), 출처: wikimedia commons

오늘이 가면 내일이 또 오네.[157]

미국의 산업주의 체제와 당대 문화의 폭력성에 끊임없이 저항했던 스코트 니어링. 그의 마지막 순간은 평온하고도 위엄을 갖춘 품격 높은 죽음의 한 전형이었다. 평소 "죽음의 방식은 내가 살아온 삶의 반영"이라고 말했던 그는 더 이상 자기 몫의 짐을 운반할 수 없고 자신을 돌볼 수 없게 되자, 죽음 준비를 시작했다. 스코트는 오랫동안 스스로 의도하고 목적이 있는 죽음에 대해 얘기해 왔다. 그는 자신이 완전히 무능력자가 되어 자신과 다른 사람들에게 짐이 될 때까지 기다리지 않으려고 했다. 요양소에서 두려움에 떨며 오랜 시간에 걸쳐 죽어 가는 것을 결코 바라지 않았다. 그는 "왜 우리의 마지막 날과 죽음을 그렇게 소란스럽게 만들어야 할까?" 하는 의문을 가졌다.[158]

스코트 니어링은 자기 힘이 사라지기 전에 세상을 떠나고자 했다. 그는 자신의 의지에 따라 가기를 원했고, 의식을 갖고 또 의도한 대로 죽음을 선택하고 그 과정에 협조하면서 죽음과 조화를 이루고자 했다. 그는 죽음의 경험을 피하려고 하지 않았으며 스스로 기꺼이, 그리고 편안하게 몸을 버리는 기술을 배우고 실천하기를

---

157 헬렌 니어링, 이석태 역, 『아름다운 삶, 사랑, 그리고 마무리』, 보리, 1997, 207쪽.

158 같은 책, 207쪽.

기대했다. 죽음으로써 그 자신을 완성하려는 것이었다.[159] 헬렌 니어링은 98살 스코트에게 라즈니쉬의 책을 읽어주기도 했다. "삶에서 가장 커다란 수수께끼는 삶 그 자체가 아니라 죽음이다. 죽음은 삶의 절정이자 마지막에 피는 가장 아름다운 꽃이다. 삶 전체가 죽음에 응축되어 있다. …… 삶은 죽음을 향한 순례이다. 삶의 시작 그 순간부터 죽음이 오고 있다. 탄생 순간부터 죽음은 당신을 향한 출발을 시작했다. …… 우리는 죽음으로 인해 자신을 새롭게 한다. 죽음은 가장 커다란 수수께끼이다. 삶은 다만 죽음을 향한 순례이기 때문에 죽음은 삶보다 신비로운 것이다."[160]

메인으로 이사 온 1, 2년 뒤부터 스코트와 헬렌 부부는 장의사에 돈을 주고서 미리 화장에 대비했다. 헬렌이 할 수 있는 모든 것은 스코트가 '주위 여러분에게 드리는 말씀'이라는 제목으로 남긴 지침을 따르는 것이었다. 스코트는 1963년에 '주위 여러분에게 드리는 말씀'이라는 글을 처음 썼고 1982년 이 글을 다시 수정했다.

1. 마지막 죽을병에 걸리면 나는 죽음의 과정이 자연스럽게 이루어지기를 바란다.
   - 나는 병원이 아니고 집에 있기를 바란다.

---

159 같은 책, 208쪽.
160 같은 책, 216쪽.

- 나는 어떤 의사도 곁에 없기를 바란다. 의학은 삶에 대해 거의 아는 것이 없는 것처럼 보이며, 죽음에 대해서도 무지한 것처럼 보인다.
- 그럴 수 있다면 죽음이 가까이 왔을 무렵에 지붕이 없는 열린 곳에 있기를 바란다.
- 나는 단식을 하다가 죽고 싶다. 그러므로 죽음이 다가오면 나는 음식을 끊고, 할 수 있으면 마시는 물도 끊기를 바란다.[161]

2. 나는 죽음 과정을 예민하게 느끼고 싶다. 어떤 진정제, 진통제, 마취제도 필요 없다.[162]

3. 나는 되도록 빠르고 조용하게 가고 싶다. 따라서
- 주사, 심장 충격, 강제 급식, 산소 주입 또는 수형을 바라지 않는다.
- 회한에 젖거나 슬픔에 잠길 필요는 없다. 오히려 자리를 함께할지 모르는 사람들은 마음과 행동에 조용함, 위엄, 이해, 기쁨과 평화로움을 갖춰 죽음의 경험을 나누기 바란다.
- 죽음은 광대한 경험의 영역이다. 나는 힘이 닿는 한 열심히, 충만하게 살아왔으므로 기쁘고 희망에 차서 떠난다. 죽음은 옮겨감이거나 깨어남이다. 모든 삶의 다른 국면에서처

---

161 같은 책, 221~222쪽.
162 같은 책, 222쪽.

럼 어느 경우든 환영해야 한다.[163]

4. 장례절차와 부수적인 일들

- 법이 요구하지 않는 한 어떤 장의업자나 그밖에 직업으로
  시체를 다루는 사람의 조언을 받거나 불러들여서는 안 되
  며, 어떤 식으로든 이들이 내 시신을 처리하는 데 관여해서
  는 안 된다.

- 내가 죽은 뒤 되도록 빨리 내 친구들이 내 시신에 작업복을
  입혀 침낭 속에 넣은 다음, 스프루스 나무나 소나무 판자로
  만든 보통의 나무 상자에 뉘기를 바란다. 상자 안이나 위에
  어떤 장식이나 치장도 해서는 안 된다.

- 그렇게 옷을 입힌 시신은 내가 요금을 내고 회원인 메인 주
  오번의 화장터로 보내어 조용히 화장되기를 바란다.

- 어떤 장례식도 열려서는 안 된다. 어떤 상황에서든 죽음과
  재의 처분 사이에 언제, 어떤 식으로든 설교자나 목사, 그밖
  에 직업 종교인이 주관해서는 안 된다.

- 화장이 끝난 뒤 되도록 빨리 나의 아내 헬렌 니어링이, 만약
  헬렌이 나보다 먼저 가거나 그렇게 할 수 없을 때는 다른
  친구가 재를 거두어 스피릿만을 바라보는 우리 땅의 나무
  아래 뿌려주기 바란다.[164]

---

163 같은 책, 222쪽.
164 같은 책, 222~223쪽.

5. 나는 맑은 의식으로 이 모든 요청을 하는 바이며, 이러한 요청들이 내 뒤에 살아가는 가장 가까운 사람들에게 존중되기를 바란다.[165]

침상에서 평온하게 누워 지내던 생애의 마지막 몇 달 동안 스코트는 자기 자신이나 보이지 않는 어떤 사람에게 말하듯이 큰소리로 말했으며, 잠을 자면서도 마치 다른 사람과 대화하듯이 말했다. 헬렌은 할 수 있는 한 그의 말을 받아 적었다. "잘 잤다. 이제 거의 다 왔다. 내가 원하기만 하면 해방될 가능성이 있다는 말을 들었다. 나는 어디든 자유롭게 오고 갈 수 있다. 그 결정은 부분적으로 내게 달려 있다. 나는 필요한 만큼 머물고 싶다."[166]

죽기 한 달 전, 또 100살 되기 한 달 전의 어느 날 그는 "더 이상 음식을 먹지 않겠다"고 선언했다. 맑은 의식을 지니고서 죽음을 맞이하기 위해 그는 신중하게 여행 떠날 시간과 방법을 선택하고자 했다. 음식 섭취를 중단함으로써 서서히, 품위 있게, 그리고 평화롭게 육신의 옷을 벗고자 했다. 그는 이 무렵 "기쁘게 살았으니 기쁘게 죽으리라. 나는 내 의지로 나를 떠난다"라는 말을 즐겨했다. 생명이 기능을 다한 육체로부터 자연스럽게 떠나는 방식으로 그는 죽음을 준비했다. 동물들이 흔히 선택하는 죽음의 방식, 즉 아무

---

165 같은 책, 223쪽.
166 같은 책, 224쪽.

도 볼 수 없는 곳으로 가서 음식을 섭취하지 않는 방식으로 동물들이 죽는다는 것을 아는 그의 아내 헬렌은 스코트의 뜻을 조용히 받아들였다. 1983년 8월 24일 아침, 헬렌은 스코트가 죽어 가는 것을 지켜보았다. 헬렌이 그에게 말했다. "여보, 이제 무엇이든 붙잡고 있을 필요가 없어요. 몸이 가도록 그냥 두세요. 썰물처럼 흘러가세요. 당신은 훌륭한 삶을 살았어요. 당신 몫을 다 했구요. 새로운 삶으로 들어가세요. 빛으로 나아가세요."[167]

천천히, 천천히 그는 자기 육신에서 벗어나기 위해 점점 약하게 숨을 쉬더니, 마치 마른 잎이 나무에서 떨어지듯이 숨을 멈추었다. 그는 모든 것이 제대로 되어 있는지 시험하듯이 '좋 - 아' 하면서 마지막 숨을 쉬고 떠나갔다.[168]

8) 진리의 빛으로 죽음을 밝게 비춘다

죽어 가는 사람의 아홉 번째 반응, 밝은 죽음: 죽어 가는 사람이 보여주는 아홉 가지 반응 가운데 첫 번째 반응부터 다섯 번째 반응까지는 마지막 순간에 임해서도 죽음을 받아들이지 않는 태도이다. 여섯 번째 반응 '수용'에서부터는 이런 태도가 바뀌어, 죽어야 한다는 사실에 순응하면서 죽음으로부터 무언가 긍정적이고도 희망적인

---

167 같은 책, 229쪽.
168 같은 책, 229쪽.

메시지를 읽고자 한다. 죽음에 대한 이러한 태도의 변화는 수용, 희망, 마음의 여유를 거쳐 아홉 번째 반응인 '밝은 죽음'에 이르러 마침표를 찍는다.

기독교에서는 죽음을 단순한 생물학적 과정으로 이해하지 않는다. 예수 그리스도의 부활 신앙에 따라 죽음을 긍정적인 의미로, 즉 인간의 유한성을 넘어서는 긍정적인 계기로 인식한다. 기독교적인 관점에서 죽음의 의미는 영원한 종말이 아닌 인간 삶의 완성이며 결실이요, 보다 영원한 삶으로의 초대, 삶의 마지막 완성이다. 불교의 경우, 붓다의 현신顯身 중에 아미타불은 '한량없는 광명(無量光)'의 뜻으로 풀이된다. '비로지니(vairocana)'라는 명호 역시 '광명변조光明遍照', 즉 지혜의 빛으로 삼라만상을 널리 비춘다는 뜻을 갖고 있다. 붓다의 존재는 무량한 광명 그 자체이다. 불교에서 말하는 깨달음이란 곧 광명을 깨닫는다는 말이다. 광명은 마음의 지혜, 반야 지혜를 가리킨다.

불교는 이렇듯 우리 마음으로부터 지혜의 빛을 발하도록 하는 데 그 목표가 있다. 무명의 어두운 껍질을 깨뜨려 마음에 본래 갖추어진 지혜 광명을 있는 그대로 드러내고자 하는 것이 불교가 지향하는 세계이다. 불교는 생사불이生死不二, 즉 삶과 죽음 사이에 조금도 차이를 인정하지 않으므로, 불교의 가르침은 죽음에도 역시 그대로 적용된다. 붓다는 삶과 죽음의 어둠을 밝히는 광명 그 자체이다. 붓다는 우리에게 삶뿐만 아니라 죽음의 길마저도 광명으로 밝히라고 가르친다. 사람들이 죽음에 대한 아홉 가지 반응 가운데 처음 다섯 가지 반응 단계에 머무르는 것은 무명無明, 곧 마음의 어둠 때문이다. 무명의 어둠으로 인해 죽음을 밝은 지혜로 바라보지 못하는 것이다. 여섯 번째 수용부터 여덟 번째 마음의 여유까지는 그 어둠이 걷히기 시작함을 뜻한다. 마지막 아홉 번째 반응 '밝은 죽음'에 이르러야 우리에게는 비로소 지혜 광명이 하늘의 태양처럼 우뚝 솟아 무명의 어리석음을 몰아낼 수 있다.

죽음을 밝음 혹은 광명과 연결시키기란 쉽지 않을 것이다. 그러나 죽음 문제를 추적하다 보면 궁극적으로 접하게 되는 것이 바로 광명 혹은 빛의 존재이다. 성경이나 불교 경전에 나오는 광명이나 빛의 존재, 선사들이 남긴 게송,[169] 『티벳 사자의 서』에 자주 제시되

---

169 스님들의 오도송과 열반송에서 밝은 달을 언급하는 사례가 많다. (1) 당나라 반산보적(盤山寶積, 720~814) 스님. "마음 달 홀로 둥글더니/ 그 빛이 삼라만상을 삼켜버리네/ 빛이 경계를 비추지 않고/ 경계 또한 있지 않으니/ 빛과 경계가 모두 없어지면/ 이것은 또 무슨 물건인가?(心月孤圓, 光呑萬像, 光亦非境, 境亦非存, 光境俱忘, 復是何物)." (2) 풍담(楓潭, 1592~1665) 스님의 열반송. "신령스럽도다, 이 물건이여/ 죽음에 이르러 더욱 즐겁구나/ 죽음과 삶에 아무런 변화가 없으니/ 가을 하늘에 달이 밝게 빛난다(寄怪這靈物, 臨終尤快活, 死生無變容, 皎皎秋天月)." (3) 해안 스님(海眼, 1901~1974)의 열반송. "생사가 이르지 못하는 곳에/ 하나의 세계가 따로 있다네/ 때 묻은 옷을 벗어버리니/ 바로 밝은 달 훤히 비추는 때로구나(生死不到處, 別有一世界, 垢衣方落盡, 正是月明時)." (4) 인홍(仁弘, 1908~1997) 스님의 열반송. "삼세불조三世佛祖 가신 길을 가야지/ 구순생애九旬生涯 사바의 길 몽환夢幻 아님이 없도다/ 일엽편주一葉片舟 두둥실 떠나는 곳/ 공중空中에 둥근 달 밝을 뿐이네."

해안(海眼, 1901~1974) 스님은 자신의 회갑일에 생전장례
식을 치러 생과 사가 둘이 아님을 보여주었다. 사진은 생전장례식
에서 대중들에게 법문하고 있는 모습이다.

는 광명, 그리고 현대 사회에 주목받고 있는 임사체험자들이 전하
는 빛의 존재[170] 등등 숱한 증거들이 있다.

---

170 'Near-Death-Experiences'라고 부르는 임사체험臨死體驗은 임상적으로 죽
음 판정을 받았다가, 얼마 뒤 알 수 없는 이유로 다시 되살아나 그 기간 동
안 겪은 경험을 말한다. 임사체험 연구는 서양에서 50여 년 전부터 시작되
어 전 세계에 수천만 건에 이르는 다양한 체험 사례가 수집되었다. 임사체
험자의 증언은 대체로 여섯 가지로 정리될 수 있다. 첫째, 임사체험자는 육
신으로부터 영혼이 벗어나 자기의 육신을 허공에서 내려다본다. 둘째, 죽었
다는 판정을 받은 임사체험자는 어두운 터널 같은 곳을 통과해 삶과는 다른
현실, 다른 세계를 만난다. 셋째, 임사체험자는 빛의 존재를 만난다. 체험자

특히 예로부터 숱하게 전해지고 있는 영적 스승들의 놀라운 죽음의 모습은 우리가 죽음에 임했을 때 어떻게 대처해야 하는지를 보여주는 감동적인 모범답안이다.

9) 아름다운 마무리, 한줄기 맑게 흐르는 감로수

이승을 떠나는 마지막 순간까지도 중생들을 봉양했던 수월(水月, 1855~1928) 스님은 한마디 설법도 한 줄 문장도 남기지 않았지만, 언제나 주위에는 선열禪悅이 넘치고 법열法悅로 가득 차서 스님이든 일반인이든, 심지어 호랑이를 비롯한 동물들까지도 환희에 넘

___

마다 빛의 존재를 예수, 붓다, 보살, 마리아 등 다양하게 증언한다. 임사체험자는 사랑으로 감싸는 빛의 존재와 함께 있으면서 온몸으로 축복을 가득 느낀다. "그 빛은 우리가 상상할 수 있는 어떤 것보다도 밝아요. 빛을 만났을 때, 왜 그런지 모르지만 전 행복했어요. 또 그 빛은 전혀 눈이 부시지도 않았구요. 그 빛과 분리된 기분이 들지 않더라구요. 제가 바로 그 빛이었고 빛과 하나였어요." 넷째, 임사체험자들의 공통된 또 하나의 특징은 '파노라마처럼 자기 삶을 되돌아보는 일'이다. 빛의 존재와 함께 체험자는 자기 삶에서 일생동안 겪었던 다양한 일들을 영상 이미지를 통해 짧은 시간 동안 되돌아본다. 다섯째, 돌연 어떤 장벽이나 경계선 같은 것에 도달한다. 임사체험자들은 가족을 돌보기 위해, 아직 성취하지 못한 일을 위해, 자기 육신과 이승의 삶으로 되돌아와 복귀한다. 여섯째, 다시 살아난 임사체험자들은 이전의 삶과는 크게 다른 식으로 삶을 영위한다. 체험자들은 죽음에 대한 두려움에서 벗어나게 되고, 죽음이 끝이 아님을 확신하게 된다.(오진탁, 『마지막 선물』, 세종서적, 2007, 124~128쪽)

쳤다. 그림자조차 남기지 않았던 삶의 행적은 진리의 빛 그 자체였고, 지혜와 자비의 본디 모습을 숨김없이 드러낸 삶과 죽음이었다.

1928년 무진년, 일흔넷이 되던 해 여름 결제를 며칠 앞두고 수월은 나무하기를 마쳤다. 해제 다음날 점심 공양을 끝내고 대중들과 함께 찬 한잔 마신 뒤 '개울에 가서 몸 좀 씻을텨.' 대수롭지 않게 말하고 밖으로 나갔다. 얼마쯤 시간이 지난 뒤, 개울가로 빨래하러 간 스님이 부리나케 달려와 숨이 넘어가는 소리로 노스님이 개울가에 앉아 열반에 들었다고 말했다. 목욕을 마친 수월은 실오라기 하나 걸치지 않은 맨몸으로 개울가 바위 위에 단정히 앉은 자세로 입적했다. 옆에는 잘 접어서 갠 바지저고리와 새로 삼은 짚신 한 켤레가 가지런히 놓여 있었다. 자연스런 결가부좌, 곧게 쭉 편 허리와 가슴, 곧추 세운 머리, 살짝 감은 듯한 눈, 야물게 다문 두 입술, 배꼽 아래 함께 포개져 있는 두 손, 닿을 듯 말 듯 붙어 있는 두 엄지손가락, 누가 보아도 죽은 사람의 모습이 아니었다.[171]

흡사 더운 여름날 매미소리를 들으면서 개울물에 몸을 씻은 노스님이 잠시 바위 위에 앉아 삼매를 즐기는 그런 모습으로 수월은 육신의 옷을 벗었다. 사람들이 지닌 죽음에 대한 오해와 편견, 그리고

---

171 김진태, 『달을 듣는 강물』, 해냄, 1996, 276~283쪽.

불행한 마지막 모습과 비교해 보면, 수월의 이런 당당한 죽음은 하늘과 땅처럼 느껴진다.[172] 도대체

감산대사(1546~1623)가 중국 광주시 조계사에서 좌탈입망한 사진

---

172 현공 윤주일(1895~1969) 법사는 1969년 75세로서 2달여 동안 미질을 앓고 있었다. 제자 월담은 스승의 건강과 함께 임종을 걱정했다. 수행자들은 죽을 때 앉은 채 조용히 떠나는 좌탈입망坐脫立亡 같은 한 수를 보여준다. 현공은 월담을 쳐다보면서 "너무 걱정 말게! 내가 그냥 가지는 않을 것이네!" 그 말을 듣는 순간 월담은 스승이 자기 마음을 다 꿰뚫어보고 있어서 얼굴이 화끈거렸다. 겨울이었던 음력 11월 12일 저녁 스승을 제자들이 찾아뵈었다. 스승은 누운 상태에서 제자들의 질문에 일일이 답했다. 답변이 끝났을 무렵 현공은 제자들에게 일으키라고 한 다음, 방석에 좌선 자세로 앉아 제자들에게 고성염불高聲念佛을 하라고 말했다. 10번의 염불이 끝나자 현공은 오른손을 들어 조용히 하라고 했다. 그때부터 현공과 제자들은 좌선에 들어갔다. 1시간이 넘었어도 현공은 여전히 좌선 자세로 허리를 세우고 앉아 있었다. 의사였던 월담이 스승의 얼굴을 쳐다보았더니, 눈을 반쯤 뜬 상태로 여전히 좌선에 몰입해 계신 것처럼 보였다. 아무래도 예감이 이상해서 스승의 맥도 짚어보고, 심장의 맥도 짚어 보았지만, 그는 분간할 수 없었다. 옷깃에서 솜털을 빼내어 스승의 코앞에 대보기도 했다. 그런 와중에서도 스승은 여전히 눈을 반쯤 뜬 상태로 앉아 있었다. 마지막으로 손전등으로 눈을 비추어 보았더니, 동공의 반응이 없었다. 이미 좌탈 상태로 돌아가셨던 것이다. 현공은 평

어떻게 이런 죽음이 가능한지 사람들은 의아해할 것이다. 역으로 수월의 자리에서 보면, 사람들의 불행한 죽음 역시 이해하기 어렵다. 수월은 잠시 인간의 옷을 입고 중생의 아픔을 어루만지면서 지내다가 허물을 벗듯이 육신의 옷을 벗고 가볍게 길을 떠났다. 죽음 앞에서 인간은 평등하건만, 죽음의 모습만큼 차이가 나는 것도 없다. 죽음은 그 사람의 모든 것을 있는 그대로 증언해 준다는 말이 있듯이, 수월은 자신의 본디 모습을 가감 없이 보여주었다. 수월이 입적한 뒤, 밤마다 호랑이들이 떼를 지어 울었고 빛기둥은 밤마다 하늘 높이 치솟았다. 사람들의 안타까운 삶의 모습, 건강하지 못한 죽음을 생각할 때미디 수월의 삶과 죽음에서 한 줄기 광명, 맑은 감로수 법문을 느낄 수 있지 않을까.[173]

소 "내가 죽은 뒤 사리가 나오면 부도를 만들지 말고 흩어 버려라"고 유언했다. 화장해 보니 사리 23과가 나왔지만, 스승의 당부대로 전주 남천南川에 버렸다고 한다.(조용헌, 『방외지사方外之士』 1, 정신세계원, 2005, 216~219쪽)

173 한산 화엄(1923~2001) 스님은 송광사 조계총림 초대 방장 구산(1909~1983) 스님과 1950년대 조계종 정화불사 때부터 도반으로 지냈다. 구산 스님이 1983년 입적했을 때, 구산 스님의 문도들이 도열한 가운데 한산 스님이 주장자를 짚고 들어와 곧바로 관 앞으로 가더니, 주장자로 세 번 내리친 다음 말했다. "구산 스님! 스님이 공부한 것을 지금 한마디 일러 보시오!" 그러고는 잠시 묵묵히 있더니 다시 주장자를 세 번 내리친 후 스님은 그대로 김해 동림사로 돌아갔다.(시우 송강, 『나의 사랑 나의 스승 한산 화엄』, 도반, 2019, 294~296쪽)

제3부

자살자의 죽음 오해

1장
자살자, 죽음을 어떻게 이해하는가

＼

먼저 1) "자살자의 유서, 죽음을 어떻게 표현했는가"에서는 자살자가 마지막으로 남긴 유서에 담긴 내용 분석을 통해, 자살자는 "죽는 게 사는 것보다 낫다", "자살하면 고통에서 벗어난다"는 식으로 죽음을 이해하고 있음을 제시한다. 또 2) "자살 찬양론, 죽음을 제대로 이해했는가"에서는 『자유 죽음론』을 저술하고 자살한 장 아메리의 주장을 생사학의 관점에서 재검토함으로써 그의 '자살 찬양'이 얼마나 잘못된 발상인지 밝혀낸다. 3) "자살 예방 해법은 있다"에서는 자살자의 유서 분석을 통해 제시했듯이, 자살 현상의 밑바탕에는 죽음에 대한 잘못된 오해가 자리 잡고 있으므로, 생명 교육을 통해 죽음과 삶의 질을 향상시킬 수 있으면 자살 예방의 토대는 자연스럽게 마련될 수 있음을 밝히는 순서로 논의를 전개한다.

1) 자살자의 유서, 죽음을 어떻게 표현했는가

1. 하루하루 살아간다는 것이 너무 힘이 드네여. 매일매일 죽음이란 단어만을 품고 세상을 살아가고 있습니다. 오늘이면 죽을 수 있을까? 내일이 오지 않았으면 하는 생각에 늘 죽음을 생각하죠. …… 얼마 전에 자살하려고 아파트 옥상에 올라간 적이 있습니다. 뛰어내리면 죽을 수 있을 것 같더군여. 그런데 몸이 움직이지 않았어여. 한 발자국만 앞으로 내딛으면 되는데…… 정말 세상사는 게 힘들고 고통스러운데, 되는 일은 하나도 없는데…… 막상 죽으려고 하니 두려움도 생기고 떨리고…… 옛 생각도 나구요. …… 언제나 밝고 명랑하게 웃으면서 하루하루를 살아왔지만 이젠 지쳤다. 더 이상의 미래가 보이지 않는다. 미래가 없는 삶, 형에게 미래를 준비하라는 말을 들었다. 하지만, 이젠 늦어버렸다.[1]

2. 답답한 세상, 답답한 인생. 난 죽고 싶을 때가 많았다. 답답한 세상과 꽉 막힌 인생 때문이다. 어른인 아빠는 이틀 동안 20시간 일하고 28시간 쉬신다. 어린이인 나는 8시 30분부터 6시까지 학교와 학원에 갔다가, 집에 와서 10시까지 공부해야 한다. 27시간 30분 공부하고 20시간 30분 쉰다. 왜 어른보다 어린이가 자

---

[1] 박형민, 『자살, 차악의 선택』, 이학사, 2010, 116쪽.

유시간이 적은지 이해할 수 없다. 세상은 답답하다. 난 바다를 헤엄치는 물고기처럼 자유로워지고 싶다. 어린이가 왜 어른들의 개조를 당하면서 살아야 하는가.[2]

첫 번째 사례는 26세 남성의 글이다. 자살로 사망하기까지 최소한 1년 11개월 전부터 자살 시도를 했고, 자살 사이트에 지속적으로 글을 적었다. "정말 세상 사는 게 힘들고 고통스러운데 되는 일은 하나도 없고…… 막상 죽으려고 하니 두려움도 생기고 떨리고…… 이젠 지쳤다. 더 이상의 미래가 보이지 않는다"면서 삶을 마감했다. 두 번째 사례는, 2003년 11월 8일 충남 친인에서 또 하나의 어린 주검을 알리는 일기장이 세상에 공개되었다. 맞벌이 부부의 외아들 초등학교 5학년 정 군이 같은 반 여자친구와 채팅하면서 자살을 예고한 뒤, 열흘이 지나 집에서 숨진 채로 발견되었다. 당시 아파트는 안으로 문이 잠긴 채 정 군 혼자 있었다. 정 군이 남긴 일기장과 채팅 메시지에는 '자살'의 그림자가 짙게 드리워져 있었다.

자살자 유서에는 앞에서 살펴보았듯이, "살기가 힘들다", "살기 지쳤다", "잘 살고 싶었지만 아무리 노력해도 되지 않는다"는 말이 자주 발견된다. 또 "죽는 게 사는 것보다 낫다", "세상과 결별한다", "자살하면 고통에서 벗어난다"는 표현도 자주 보인다.

---

2   오진탁, 『자살, 세상에서 가장 불행한 죽음』, 세종서적, 2008, 101~102쪽.

죽는 게 사는 것보다 낫다

잘 살고 싶었다. 하지만 웬일인지 그렇게 되지 않았다. 아무리 노력해도 되질 않았다. …… 내 자신이 이상해졌다. 바보가 되었다. 내가 왜 이렇게 되었는지 내 자신도 모르겠다. 성적도 엄청 떨어지고 삶의 의욕도 없어지고 자신감도 없어졌다. 내 자신의 변화에 내 자신이 감당하지 못하겠다. 하루하루가 괴롭고 싫고, 두렵고 즐거운 날이 없었다. 내 자신이 비참하다. 희망이 보이지 않는다. 내 자신도 이렇게까지 하고 싶지 않지만, 어쩔 수 없다. 부모님께 더 이상의 실망을 가져다주기도 미안하고 죄송스럽다. …… 하지만 그렇게 되지 못했다. 더 이상 내 자신이 비참해지기 싫다. 자존심도 패기도 모두 없어져버렸다. 중학교 시절처럼 행동하고 싶었지만, 아무리 해도 그렇게 되질 않는다. 모두들에게 이런 내 모습을 보여서 창피하다. 더 이상의 희망이 없다.[3]

죽고 싶다는 생각은 100번도 넘게 해봤다. 죽으면 끝날까. 죽으면 편해질까. 이대로 죽기엔 15년밖에 못 산 내 인생이 너무 아깝지만, 계속 이렇게 사는 것보단 나을 것 같다. 이대로라면 남은 인생 정말 자신이 없다. 만약에 이 죽음에 성공하면 뭐라고 할까. 반항심에 저지른 충동적 자살? 아니다. 아주 오래전부터

---

3   박형민, 앞의 책, 221쪽.

계획해 온 일이다. 죽음을 결심한 사람들은 아무런 낙이 없다. 내가 지금 살아갈 가치를 못 느끼고 있다.[4]

진짜 살고 싶지 않다. 왜 욕을 먹으면서 남의 눈치를 보고 살아야 하는지, 정말 그냥 죽어버리고 싶다. 자살하고 싶다.[5]

자살자는 자기 삶을 잘 살고 싶었지만, "아무리 노력해도 되지 않았다"고 한다. "훌륭한 사람이 되어 부모에게 효도"하고 싶은 욕망이 있었음에도 불구하고, 성적이 떨어지고 삶의 의욕이 사라져버린 것이다. 결국 죽고 싶지 않지만 더 이상 부모를 실망시키기 싫어 '어쩔 수 없이' 죽음을 선택하는 것이라고 한다. 이런 식의 내용은 자살자 유서에서 흔히 발견되는 내용이다.[6] 자살자는 죽는 것보다 사는 게 힘들어서 이렇게 사느니 차라리 죽는 게 낫다고 판단하고 있다.

---

4 박형민, 앞의 책, 103~104쪽.

5 오진탁, 앞의 책, 26쪽.

6 28세 남성, 우울증으로 오래 고생, 숨만 쉬고 있을 뿐 오래전 죽은 목숨으로 여겼다. 그는 자살을 여러 번 결심했지만 죽는 것은 여전히 힘들고, 결국 더 망가지기 전에 마지막 남은 자존심을 지켜주고 싶다고 했다. "가족들에게 뭐라고 할 말이 없어, 뭐라고 말을 해야 하는데. 가슴 속에 여러 말들로 가득 찼는데, 글로 적을 수가 없네. …… 수업도 듣지 못하고 외우지도 못해. 사실, 나 오래전부터 이런 상태였어. 매 순간이 끔찍해. …… 몇 번이나 결심을 해도 역시 죽는 건 힘든가봐. 무서워, 너무 외롭구나. 숨만 쉬고 있을 뿐, 정신은 오래전에 죽은 것 같아. 아픈 지 10년이네. …… 휴, …… 너무 괴로

세상과 결별한다

또 살기가 힘드니까, 자살하면 모든 게 끝나고 지긋지긋한 세상과도 결별할 수 있다고 자살자들은 생각한다. 자살해 죽는다고 해서 다 끝나는 게 아님에도 불구하고, 이런 오해는 자살자 유서에서 흔히 발견된다.

> 이렇게 사느니 차라리 죽고 싶다.(안티성형 카페 회원)[7]
>
> 죽어버리면 다 끝나는 거 아니냐!(술 먹고 충동적으로 자살)[8]
>
> 죽고 싶다고 느낀 적은 많다. 하지만 그것도 잠깐일 뿐 다시 죽기 싫어질 때가 많았다. 그런데 지금은 다르다. 갑자기 사후세계가 궁금해지고 죽음이 기대된다. 내가 만약 환생한다면 지금보다 훨씬 나은 삶을 살고 싶다. 이젠 삶에 질리고 지쳤다. 만약 천당과 지옥이 있다면 난 지옥에 가겠지. 길게 쓰기도 싫다. 이젠 원망스런 이 세상과도 안녕이다.[9]

운 시간이야. …… 행복해지고 싶었는데 …… 엄마가 보고 싶어. 이젠 돈도 없고 …… 방도 너무 추워. 누군가에게 의지하고 싶은데, 아무도 날 받아주지 않을 거야. …… 힘들어, 너무 힘들어. 망가지는 날, 지키기가 힘들어. 망가지는 모습을 보고 있기 괴로워. 내게 남은 마지막 자존심을 지켜주고 싶어."(박형민,『자살, 차악의 선택』, 127쪽)

7   오진탁, 앞의 책, 134쪽.

8   오진탁, 앞의 책, 120쪽.

자살하면 고통에서 벗어난다

자살은 해방 행위, 우리가 도달할 수 있는 가장 극단적이며 마지
막 형태의 자유.[10]

어려운 처지에 빠지면 그 어려움으로부터 '해방'될 수 있으리라
는 기대로 자살 충동을 느끼는 사람이 우리 주변에는 많다. 자살자
는 죽음을 통해 일종의 휴식을 취하고자 한다. "죽으면 영원한 안
식을 얻을 수 있을까?"[11] 자살자들은 자살로 모든 게 끝나기를 기대
한다. 죽으면 다 끝나기를 바란다. 그렇디면 과연 자살은 우리에게
해방 또는 자유를 가져다줄 수 있는가? 고통스런 현재로부터 자유
로워질 수 있으리라는 생각으로 자살을 선택하는 것은 큰 착각이
아닐 수 없다. 어떤 자살자는 "자살한 뒤 무슨 일이 일어나든 상관
없는 일"[12]이라고 말하기까지 했다. 자살로 모든 것이 끝이고 무슨
일이건 상관할 바 없다면, 그가 말하는 '자유'란 도대체 무슨 말장
난인가? 자살로 모든 것이 끝이라고 주장한다면, 이런 주장에 수반
되는 결과에 대해 끝까지 책임져야 한다.

---

9   오진탁, 같은 책, 139쪽.
10   토마스 브로니쉬, 『자살』, 이끌리오, 2002, 123~124쪽.
11   토마스 브로니쉬, 같은 책, 117쪽.
12   토마스 브로니쉬, 같은 책, 121쪽.

우울증에 걸려 자살을 시도했다고 공개적으로 밝힌 이우재 부장판사,
우리 사회의 희망전도사로 불렸다.

"부장판사가 자살시도 경험을 공개하는 것은 공직생활에 도움되지 않
을 것이다. 하지만 우울증은 병일 뿐이며, 누구나 걸릴 수 있고 누구든
지 이겨낼 수 있다는 메시지를 던져주고 싶었다. 우울증에 대한 인식을
바꿔야 한다. 첫째, 우울증은 고칠 수 있는 병이다. 둘째, 생각에도 습관
이 있다. 우울할 때는 무엇을 봐도 비판적이지만 나는 지금 무엇을 봐도
즐겁다. 마지막으로 모든 일에 너무 집착하지 마라. 나중에 다시 생각해
보면 그때 당시 받은 스트레스가 별 것 아니었다. 지금 겪고 있는 스트
레스가 오래 지속되리라는 생각은 하지 않았으면 좋겠다."

(유튜브 동영상 "자살시도했던 이우재 부장판사 1부, 2부")

2) 자살 찬양론, 죽음을 제대로 이해했는가

그렇다면 자살한다고 해서 과연 문제가 해결될 수 있는지 정확하
게 검토할 필요가 있다. 자살하면 그의 희망대로 현실의 고통에서
벗어나게 되는 것일까? 자살 예방을 위해서는, 과연 자살하면 어떻
게 되는지 정확하게 가르치는 일이 중요하다. 자살자가 바라는 대
로 이루어질 수 있는지, 생사학의 관점에서 세밀하게, 또 정확하게

검토할 필요가 있다. 자살을 인간의 '자유의지'에 따른 행위로 보는 견해, 자기 판단에 따라 자살해도 된다는 생각은 우리 사회의 너무나 많은 사람들에게 퍼져 있다.

프랑스의 장 아메리(Jean Améry)는 『자살하기: 자유 죽음론(On Suicide: A Discourse on Voluntary Death)』(1976)에서 허무주의적이고 자전적인 색채가 짙은 시각으로 자살 문제를 다루었다. 그는 아우슈비츠의 몇 안 되는 생존자였음에도 이 책을 출간하고 나서 2년 뒤 자살했다. 이 책에서 그는 "자살이란 당사자의 자유의지에 따른 결정이므로, 자살이라는 용어 대신 '자유 죽음'이라는 표현을 써야 한다"며 자살 대신 자유 죽음이라는 밀을 즐겨 사용했다. 장 아메리는 자살을 휴머니즘과 존엄성 개념을 활용해 정의하고 있다. 즉 인간은 자살함으로써 당사자의 자유와 존엄성 그리고 행복을 느낄 수 있다는 것이다.[13] 그는 '자신의 존재'가 사회의 것도 교회의 것도 아니고, '자기 자신의 것'이라고 주장하고, '자살행위의 사회적 복권'을 꾀했다.

자살은 모순된 것이기도 하지만, 여전히 우리 앞에 놓여 있는 유일한, 넓고 자유로운 세계를 향한 길이다. 자살은 부조리하기는 하지만, 허튼짓은 아니라는 것이다. 왜냐하면 자살의 부조리성은 삶의 부조리성을 증대시키는 것이 아니라 감소시키기 때문이

---

13 토마스 브로니쉬, 앞의 책, 118~126쪽.

다. 우리가 자살을 정당화해도 좋은 최소한의 이유는, 자살이 우리가 고뇌하는 삶의 허위, 또 그 허위 때문에 고뇌를 견뎌낼 수 있는 삶의 허위를 거두어들인다는 것이다.[14]

장 아메리의 자살은 이와 같은 자살관을 실천한 것이다. 모든 존재 증명을 부정당한 그에게 스스로 죽음의 주인이 되는 것이야말로 최후의, 또 가장 확실한 존재 증명이었던 것이다. 장 아메리가 자신의 책에서 주장하고 있는 자살에 대한 견해는 자살자들의 유서에서 보이는 내용과 흡사한 점이 많다. 그의 '자유 죽음론'은 언뜻 보기에는 인간의 자유의지를 주장한 의미 있는 성찰로 보일 수도 있겠지만, 그 속에는 자살에 대한 그릇된 시각과 죽음에 대한 사려 깊지 못한 사고가 일관되고 있어 감성적인 논리에 쉽게 휩싸일 수 있는 젊은이들에게 오도된 가치관을 심어줄 위험이 높다. 따라서 그의 자살찬양론에 반영된 죽음 이해를 생사학의 관점에서 하나하나 구체적으로 검토해보겠다.

(1) 자살은 인간만의 고유 권한이다[15]

자살은 인간만이 지닌 고유한 현상일 수도 있다. 자살이 그런 가능성을 실현하는 것이라면, 자살한 뒤에 당사자에게 벌어지는 일은

---

14 서경석, 『시대의 증언자, 쁘리모 레비를 찾아서』, 창비, 2006, 173쪽.

15 토마스 브로니쉬, 앞의 책, 125쪽.

어떻게 보아야 하는가? 그것도 인간만의 존엄성이라고 할 것인가? 이성, 만물의 영장, 과학의 발견 등 여러 측면에서 인간다움을 규정할 수 있을 것이다. 죽음이라는 절대적 순간 앞에서 자신의 삶을 정리하고 담담하게 밝은 미소 속에서 죽음을 맞이하는 것이야말로 인간이 도달할 수 있는 최고의 성취이다. 그에 비해 자살은 인간적으로 존재할 수 있는 가능성이기는커녕 인간다움을 일거에 폐기시키는 어리석은 행위다. 자연스럽게 찾아오는 죽음에 임해 담담하게 밝은 표정으로 세상을 떠나는 사람들의 숭고한 모습이야말로 인간의 존엄성을 드러내는 일이다.

(2) 자살을 통해 최고 형태의 자유가 실현된다[16]

자살이야말로 최고의 자유라는 말처럼 어처구니없는 궤변은 없다. 과연 자살을 통해 실현되는 최고 형태의 인간적 자유라는 게 도대체 무엇일까? 이미 자살한 사람들은 그런 자유를 만끽하고 있을까? 나는 지금껏 자살을 감행했다가 실패한 사람들로부터 단 한마디도 이런 말을 들어본 적이 없다. 자살이 무엇을 의미하는지, 죽음이 무엇을 의미하는지, 조금이라도 아는 사람이라면 이런 식의 무책임한 발언은 하지 않을 것이다. 위의 발언은 자유보다는 자포자기에서 나왔거나 삶과 죽음의 본질을 꿰뚫어볼 수 있는 지혜가 없어서라고 말할 수밖에 없다.[17]

---

16 토마스 브로니쉬, 앞의 책, 122, 125쪽.

(3) 자살은 비인간적 삶에서 인간성을 지키는 유일한 행위다[18]

이런 말은 자살자가 남긴 유서에서 흔히 볼 수 있는 내용이다. 사실, 우리가 사는 사회에서 인간으로서 감당하기 어려운 경우를 당하는 일도 있게 마련이다. 하지만 자살한다고 해서 그런 삶으로부터 벗어날 수 있을까.[19] 자신의 삶이 비인간적이라고 해서 자살할 수밖에 없다고 생각하는 것은 성숙한 인간이 취할 수 있는 행동이

---

17 W양은 직장에 사랑하는 애인이 있었다. 그런데 남자친구에게 또 다른 애인이 있었다는 사실을 알게 된 그녀는 두 번 다시 만나지 않으려 했지만, 결국 그녀는 어떤 식으로 죽을까, 오직 죽는 방법만 생각해 충동적으로 자살을 시도했다. 그녀가 병원 침대에서 눈을 뜬 것은 46시간 뒤였다. 가사 상태에서 그녀는 살면서 한 번도 느껴보지 못했던 엄청난 고통을 당했다. 활활 타고 있는 불속에 몸이 떠 있어서, 마치 전자레인지 속에서 타고 있는 느낌이었다. 그녀는 자살이 미수로 끝난 뒤 다음과 같이 말했다. "내 경우에는 사실 자살하지 않으면 안 될 만한 이유는 없었다. 다만 그에게 죽겠다고 한 말이 계기가 되어 그 뒤로는 오로지 죽을 생각만 하게 되었다. 지금은 자살이 미수로 끝난 것을 천만다행이라고 생각하고 있다. 의사의 목소리를 듣고 살아 있는 자신을 다시 보았을 때, '아! 다행이다'라는 생각이 들었다." 자살을 시도해 일시적으로 겪은 사후세계의 무서움과 고통을 생각해 보면, 살아 있을 때의 고생 따위는 비교도 되지 않는다고 W양은 증언한다. 그녀는 자살 체험을 통해 죽는 것보다 제대로 사는 것이 훨씬 중요하다는 것을 절실하게 깨달았다고 한다. 자살해 봤자 편할 게 전혀 없다고도 했다.(밝은 죽음을 준비하는 포럼, 『급증하는 자살, 어떻게 할 것인가』, 2004년 10월 29일, 47쪽)

18 토마스 브로니쉬, 앞의 책, 125쪽.

19 작은 섬유회사 사장 S씨는 회사가 갑자기 어려워졌고, 부인까지 경쟁회사의 전무와 함께 달아나버렸다. 그는 사업을 극도로 축소하고 집도 잡혔지

아니다. 더구나 자살함으로써 모욕적인 상황으로부터 벗어나기를 기대한다는 것은 전혀 맞지 않는 이야기이다.

(4) 자살하는 순간 자살자는 그의 과거와 무관해진다[20]

자살하는 사람은 마음속으로 이런 바람을 하면서 죽는지도 모르겠다. 고통스러운 현실, 잊고 싶은 상황으로부터 벗어나고 싶은 심정에서 최후의 선택을 하는 것이 자살일 것이다. 자살자는 자살을 감행함으로써 자신의 불행한 삶과 단절되기를 바라겠지만, 그의 존재는 그가 살아온 이력과 자살행위로부터 무관해질 수 없다. 칼로무를 자르듯 오늘의 삶과 내일의 죽음이 갈리질 수 없기 때문이다.

만, 회사를 구해낼 수 없었다. 막다른 골목으로 몰린 그는 자살할 생각으로 온갖 방법을 궁리했다. 그는 죽음을 두려워하지 않았고 죽음으로 인해 좋은 일만 있으리라 착각을 하고 있었다. 자살함으로써 현실의 고통으로부터 도망칠 수 있고 보험금을 타서 빚도 꽤 갚을 수 있고, 자기는 사후의 세계에서 새로운 삶을 영위할 수 있으리라는 헛된 바람을 갖고 있었다. 그는 1984년 7월 3일 밧줄을 목에 건 채 힘껏 발판을 찼다. 얼마 뒤 그는 병원의 침대 위에서 "오, 정신이 드나?" 하는 친구의 목소리를 듣고 간신히 눈을 떴다. 자살은 미수에 그쳤다. 그는 가사 상태에서 약 7시간 동안 겪었던 무서운 사후세계를 평생 잊을 수 없을 것 같았다. 그는 현실보다 더 무섭고 괴로운 사후세계에서 구출된 것을 너무나 기쁘게 생각했다. 가사 상태에서 저렇듯 무서운 꼴을 당했으니까, 정말 죽었더라면……. 자살행위로 인해 커다란 고통을 겪은 그는 다시는 그런 생각을 하지 않기로 했다. (밝은 죽음을 준비하는 포럼, 『급증하는 자살, 어떻게 할 것인가』, 48쪽)

20 토마스 브로니쉬, 앞의 책, 126쪽.

그가 살았던 삶, 자살행위, 그리고 자살 이후의 삶, 이 세 가지는 결코 단절될 수 없다. 자살하는 사람은 자기 삶의 이력으로부터 벗어나기를 바라겠지만, 삶의 이력뿐 아니라 자살로 인해 야기되는 인과까지도 결코 벗어날 수 없다.

(5) 우리에게 자살권리 있으므로, 삶이 최고라는 독단 폐기되었다[21]

죽음이 삶과 동등한 권리를 갖고 있다는 주장에는 전적으로 동의한다. 하지만 자살을 통해서만 삶과 죽음이 동등한 권리를 갖게 된다고 주장할 수밖에 없을까? 이런 독단이야말로 즉시 폐기되어야 마땅하다. 자살행위는 삶의 권리만이 아니라 죽음의 권리마저도 포기하는 행위이기 때문이다. 우리에게는 자살권이 있는 게 아니라 인간답게 살 권리, 인간답게 죽을 권리가 있다. 자살은 인간다운 삶의 권리와 존엄한 죽음의 권리를 일거에 파기하는 어리석은 행위일 뿐이다.

(6) 자살은 자신의 절대적 개성, 절대적 정체성의 표현이다[22]

자살을 통해서만 자기 존재의 절대적 개성, 절대적 정체성을 표현할 수 있다면 이처럼 비극적인 경우도 없을 것이다. 자기 존재가 자기에게 속한다는 것은 당연한 상식이다. 오히려 자살은 자기 존재

---

21 토마스 브로니쉬, 앞의 책, 120~121, 126쪽.
22 토마스 브로니쉬, 앞의 책, 121~122, 126쪽.

를 죽이는 행위이므로 자기 존재의 절대적 정체성을 폐기시키는 행동이다. 건강한 삶과 건강하지 못한 삶이 있듯이 죽음에도 건강한 죽음과 그렇지 못한 죽음이 있다. 사람이라면 누구나 건강한 삶을 원하듯이 마찬가지로 죽을 때도 건강한 죽음으로 삶을 마무리해야 하는 것은 당연한 순리이다. 하지만 자살이야말로 건강하지 못한 죽음의 대표적인 사례이다. 장 아메리의 아이덴티티 분열이 그를 자살로 내몰았다는 레비의 분석은 정곡을 찌른 것이었다.[23]

3) 자살 예방 해법은 있다

우리 사회의 자살 사례들은 특정한 원인에, 또 특정 사회계층에만 국한된 것이 아니라는 점에서 더욱 심각성을 느끼게 한다. 우리 사회에서 자살은 말 그대로 '각계각층'에서 '각양각색'의 동기로 벌어지고 있다. 그런데 모든 자살 사례들에서 공통적인 점을 한 가지 발견할 수 있으니, 그것은 올바른 죽음관이 부재함으로써 자살이 일어나고 있다는 점이다. 수많은 자살자들의 사례를 추적해 보면, '죽음'에 대한 올바른 이해나 자각이 전무하다. 그들은 자신에게 다가온 현실적인 어려움을 해결하는 유일한 탈출구가 마치 '죽음'에 있기라도 하듯 너무나 쉽게 자살을 감행한다. 자살자는 죽음이 무엇을 의미하는지, 자살한 이후 얼마나 끔찍한 상황이 자신에게 다가

23　서경석, 『시대의 증언자, 쁘리모 레비를 찾아서』, 173쪽.

오는지[24] 전혀 개의치 않는다. 이들이 이런 선택을 하는 것은 평소 죽음에 대하여 아무런 이해도, 준비도 한 적이 없기 때문일 것이다.

'웰다잉(Well-Dying)'의 개념과 자살 예방에 대해 오래도록 고민해 온 필자가 생각하는, 자살을 크게 줄일 수 있는 대책은, 죽음이나 자살에 대해 바른 시각을 갖도록 죽음과 삶의 참된 의미를 교육해야 한다는 것이다. 자살에 대한 근본적인 해결책은 결국 분명하고도 단호한 어조로 '죽음이란 무엇을 의미하는지', '자살이 무엇을 의미하는지', '죽음을 알면 자살하지 않는다', '자살해서는 안 되는 이유' 등을 다양한 연령층의 눈높이에 맞게 제시하는 교육에 있다. 죽음을 교육하게 되면 자살이 얼마나 끔찍한 자해행위인지 사람들 스스로 알게 된다. 자살 예방은 자살 그 자체에 대한 단편적인 접근, 미봉책이나 임시방편으로는 효과를 거둘 수 없으며, 우리 사회의 죽음 이해와 임종 방식에 대한 총체적인 문제제기가 선행되어야 한다.

그런데 자살자들이 남긴 유서들을 분석했더니, '사는 게 힘든다', '세상과 결별한다', '자살하면 고통에서 벗어난다'는 표현도 있지만, '살고 싶은 욕구' 역시 표출되어 있었다. 자살자는 삶과 죽음의 갈림길에 서 있다. 자살자가 원하는 것은 놀랍게도 죽음이 아니었다. 바로 삶이었다. 자살자는 죽고 싶은 게 아니라 살고 싶었던 것이다. 자살자는 살고 싶은데, 현실의 고통으로 인해 살기가 힘들어

---

24 오진탁, 『자살 예방 해법은 있다』, 교보문고, 2013, 65~92쪽.

서 어쩔 수 없이 자살로 뛰어드는 것일 뿐이다. 어떤 자살자는 삶을 위해 복권을 구입했고, 자살하기 위해 칼도 준비했다. 자살자 앞에는 두 가지 갈림길이 놓여 있다.

첫째, 삶: 그가 원하는 것은 바로 삶, 죽음이 아니다.
둘째, 죽음: 삶에서 원하는 게 되지 않으니까 죽음으로 뛰어드는 것일 뿐.

이 남성은 삶을 위해 복권을 구입했다. 또 자살하기 위해 칼도 준비했다. 미래를 위해 복권도 사고 자살을 위해 칼도 구입하는 등 마음속으로 깊은 고민을 했다. "산다? 그럼 당장 직장은 어떻게? 또 가서 잘 적응할 자신이 있나? …… 이러지도 못하고 저러지도 못하고 …… 어떻게 사냐구. …… 조금 사는 쪽으로 마음을 기울였더니 되는 일도 없이 힘만 드는구나."[25]

세 번째 이혼, 세 번의 아픔. 겁이 난다, 죽는 게…… 아……[26]
죽음, 무섭고 피하고 싶지만……[27]
죽을 때, 아프지 않을까? 아픈 건 싫은데…… 몇 번이나 결심을

25 박형민, 『자살, 차악의 선택』, 124쪽.
26 박형민, 앞의 책, 222쪽.
27 박형민, 같은 책, 134쪽.

해도 죽는 건 힘든가 봐. 좀 무서워. 너무 외롭다구.[28]

어느 자살자는 유서에 자살은 최악의 선택이라고 적었다.[29] 자살
자도 죽음은 무섭다. 죽음은 피하고 싶어 한다. 자살자는 죽기 위
해서, 자살하고 싶어서 자살하는 게 아니다. 삶에 더 이상 머물 수
없어서 자살하는 것일 뿐이다. 어떤 자살자는 죽고 싶다는 생각을
100번도 넘게 해봤다. 죽으면 끝날까, 죽으면 편해질까, 라는 걱정
을 하고 있다.[30] 그러니까 자살자는 죽고 싶은 게 아니라 살고 싶은
것이다. 살기 힘드니까 자살로 뛰어들 뿐이다. 자살자들도 역시 죽
음에 대한 두려움과 불안의 감정이 있다. 따라서 죽음에 대한 정확
한 이해를 바탕으로 "죽는다고 다 해결되는 게 아니다", "자살한다
고 다 끝나는 게 아니다"는 사실을 정확하게, 또 분명하게, 그리고
단호하게 가르칠 수 있다면 자살 예방에 크게 도움이 될 것이다.

생사학의 관점에서 보면, 자살 현상의 근저에는 '죽음에 대한 잘
못된 인식'이 자리하고 있다. 사실 죽음 문제에 비하면 자살 그 자
체는 그야말로 빙산의 일각에 불과할 뿐이다. 바닷물 아래에 잠겨
서 우리 시야에는 잘 잡히지 않지만, 자살 현상의 몸체에는 우리나
라 사람들이 죽음을 맞이하는 방식의 문제가 도사리고 있다. 죽음

---

28 박형민, 같은 책, 481쪽.

29 "최악의 선택, 그것은 죽음…… 이제는 정말 삶도 죽음도 모든 것이 귀찮
다."(박형민, 같은 책, 118쪽)

30 박형민, 같은 책, 457쪽.

이해와 임종을 맞이하는 방식에 문제가 많다 보니 결과적으로 자살이 자주 일어나는 것이다. 자살 현상을 이해하고 효과적으로 예방하기 위해서는 자살 자체에 초점을 맞추기보다는 수면 아래 숨어 있는 죽음에 대한 오해와 편견, 불행한 죽음 방식에 대한 심층적 반성과 함께 새로운 방향 모색이 시급하다. 눈앞에 보이는 자살만 문제 삼고 올바른 죽음 방식을 일깨우는 데 관심을 쏟지 않는다면, 우리 사회의 폭발적인 자살률은 결코 줄어들지 않을 것이다. 올바른 생사관이 정립되어 우리 사회에 성숙한 죽음 문화가 정착될 수 있다면 자살률은 자연히 감소할 것이다.

자살 문제보다 죽음 이해와 임종 방식이 훨씬 중요하다는 말의 의미가 바로 여기에 있다. 사람들은 행복한 삶을 원하는 만큼이나 간절하게 건강한 죽음을 원한다. 하지만 실제로 대다수의 사람들은 마치 불행한 죽음을 원하기라도 하는 듯 죽음에 대해 갈피를 못 잡은 채 불행하고 고통스런 죽음을 맞이하곤 한다. 자살은 불행한 죽음의 한 가지 사례에 불과할 뿐이다.

2장
생사학, 자살을 어떻게 예방하는가

\

죽음 문제를 연구함에 있어서 문헌 중심의 이론 연구는 분명히 한계가 있다. 실제 죽음이 아니라 문헌 속의 죽음에 불과하기 때문이다. 근대 이후 죽음 문제의 접근에 한계를 보이는 것도 바로 문헌 중심의 연구 때문이 아닐까.

퀴블러-로스에 의해 서양에서 1960년대부터 시작된 생사학은 단지 책 속의 죽음이 아니라 죽음의 현실에 접근하는 것을 모색한다. field work은 죽음의 현실에 직접 나아가서 행하는 현장 조사를 뜻한다. 따라서 죽음 문제는 문헌 중심의 연구와 함께 죽음의 현장을 직접 접근하는 field work이 필수적이다. '자살, 더 큰 고통을 부른다'는 연구와 field work 작업을 진행하면서, 자살이 더 고통을 부른다는 증거를 직접 보여줘야 한다고 생각하고 있다.

자살자를 만날 수 있는 방법은 3가지뿐이다. 첫째는 민간신앙 무속, 둘째는 현대 정신건강의학의 최면치료, 셋째는 불교의 천도재와 구병시식이다.[31] 이런 방식으로 자살자 영혼을 불러낼 수 있는 능력을 지닌 사람을 우리 사회에서, 또 다른 나라에서도 찾기가 쉽지 않다.

1) 무속: "내가 혼이라니 웬 말이요?"

무속은 우리 민족과 역사를 함께하는 우리의 민간신앙으로, 주위에서 어렵지 않게 무속인을 찾아볼 수 있다. 우리 민족 고유의 민간신앙은 무속이다. 무속에 관한 논란이 자못 많지만, 무속적 세계관이 한국인을 지배하는 가장 강력한 토양임을 부인하는 사람들은 거의 없다. 중국에서 불교와 유교가 수입되면서 무속신앙은 변방으로 밀려났고, 해방 이후 기독교의 유입으로 한 번 더 외곽으로 쫓겨났다. 중국은 도교, 일본은 신도의 틀에서 고유의 민간신앙을 계승하고 있지만, 우리 사회에서 무속은 핍박과 무시, 조롱과 경멸의 대상이었다. 하지만 우리 사회에서 죽음을 잘 이해하는 집단은 종교인도 아니고 바로 무속인이다.

무속에서는 삶의 공간과 함께 죽음의 공간을 말하고 있다. 무속

---

31 죽으면 지내는 49재는 가장 많이 알려진 천도재이다. 천도재는 사랑하는 가족이 죽으면 7일째 되는 날부터 49일째 되는 날까지 7일마다 치르는 불교의식이다. 구병시식은 빙의로 인해 정신적, 육체적 장애를 받고 있는 사람을 위해서 행하는 의식으로, 영가(영혼)에게 음식을 준비하고 진리를 알려주는 불교의식이다.

인들은 죽은 영혼과 소통하고 삶의 세계와 죽음의 세계를 연결해주는 역할을 한다. 무속이 한민족의 역사와 함께 이어져 내려온 것은 그만큼 우리 민족과 뿌리가 같기 때문이 아닐까. 또 우리 사회에서 독자적인 역할이 있기 때문에 지금까지도 우리 사회에는 많은 무속인들이 활동하고 있는 것이다.[32] 일부 지식인들 중에서 무속을 무시하는 발언을 하는 이들이 있는데, 그런 발언은 우리 민족의 일원으로서 본인의 뿌리를 부정하는 것이나 다름없다. "고등종교와 하등종교의 구분은 의미 없다"는 원로 종교학자 정진홍 교수의 발언은 시시하는 바가 있다.

무속 전문가 주강현은 무속에서도 인간의 영혼을 믿는다고 말한다.

---

32 미스 트롯 송가인의 어머니로 유명하지만, 송순단은 2001년에 진도 씻김굿 전수교육조교(인간문화재의 전 단계)가 되었다. 그가 신병을 앓기 시작한 것은 28세 때, 진도군 지산면 농부의 아내로, 아들 형제에 이어서 딸 은심(송가인의 본명)을 낳아 기르던 중이었다. 3년을 버티다 31살 신내림을 받고 무속인의 길을 걸었다. 남편이 많이 반대했다. 살림하던 여자가 굿하러 다니고 밤새고 들어오니 오해도 받고…… 하지만 안 하면 몸이 아프니까, 결국 굿으로 아이들 대학 뒷바라지까지 했다. "굿은 미신이 아니다. 오래전부터 계승되어 내려왔다. 굿을 통해 돌아가신 조상께 제사 드리는 것이다." 송가인도 어렸을 때부터 어머니 소리에 익숙해 국악을 전공하고 트로트 가수가 되었다. "굿도 오래전부터 내려오는 우리 전통이다. 굿의 현장에서 접할 때 감동이 훨씬 크니까 행사에 직접 참여해 전통문화를 즐길 수 있기를 바란다." (중앙일보 2020년 5월 31일)

인간의 영혼은 사후 저승에 건너가서 영생을 하거나 다시금 현세로 환생한다고 믿는다. 무속적 세계관은 일찍이 불교적 세계관과 융합되어 양자의 경계가 애매하다. 무속에서 영혼은 죽은 사람의 영혼인 사령死靈, 살아 있는 사람의 몸 안에 깃든 생령生靈으로 구분된다. 전자는 망자의 넋이 저승으로 가는 것을 뜻하고, 후자는 영혼이 살아 있는 사람의 몸에 깃들어 이승에서 살고 있음을 뜻한다.[33]

자살한 어머니, 죽은 뒤에도 아들 곁을 떠나지 못했다

박민환 씨의 어머니는 50여 년 전, 그가 3살 때 자살했다. 어머니의 자살로 아버지는 사업에 실패했고, 어머니의 친정과 시댁도 모두 몰락했다. 친척들이 모두 다 아픔을 지니고 살았다. 죽음 이후에도 어머니는 아들 곁을 떠나지 못했다. 다른 아이들이 뛰어놀 때 그는 항상 비켜서 있기만 했고, 왜 그런지 몰랐지만 비만 오면 슬펐다. 어머니의 자살 소식을 들은 것은 고등학교 1학년 때였다. 호적등본을 우연히 보니, 어머니 이름에 빨간 줄이 그어져 있었다. 아버지의 외도로 어머니가 홧김에 약을 먹었던 것이다. 고모에게 어머니의 이야기를 전해 듣고 억장이 무너지고, 인생이 뒤집혔다. 그는 가출을 결심해 학교를 자퇴했고, 소년원에 수감되기도 했다. 18세 때 도선사로 출가했지만, 절에서 받아주지 않았다. 집에서 허락받

---

33 국사편찬위원회 편, 『상장례, 삶과 죽음의 방정식』, 두산동아, 2005, 17쪽.

을 것을 요구했다. 그는 4달간 요사채에서 생활하면서 자살 시도를 두 번 했다. 19세에서 24세까지 마약, 밀수, 사기도박, 폭력배, 폭행 등 밑바닥 인생을 살았다. 21세 때 친구인 총각 무당이 말했다. "어머니가 어깨에 붙어 있다. 이것을 풀어줘야 한다." 2000년 44세 때 그는 결혼을 하고 생활이 안정되었으며, 2001년 아내의 권유로 그는 아내와 친한 무속인을 통해 어머니 영혼을 관악산 굿당에서 초혼했다. 무속인을 통해 어머니의 영혼은 "나 때문에 고생시켜 미안하다. 아들 따라 외국까지 따라다녔다. 앞으로 너를 도와주겠다. 부부가 잘 살게 해주겠다"라고 말했다.[34]

삶과 죽음, 씻김굿에서 조화롭게 구획된다

소설가 김훈도 말하길, 진도 씻김굿으로 씻기고 진도만가 자락에 실려서 저승으로 가는 죽음은 쓰라린 단절만은 아니라고 한다.

> 죽음은 단절이라기보다는 산 자와 죽은 자 사이의 온당한 자리매김인 것으로 보인다. …… 산 자가 죽은 자의 원한과 슬픔과 죄업을 씻어줌으로써 죽은 자를 죽음의 자리로 돌아가게 하고, 죽은 자에게 죽은 자로서의 위엄과 신성과 평정을 회복하게 한다. …… 씻김굿은 산 자의 품 안에서, 산 자의 춤과 노래와 음식으로 죽은 자를 씻기고, 씻겨서 보낸다. 그래서 삶의 자리와 죽

---

34 오진탁, 『자살 예방 해법은 있다』, 65~66쪽.

음의 자리는 조화롭게 구획되고, 죽은 자는 산 자에 대해서 영적인 지도력을 행사할 만한 권위에 도달한다. 이 구획은 단절이 아니다. …… 아직 한동안 더 이승에 머물러야 할 사람들이 떠나야 할 사람들을 떠나보낸다. …… 진도 씻김굿 판에서, 아직 살아 있는 자들의 품은 따뜻했고 그들의 마당은 넉넉해 보였다. 산 자들은 죽은 자를 어린 아기 씻기듯이 씻긴다. 다만, 한 많은 넋을 씻기는 일에는 어려운 문화적, 주술적 절차가 필요하다. 이런 절차가 당사자들에게는 삶이고 굿이며, 구경꾼들에게는 문화며 예술이며 민속이다.[35]

임순자 씨의 큰아들(22세)은 도로공사 현장실습을 나갔다가 사고로 갑자기 죽었다. 객사한 아들의 원혼을 달래기 위해, 죽은 아들의 혼을 만나기 위해 임순자 씨는 굿을 했다. 어머니는 객사한 아들의 원혼을 달래기 위해 무엇이든지 하고 싶었다. 죽은 아들의 영혼이라도 만나기 위해 직접 나뭇가지를 잡았다. 무속인은 어머니가 실신할까봐 '넋대'를 빼앗으려 했지만, 어머니는 자신도 모르게 화가 났다고 한다.[36] 무속인 몸에 실려 죽은 아들의 영혼이 말했다.

---

35 허용무 사진, 김훈 글, 『원형의 섬, 진도』, 이레, 2001, 47쪽.

36 무속에서는 굿을 하는 과정에서 어머니가 나뭇가지 '넋대'를 잡고 있다가 '넋대'가 흔들리기 시작하면 죽은 아들의 영혼이 실린 것이라고 한다. 어머니가 흥분해 실신할까봐 무속인이 '넋대'를 빼앗으려고 하자, 어머니는 화가 나서 '넋대'를 빼앗기지 않으려고 몸부림을 쳤다.

내가 혼이라니 웬 말이요?

내가 혼이라니 웬 말이요?

어찌 떠나나? 나는 어찌하라고?

어머니, 이팔청춘 내 나이가 아직은 빛도 못 봐

아직은 하고 싶은 것도 많고

너희들은 살았으니 좋지,

나는 원통해, 너무 원통하고 분해.

무당 몸을 빌려 내가 들어왔으니,

섭섭하다 하지 말고 잘 듣고 가요.

어머니, 섭섭해요.

밥 한 그릇 좀 나 좀 따뜻하게 먹이지 못했던 어머니 마음도

편하지 않았겠지만 내 마음도 너무도 섭섭한 마음이 많소이다.

(죽은 아들은 어머니 곁을 떠나 객지생활을 했다.)

먼저 죽은 자손 위해 제사 지내는 부모가 어디 있겠나?

내 옆에 먼저 죽은 아버지 의지하고

우리 아버지 곁에 있을게요.

49재 탈상 지내고 아버지 옆에,

아버지와 함께 위패를 한 자리에다가 모셔다줘요.

(누이를 향해) 누이, 잘 있어.

(이모, 이모부 향해) 이모, 이모부, 잘 있어요.

(다시 어머니를 향해) 어머니, 단단히 마음먹고 집에 가서 약 먹어.

어머니, 저는 떠납니다, 건강하시고,

어머니, 나 못다 산 명까지 오래오래 사세요.[37]

자살자 영혼을 초혼하다

춘천 MBC가 2010년 함께 자살 예방 다큐를 찍자는 제안을 했을 때, 다큐 제작의 필요성을 느끼고 있었던 나는 동의했다. 다큐 촬영은 '자살, 더 큰 고통을 부른다'는 문헌 중심의 연구와 죽음 현장 중심의 field work 작업을 진행하면서, 직접 자살과 죽음의 현장을 만날 수 있는 기회였다. 과연 원하는 내용을 화면에 담을 수 있을지 걱정되기도 했지만, 연구 결과에 대해 추호의 의심도 없었다. 다큐 촬영은 화면을 통해 나의 연구 결과를 보여주는 작업이었기에 흥분되는 일이었다. 무속인을 통해 자살자 영혼을 초혼해 촬영하기로 했다. 방송국에서 무속인에게 연락했더니, 그도 자살자 영혼을 위한 천도재를 준비하는 중이어서 곧바로 촬영 스케줄을 잡을 수 있었다.[38]

무속에서는 죽은 사람들이 저승을 가지 못하고 구천에 떠도는 이

---

37 박기호, 다큐「영매 – 산자와 죽은 자의 화해」, 2002년.

38 자살자 영혼을 초혼하는 날, 무속인은 다음 이야기를 들려주었다. 우울증이 굉장히 심했던 청소년이 상담원에게, 죽으면 끝이고 마음이 편해진다는 말을 들었다고 한다. 상담을 마친 학생은 집 근처 아파트 13층에 올라가서 곧바로 투신자살했다. 상담원이 죽음을 모르니 자살 예방은 어려울 것이라고 무속인은 말했다.

다큐 포스터 - 「자살,
한국 사회를 말하다」

유를 다음과 같이 설명한다. 갑자기 죽으면 자기가 죽었는지도 모르고 산 사람처럼 똑같이 행동을 한다. 자살한 사람은 사후에 다른 세상으로 떠나지 못한다. 이승과 저승은 구분이 되어 있는데, 죽은 사람들은 가지도 못하고 오지도 못한 채 허공을 떠돌아다니게 된다. 또 자신이 자살했다는 것을 억울하게 생각한다. 만약에 자살을 했다면 죽어서도 계속해서 고통을 받고 살아야 한다. 자살자 주변 사람은 자살자와 똑같은 방법으로 불행하게 죽음을 맞게 될 가능성이 크다. 그래서 자살자 집안은 계속해서 자살이 발생한다.[39] 이런 식으로 자살자의 영혼은 이 세상을 떠나지 못한 채 살아 있는 사람 주위를 맴돌면서 또 다른 불행을 일으키는 것이다.[40]

---

[39] 풍기에 사는 최은진 씨는 삼촌의 자살 이후, 사촌오빠가 알 수 없는 병으로 사망, 조카는 기찻길에서 오토바이 사고로 사망, 또 다른 조카는 집 앞에서 사망, 첫째 사촌언니는 의문의 교통사고로 사망, 셋째 사촌언니는 자살, 친정어머니도 자살 등 모두 자살과 의문의 사고로 7명이 세상을 떠났다. 그리고 이제는 자기가 죽을 차례라고 몸을 부들부들 떨고 있었다.

[40] 춘천 MBC와 공동 제작한 다큐 「자살, 한국 사회를 말하다」 2부작은 2011

남편과의 갈등 때문에 한 여자가 30여 년 전 강원도 동해에서 불행하게 삶을 마감했다. 남편이 젊은 여자와 바람을 피자 화가 난 부인은 남편에게 겁을 주려고 약을 먹고 자살했다. 무속인을 통해 자살자 영혼을 불렀더니 다음과 같이 통곡했다.

자식들 뒷바라지하면서, 하루 이틀 살아온 세월이 억수 같건만,
누가 이 망자의 설움을 알아주나, 서러운 마음을 알아준다고.
남편이 나를 찾을까, 자식이 나를 찾을까, 한 많은 세월이구나.
죄 지은 게 너무 많아, 이승 가면 저승 가나. 저승 가면 이승
가나, 문전 앞에서 내동댕이친 꼴이 되었으니, 이이 가라고
(울음)…….
나를 알아 달라고 여기 가서 매달리고,
내 자식 사는 것도 가련하고, 내 서방 사는 것도 불쌍하고,
내가 너무 모진 마음 가지고(울음).[41]

언니는 죽은 동생의 영혼과 대화를 하면서 위로했다.

언니: 울지 말고 좋은 데 가서 잘 살아라.
영혼: 나를 찾아줘서 고마워요. 우리 새끼 좀 찾아달라고, 어디

_____

년 6월 MBC 네트워크를 통해 전국에 방송되었다.
41 춘천 MBC, 위의 다큐.

자살한 여동생 영혼, 친언니에게 실려 오랫동안 통곡했다.

서 무엇을 하는지 내 새끼 좀 찾아봐 줘요.

언니: 자식, 신랑 다 털어버리고 좋은 데 가라, 우리한테 맴돌지
　　　 말고 조카한테도 맴돌지 말고 좋은 데로 가라. 한恨 같은
　　　 것 담지 말고 좋은 곳에 가라.

영혼: 나도 살고 싶어. 나도 돈 많이 벌어서 떵떵거리고 살고 싶
　　　 고, 형제들에게 힘주고 살고 싶다.[42]

　자살자 영혼에게 술을 주었다. 영혼은 사과도 먹었다. 물론 영혼
이 실린 언니의 육신을 통해서. 무당이 마지막으로 망자의 영혼을
위로했고, 자살자 영혼은 자리에 참석한 사람들에게 감사의 인사
를 했다. 자살자 영혼이 새 옷을 입고 춤을 춘다.

---

42 춘천 MBC, 위의 다큐. 유튜브 동영상 "자살자 영혼 친언니에 실렸다", "자
　　살한 동생 영혼을 육신에 실었던 언니 인터뷰." 유튜브 동영상을 클릭하면
　　그때 촬영된 현장을 직접 보고 들을 수 있다.

동생의 자살 이후, 집안에 우환이 계속 이어지다

자살자 영혼을 몸에 실었던 언니를 인터뷰했다.

질문: 동생 영혼이 몸에 들어왔을 때 어땠나?

답변: 동생 영혼이 들어오게 되면 나뭇가지 '넋대'를 잡은 손이 무겁다. 나도 모르게 손이 올라간다. 죽은 동생이 저승을 가지 못하고 떠돌다가 내게 오게 되면 몸이 찌뿌둥하고 머리도 아프다.

질문: 동생이 자살을 후회하는 것 같던데?

답변: 그냥 일빈 농약이면 살았는데, 세소세를 입에 넣었다가 뱉었지만, 그대로 죽었다. 신랑을 혼내주려고 했는데 영원히 가버렸다. 이렇게 쇼를 하려고 했는데 완전히 죽어서 내가 바보다, 바보천치! 울컥하는 마음에 신랑 혼내주려고 했는데, 진짜 자기가 죽으려고 했던 것은 아니고 신랑 한번 혼내주려고 하다가 실수로 죽은 것이다. 그래서 바보천치라고 했던 것이다.

질문: 동생의 자살로 집에 어떤 나쁜 일들이 있었는지?

답변: 오토바이 사고, 교통사고, 교도소에 간 사건도 있었고, 죽은 사람도 있는 등 우환이 끊이지 않았다.

질문: 동생 영혼이 몸에 들어왔을 때 어땠는지?

답변: 눈이 감기고 팔에 힘이 들어간다. 나도 모르게 손이 올라갈 때가 있다. 영혼 스스로 왔다는 것을 알려주기 위해 손

을 탁 치는 수가 있다.

질문: 동생 영혼이 나갔는데 지금 상태는 어떤가?

답변: 시원하다. 개운하다. 영혼이 들어왔다가 나가면 시원해진다.

질문: 아까 여러 번 고맙다고 했는데 무슨 의미인지?

답변: 나(자살자 영혼)를 찾아줘서 고맙다. 옷도 해줬지, 음식도 해줬지, 음식을 먹고 싶었는데 우느라고 먹을 시간이 없었지만 사과는 먹었다. 음식을 보니 저절로 눈물이 난다. 나를 위해 배려해 줘서 눈물이 더 났다. 그래서 고맙다고 말한 것이다.[43]

---

43 춘천 MBC, 위의 다큐.
남편의 외도로 인해 홧김에 자살한 여성의 영혼은 아무도 자신을 찾아주지 않는데 언니가 자신의 해원을 위해 굿을 해주어서 고맙다고 했다. 이 말을 통해 자살해서 죽었지만 계속 떠돌아다녔다는 것을 알 수 있다. 또 여동생의 자살로 인해 집안에 오토바이 사고, 교통사고, 교도소에 간 사건도 있었고, 죽은 사람도 있는 등 우환이 끊이지 않았다. 자살자만 그런 것은 아니라, 편안하게 임종못한 사람 역시 마찬가지다. 앞에서 우리 사회의 9가지 임종유형을 제시한 바 있다. 첫째 두려움 혹은 절망, 둘째 부정, 셋째 분노, 넷째 슬픔, 다섯째 삶의 마무리, 여섯째 수용, 일곱째 희망, 여덟째 마음의 여유, 아홉째 밝은 죽음. 여섯 번째 수용 단계까지 이르지 못하면 아름다운 마무리가 되지 못해 마음에 집착, 앙금, 어리석음이 남아 있어서 이 세상을 편안히 떠나지 못하게 된다. 죽으면 더 이상 세상에 머물려고 하지 말고 미련없이 떠나야 하는 것이다. 그러나 죽음을 제대로 이해하지 못하고 죽음 준비를 전혀 하지 않은 상태에서 갑자기 죽음을 맞았을 경우, 그가 이 세상을

무속인

　　자살자 영혼을 몸에 실어보았던 무속인에게 굿이 끝난 다음 다시 질문을 던졌다.

질문: 마지막에 망자가 옷을 받고 춤을 추던데 어떤 의미인지?

답변: 자신을 알아줘서 고맙고, 좋은 길을 갈 수 있어서 좋고, 자살해서 서럽지만 기쁜 마음이 생긴 것이다.

질문: 자살자의 고통을 잘 보여주던데 느낌을 자세하게 설명해 달라.

답변: 돌아가신 분의 마음이 아픈 것, 저승을 가지 못하고 한이 맺혀서 이승에 맴돈다는 것이 마음에 전달되었다.

질문: 자살자가 저승을 가지 못하고 맴돌고 있는 게 안타깝지 않은가?

답변: 안타깝다. 형제나 자손들이 자살자 영혼이 맴도는 것을 몰라줄 때 마음이 아프다.

질문: 아무 대비 없이 죽거나 자살하는 사람들이 구천에서 맴도

편안히 떠날 수 있을까? 우리 사회는 지금까지 죽음 이해와 임종 방식의 중요성은 외면하고 살았지 않은가? 저자가 죽음 이해와 임종 방식을 강조하는 이유가 바로 여기에 있다. 죽은 사람이 떠나지 못하고 계속해서 가족 주위를 배회하면, 인용된 사례가 입증하듯이 살아 있는 가족의 삶에 불행한 일이 계속 일어나게 되기 때문이다.

는데, 이런 것을 지켜보면서 사람들에게 어떤 말을 해주고
싶나?

답변: 죽는다고 다 끝나는 게 아니다. 옳은 마음을 가지고 밝게
사는 것이 제일 중요하다. 그래야지 저승에 가더라도 행복
하게 된다.

질문: 자살한 사람에게 자살이 해결책인가?

답변: 절대 아니다. 자살은 현실 고통의 도피구가 될 수 없다. 자
살은 큰 죄를 짓는 것이다. 죽어서라도 자살이란 어리석은
행위의 인과를 받는다.[44]

2) 현대 정신건강의학의 최면치료: "나는 자살을 많이 했다"

정신건강의학의 최면치료는 다른 치료 방법으로는 좀처럼 낫지 않
는 마음의 병을 앓는 환자들로 하여금 과거 삶에서의 기억과 감정
들을 정리하고 이해하게 함으로써 환자를 괴롭히던 증상들을 크게
호전시키는 치료 방법이다. 최면상태에서 과거에 자살한 행위를
기억해 내는 사람들도 적지 않다. 어느 나라 사람이든 종교에 관계
없이 다음과 같은 내용을 증언하고 있다. 자살하면 어떻게 되는지
최면상태에서 물었다.

---

44 춘천 MBC, 위의 다큐. 유튜브 동영상 "무속인 인터뷰"

사례 1)

의사: 고통을 이기지 못해 자살하면 어떻게 되는가.

환자: 어둡다. 캄캄하다. …… 웅크리고 있다(바짝 긴장하고 있다).

의사: 캄캄한가?

환자: 이렇게 되기 때문에 자살하면 안 된다.[45]

사례 2)

의사: 죽음 순간으로 옮겨간다. 죽음을 어떻게 맞았나?

환자: 빌딩에서 뛰어내렸다. 절망을 느꼈기 때문이다.

의사: 죽은 후에 어떤 기분이 들었는가?

환자: 뭐가 뭔지 잘 몰랐지만, 곧 스스로 목숨을 끊은 것을 매우
후회했다.

의사: 어떻게 그 혼란에서 빠져나왔는가?

환자: 먼저 돌아가신 부모의 모습을 보았다. 부모를 만나 겨우
알았다. …… 내가 무슨 짓을 했는지…….

의사: 자살자는 죽은 뒤 누구나 같은 느낌을 가질까?

환자: 자살해서는 안 된다. 자살자는 자신이 얼마나 어리석은 행
위를 했는지 알지 못한다. …… 삶에서 도망친다고 아무것
도 해결되지 않는다.[46]

---

45 이이다 후미히코, 김종문 역, 『사는 보람의 창조』, 378쪽.

46 이이다 후미히코, 앞의 책, 375~377쪽.

정신과 전문의 김영우는 최면치료 기법을 통해 자살한 사람이 어떤 상황에 처하는지를 자세히 보고하고 있다. 최면요법은 역사는 짧지만 이미 미국 정신건강의학의 교과서에 수록되어 공인된 치료 방법의 한 가지로 받아들여지고 있다. 최면치료 과정에서 환자들이 떠올리는 다양한 죽음의 기억 중에는 자살로 삶을 마감한 경우도 꽤 있는데, 그 경험은 예외 없이 깊은 상처가 되어 현재의 삶에도 큰 영향을 주는 것으로 확인되었다. 원인을 알 수 없는 막연한 우울감과 고독감, 위축감과 죄책감 등은 자살의 경험을 가졌던 환자들이 가장 흔히 호소하는 정신 증상들이며, 두 번 이상의 자살 기억을 가진 환자들은 이런 경향을 뚜렷이 보여준다.

30대 여성, 태어나면서부터 우울했다?

이 씨는 30대의 가정주부다. 결혼해서 딸 하나를 두고 살고 있지만 어릴 때부터 찾아오곤 하던 원인을 알 수 없는 고독감과 우울감, 어

자살했기 때문에 "육체에서 떠난 후 아무도 맞이해 주러 오지 않아 캄캄한 암흑 속에서 울고 있었다"는 증언이 나오고 있다. 최면치료 과정에서 임종의 순간을 회상할 경우, 내담자는 죽은 이후 육체에서 영혼이 빠져나와 허공에 떠다닌다고 증언한다. 죽음을 맞이했을 때는 곧바로 '빛'들이 맞으러 오기도 하고 자신이 눈부시고 따뜻한 빛에 싸여 가기도 하지만, 자살한 경우엔 "빛을 찾아서 소용돌이 속을 빙빙 돌고 있는 느낌"이 되어버린다. 할복자살한 기억을 가진 일본인은 최면상태에서 그것을 기억해 냈을 때, 자기 시체에서 빠져나온 순간에 "이런 일로 목숨을 끊다니 정말 바보스런 짓을 했어"라며 크게 후회한 것을 기억하고 있다.

정신건강 전문의사 김영우 박사(최면치료 전문가)가 환자와 상담을 하고 있다.

둠에 대한 공포는 그를 편하게 해주지 않았다. 자신이 기억하는 한 아주 어릴 때부터 우울했다며 아마 태어날 때부터 우울했던 것 같다고 말했다. 정신과 전문의에게 상담도 받고 약도 먹어봤지만 우울증 해소에는 도움이 되지 않았다며 언제나 마음 한 구석에 있는 자살 충동에 대해 얘기했다. 너무 괴롭고 가족들에게도 미안해서 죽고 싶었다고 한다. 최면치료 상태에서 그의 내면의식은 우울과 공포의 원인이 과거 삶의 기억 속에 있다고 대답했고, 그 기억들을 찾아내고 이해하면 나을 수 있다고 했다. 이후 세 번의 전생퇴행을 통해 떠올린 세 가지 삶의 모습 속에서 그는 두 번의 자살 경험을 기억해 냈다.

첫 번째의 자살은 중세기 유럽 남자로서의 삶이었는데, 전쟁에 나가 한쪽 다리를 잃고 돌아오니 가족들은 멀리 피난을 가버려 낯선 도시로 가서 걸식을 하며 살 수밖에 없었다. 배고프고 비참한 불구자로서의 삶은 그를 절망과 외로움에 빠지게 했다. 어느 날 결국 근처 호수 속으로 걸어 들어가 스스로 목숨을 끊게 되었다. 그 삶에서의 절망감에 대해 그는 이렇게 말했다.

제가 혼자 있으면 언제나 느끼는 막막하고 답답한 절망감이 그 삶에서 죽기 전에 느꼈던 것과 똑같아요. 사실 저는 물에 대한 심한 두려움도 있어요. 그것 때문에 수영을 배울 수 없었고, 물가에 가면 마음이 편치 않아요.[47]

두 번째의 자살은 조선시대 처녀로서의 삶에서였는데, 마을 총각과의 관계에서 임신을 하였고, 그 사실을 알게 된 어머니의 혹독한 꾸중과 질책을 견디지 못해 벼랑에서 떨어져 죽었다.

그때도 제 성격은 지금과 비슷했던 것 같아요. 아마 우울증도 있었을 거예요. 벼랑에서 뛰어내리기 전에 느꼈던 슬픔과 답답함도 지금 느끼는 것과 완전히 같아요. 어머니에게 한마디도 못하고 처음부터 죽음을 생각했었거든요.[48]

그 뒤 두어 번의 치료 과정 속에서 그는 삶의 의미와 생명의 소중함에 대해 어렴풋이 깨닫게 되었다고 하며, 그 두 번의 자살 기억은 자신의 전생임이 틀림없다고 주장했다. 이 치료의 결과로 고질적이던 우울증은 거의 사라졌고, 불을 끄고는 자지 못하던 어둠에 대

---

47 밝은 죽음을 준비하는 포럼, 『급증하는 자살, 어떻게 할 것인가』, 2004년 10월 29일, 26쪽.

48 밝은 죽음을 준비하는 포럼, 위의 자료집, 26~27쪽.

한 공포증도 없어졌다. 대인관계에서도 여유가 생겨 남편과 아이가 처음으로 가깝고 다정하게 느껴진다고 말했다.[49]

어머니의 자살, 돌잡이에게도 깊은 상처를 남겼다

자살은 사고사나 병사와는 달리 당사자는 물론 가족에게 너무나 깊고 아픈 상처를 남긴다. 그 후유증이 얼마나 큰 것인지는 당해 보지 않은 가족은 짐작하기 어렵다. 한 여성은 돌도 되기 전에 겪었던 엄마의 자살로 인한 충격이 의식 깊은 곳에 저장되어 35년간 원인도 모른 채 고통 속에서 살았다. 30대 중반의 여성이 어느 날 머리가 깨질 듯 아프다면서 긴 박사의 병원을 찾아왔다. 병원 여러 곳을 다녔지만 원인을 알 수 없더라는 것이다. 그녀는 지적인 전문직 여성이었다. 그녀는 돌을 지나기 전에 어머니가 자살해 새어머니 손에서 사랑을 받으며 자랐고, 고등학생 때 이 사실을 처음으로 알았다. 어머니의 자살 이야기를 듣고 왠지 큰 죄책감이 들어 악착같이 공부에 몰두했고, 결국은 일류대에 진학했다. 그녀가 최면치료를 원하여 치료를 시작하자마자 서너 살 먹은 아기처럼 울어서 간호사까지 놀라게 했다. 태어난 지 6개월 쯤 엄마와 함께 있는 장면을 상상해 보라고 하자, 엄마는 자기를 사랑한다고 말하면서 사랑받는 표정을 지었다. 태어난 지 9개월이 지나자 엄마 내면에 혼란이 일어났다. 부부 간의 성격 차이로 결국 엄마가 자살하는 시점에

---

49 밝은 죽음을 준비하는 포럼, 위의 자료집, 27쪽.

이르자, 그녀는 갑자기 울면서 "엄마가 그러면 안 되잖아, 엄마가 자살하면 안 되잖아!" 소리치는 것이었다. 최면치료를 통해 엄마의 사랑을 받으며 크는 장면, 자살에 충격 받는 상황을 재현한 이후 그녀의 두통이 감쪽같이 사라져버렸다.[50]

남편의 자살

최면치료를 통해 죽은 사람의 영혼을 만날 수 있는지 직접 카메라에 담기로 했다. A는 최근 남편이 불행하게 삶을 마감했다. 아직도 남편의 죽음을 안타깝게 생각하고 있는 그녀는 남편의 죽음을 받아들이지 못하고 있다. 그래서 본인의 희망에 따라 최면을 통해 남편의 영혼을 불러 만나 보기로 했다.

> 김영우 박사: 죽은 남편에게 하고 싶은 얘기 다 하세요. 그가 듣고 있고 앞에 있다고 생각하면서, 마음에 쌓아 놓은 이야기를 토해 놓으세요. 그에게 다 전달이 됩니다.
>
> A:　(울면서) 정말 당신을 성실하게 사랑했어. 지독하게 너무 사랑했고, 내가 지혜롭지 못해서 당신에게 상처준 거 너무 미안하고, 당신이 아버님 때문에 얼마나 힘들어했는지 내가 충분히 이해할 수 있어. 성숙하게 다시 만나서 정말 큰

50　한림대 생사학연구소 주최 세미나, 『자살 충동, 어떻게 예방할 수 있을까』, 2006년.

사람으로 살아갈 수 있을 거라고 생각했는데 너무 젊은 나이에 너를 보내서 내가 너무 힘들어. 이 세상에 당신처럼 나를 돌봐줄 사람이 없어. 당신은 정말 책임감 있었고, 아이들을 위해서 최선을 다했어. 당신이 괴롭지 않았으면, 아프지 않았으면 좋겠어. 정말 편안한 곳에 있었으면 좋겠다.

김 박사: 죽은 남편이 당신에게 하는 얘기를 들어보세요. 느낄 수 있을 겁니다.

A: 남편이 미안하다 그러는 것 같아요. 모든 게 잘될 거라고 위로하는 것 같아요.

김 박사: 왜 그런 식으로 갔냐고 물어보세요. 그가 대답할 겁니다.

A: 정말 도망가고 싶었을 거 같아요.

김 박사: 그가 짐이 많았던 모양이죠? 지금은 그 어느 때보다 편안할 것 같아요?

A: 이젠 모든 게 자유로워졌을 거라고 생각해요.

김 박사: 앞으로 마음 편히 갖고, 건강하고 맑고 깨끗하게 내면을 다져 나가세요.[51]

자살한 기억이 있는 환자들은 각각의 삶에 주어지는 책임과 배움

---

51 춘천 MBC, 위의 다큐

의 과제를 무책임하고 참을성 없게 벗어던지는 행위로 인해 씻을 수 없는 아픈 기억을 남기게 되고,[52] 자살을 선택한 순간부터 그 행위를 후회하게 된다. 그 삶에서 배우고 인내해야 했던 여러 가지 어려움들을 피해 스스로 목숨을 끊었다면 죽음의 순간을 넘어선 영혼의 상태에서부터 후회와 죄책감을 가지게 된다. 그리고 그 다음에 주어지는 삶에서는, 과거 목숨을 끊었던 삶에서 감당해야 했던 원래의 과제들과 함께, '자살'이라는 어리석은 선택의 빚까지도 갚아나가야 한다. 자살을 했을 때 그 결정에 후회하고 나중에 다음 삶에서 고통을 받았던 체험을 증언하는 최면치료 사례들이 많다고 김영우는 강조한다.[53]

"나는 자살을 많이 했다"

또 다른 사례인 30대 여성 K씨도 김 박사가 소개했다. 그는 현재 전업주부로 종교가 없다. 이공계 엔지니어 직업을 갖고 있었고 이성적이고 과학적인 사고를 중시하는 집안에서 살아온 사람이다. 어릴 때부터 악몽에 시달려서 견딜 수 없었다. 그러한 상황이 고통스러울 정도로 자주 반복되다 보니 김 박사를 찾게 되었다. 최면치료를 받으면서 이러한 꿈을 꾸는 원인에 대해 알게 되었다. 최근에 그녀는 꿈을 전혀 꾸지 않는다. 더 이상 병원에서 치료받을 필요가

---

52 한림대 생사학연구소 주최 세미나, 위의 자료집.

53 오진탁, 『자살 예방 해법은 있다』, 74~75쪽.

없다고 한다. 그녀에 따르면 최면치료를 통해 과거를 보는 패턴이 사람마다 다르다고 한다. 김영우 박사를 만나기 전에 그의 최면치료 도구(CD, 책)로 최면을 시도해 본 적이 있었지만 모두 실패했다. 그러다 최근에 다시 구입하여 시도를 해보았더니 갑작스럽게 과거를 경험했다.

질문: 본인은 왜 자살 충동을 자주 느꼈는가?

답변: 나는 자살을 많이 한 적이 있는 것 같다. 그러한 이유를 해결하지 않고 자살을 해서 현재도 자꾸 그러한 이유들이 생겨나는 것 같다. 그 문제를 해결할 때까지 그리한 이유들은 생겨날 것 같다.

질문: 사람이 육체만의 존재가 아니라 영혼도 있다는 것을 사실로 알고 있는가?

답변: 영혼의 존재는 마음으로 느끼는 것이다. 마음으로 알고 또한 충분히 느끼고 있기 때문에 그러한 사실을 의심하지 않는다. 내가 직접 체험하고 느꼈기 때문에 의심할 수 없다. 내가 말하고 싶은 것은, 최면치료가 굉장히 유용한 치료이고 우리의 문제를 해결해 줄 수 있는 효과적인 치료 방법이다. 하지만 자기 자신의 문제를 해결하겠다는 적극적인 의지, 자기 문제에 대해 깊이 있게 고민해 보는 의지도 중요하다.

질문: 영혼은 미신이라고 말하는 사람도 있는데, 영혼의 존재를

최면치료를 통해 자신의 자살을 직접 보았던 K씨. "나는 자살을 많이 한 적이 있는 것 같다. 이유를 해결하지 않고 자살을 해서 현재도 자꾸 그러한 이유들이 생겨나는 것 같다. 영혼의 존재는 마음으로 알고 또한 충분히 느꼈기 때문에 그러한 사실을 의심하지 않는다. 영혼의 존재는 마음으로 느끼는 것이다. 최면치료를 통해 직접 체험했기 때문에 영혼의 존재를 의심할 수 없다."

믿지 않는 사람들에게 본인의 전생 체험을 어떻게 설명할 것인가?

답변: 아직 과학이 발전하지 못해 믿지 않는 것일 뿐이다. 19세기 사람들도 자신이 첨단 과학문명 속에서 살아가고 있다고 믿었을 것이다. 하지만 그들은 스마트폰을 믿지 못할 것이다. 전생 문제는 과학이 덜 발달했기 때문이지, 과학이 더 발달하면 증명이 될 것이라 생각된다.

질문: 자살을 생각하는 사람들에게 하고 싶은 말은 무엇인가?

답변: 나도 자살 충동이나 살인 충동을 느낀 적이 있다. 청소년기에 아주 심했다. 억울한 일을 당하면 청소년들은 살인 충동, 자신의 삶도 끝내겠다는 자살 충동이 일어난다. 내

가 자살을 하지 않은 이유는 전생에서 나는 성적 수치심을 느끼고 자살한 적이 있기 때문이 아닌가 한다. 하지만 그 때 당시에는 정말 죽고 싶을 만큼 고통스러웠다. 나를 괴롭힌 사람들 때문에 인생을 망칠 필요가 있는지 그때 생각했다.[54]

최면치료 전문가 김영우 박사(정신건강의학 전문의) 인터뷰

질문: 태어나면서부터 어둠이나 불안증세가 있고 병원에 다녀도 치료가 되지 않는 환자들이 많다. 최면치료를 통해 지난 과거에 자신이 자살한 장면을 직접 보았던 시례가 있는가?

답변: 알 수 없는 우울증, 원인을 찾을 수 없을 때, 최면치료를 통해 원인을 찾아가는 작업을 한다. 이상한 모습으로, 목을 매 자살했거나 강에 뛰어들었다거나, 슬픔을 느끼고, 죽어 있는 자신을 보면서 들었던 막막함이 또한 지금 삶에서 막막한 느낌으로 이어지고 있는 사례를 본 적이 있다. 과거 삶의 막막한 느낌, 이런 기억의 사실 여부 논란은 시간이 더 필요하지만, 적어도 당사자에게는 정서적으로 실제성을 지닌다는 것을 받아들여야 한다.

---

54 춘천 MBC, 위의 다큐. 유튜브 동영상 "최면치료를 받은 K씨"를 클릭하면 K씨 인터뷰를 직접 보고 들을 수 있다.

질문: 자살예비군이 우리 사회에 상당히 많다. 자살이 고통을 해방시켜 줄 것이라고 기대하고 있는 사람들에게 해주고 싶은 말이 있다면?

답변: 죽음이 무엇인지 알면 자살을 시도하지 않을 것이다. 죽음 이후의 세계에 대해 이해하고 있다면, 자살을 선택할 수 있는 그런 마음이 생기지 않을 것이다. 자살과 같은 방식으로 지금 해야 할 일을 중간에 뚝 잘라서, 자기 책임을 딱 잘라버리고 도망간다면 나중에 찾아올 후유증은 크다. 죽음 이후에도 존재는 소멸되지 않는다는 사실을 알아야 한다. 죽음이 끝이 아니라는 사실을 학교에서 가르쳐야 한다.

질문: 사람들이 죽음을 준비해야 하는 이유는?

답변: 환자들에게 수업시간만 생각하고 끝나고 뭐할지는 생각 안 하느냐, 교실에서 인생이 끝나는 거냐고 물어보면 이해한다. 환자들이 최면치료 중에 죽은 자신의 육신을 허공에서 내려다보며 죽음을 체험하는 경우가 있는데, 이를 통해 죽음 이후에 자기 존재가 있다는 것을 알게 된다. 죽음 이후에 자기 존재가 있다면, 아무 준비 없이 쇼크 상태로 죽는 것은 바람직하지 않다. 내일을 걱정하는 것이 자연스러운 현상인데, 죽음을 이런 맥락에서 이해하면 된다고 생각한다. 삶이 얼마 남지 않는 사람들은 죽음을 보다 적극적으로 준비해야 한다. 자발적으로 공부할 여유가 없다면 주

변에서 도와주어야 한다. 평소에 삶과 죽음에 대한 준비가 되어 있어야 갑작스러운 죽음을 겪었을 때도 마음에 위안을 얻을 수 있다. 이별과 상실에 대해 일상생활에서 자연스럽게 공부해야 한다.[55]

정신과 치료를 받는 사람들을 모자라거나 의지력이 약해서 정신병이 걸린 것이 아니냐고 생각하지만, 전혀 그렇지 않다고 김 박사는 말한다. 정신적인 질환이나 증상, 우울증에 걸린 사람은 다리가 부러진 사람이 걸을 수 없는 것처럼 아무것도 할 수 없다. 의지력으로 극복하려고 해도 되지 않는다. 또한 정신건강과에서 상담치료를 받는 것은 효과를 보기가 어렵다고 김 박사는 말한다. 사람마다 선입견이나 자신을 보호하려는 방어벽 때문에 그것을 뚫기가 힘들기 때문이다. 정신건강과 의사들이 상담치료, 분석치료를 해도 투자되는 시간이나 노력에 비해 결과가 신통치 않다. 김영우 박사는 정신분석치료를 많이 해보았지만 환자에게 도움이 별로 안 된다고 말한다. 그러니까 심리치료보다 약물치료에 더 의존하게 되는 것이다. 약물치료에 의지하는 이유는 환자의 심층을 파고 들어가지 못하기 때문이다.

55　유튜브 동영상 "김영우 박사 인터뷰 1부"

자살 유행의 근본 원인, 생사관의 부재

최면치료는 테크닉으로 되는 게 아니다. 내면을 건드릴 수 있을 때, 환자는 많은 변화를 하게 된다. 환자의 내면을 파고 들어가는 것은 상담치료, 정신분석, 약물치료로는 가능하지 않다. 최면치료는 이러한 보호막을 전부 해제하면서 들어가기 때문에 김 박사에게 있어서는 가장 쉽다. 한 사람의 내면에 도달하기에는 아주 효과적인 방법이다. 김 박사는 지금까지 효과적으로 최면치료를 하기 위해 25,000시간 동안 임상경험을 했다. 다양한 치료에 실패한 사람들이 김 박사 병원을 찾아오면 환자 개개인에게 맞게 디자인해서 치료해 왔다. 국내에 최면을 한다는 사람들이 많이 늘어났는데, 최면 하나만을 가지고 치료를 할 수는 없다고 김 박사는 강조한다.

보편적인 상담·분석과 같은 의학적인 틀이 있는 상태에서 최면을 접목시켜야 시너지 효과가 난다는 것. 그는 최면을 많이 활용하면서 정신건강의학 방식으로 치료를 하고 있다. 서투른 최면은 환자에게 큰 도움이 되지 않는다. 그 사람의 내면으로 들어가기 위해서는 노하우가 필요하다. 최면치료는 서로의 신뢰와 충분한 설명을 통해 환자가 오해하지 않고 편안하게 받아들일 수 있게 해야 한다. 치료는 기술이나 테크닉으로 되는 게 아니다. 최면치료에 필요한 것은 의사와 환자 간의 상호 신뢰, 최면치료에 대한 오해나 두려움 없이 환자가 편안한 마음으로 최면에 들어가야 효과를 볼 수 있다. 또 환자가 원하는 다양한 주제에 대해 열린 마음으로 치료자가 대화할 수 있어야 한다. 그런 의미에서 치료자는 계속 업그레이드

되어야 하고 어떤 환자든지 치료할 수 있는 큰 그릇이 되어야 한다고 김 박사는 지적한다.

우리 사회에서는 자살이 현안이라고 말하지만, 그보다 큰 문제가 생사관이나 가치관 부재라는 지적에 김 박사는 동의한다. 상담이나 약물치료 이전에 자살 선택이 왜 잘못이고, 그런 선택을 하면 어떤 결과가 나오는지, 객관적인 근거로 차분히 교육을 할 수 있는 제도적 장치가 필요하다는 것이다. 죽음이 뭔지, 죽은 다음에 어떤 일이 일어나는지, 생명의 본질이 무엇인지 좀 더 차원 높은 생명 교육이 우선적으로 필요하다고 김 박사는 말한다. 그리고 정신건강과 의사는 그에게 있어서 하나의 측면이고 보다 깊은 근원적인 욕구가 있다. 정신과 의사라는 자리에서 다양한 학문을 융합하는 것, 예를 들어 최면치료와 과학적인 자료를 접목시키고 싶은 것이 그의 꿈이다. 인간의 생활에 영향을 주는 모든 영역을 통합해 큰 그림, 통합이론을 만들어 모두가 바르게 설 수 있는 근본원리를 만드는 것, 그런 것이 있어야만 인생관에 어떤 기준이 잡힐 것이라고 김 박사는 말한다.[56]

최면치료 중에 나타난 '빛'을 향해 "먼저 죽은 어린 딸을 만나기 위해서 자살해도 좋은가"라고 물어봤더니 이런 답변이 돌아왔다.

---

[56] 유튜브 동영상 "김영우 박사 인터뷰 2부"

의사: 빛에게 물어봐 주세요. '딸을 빨리 만나고 싶은데 일찍 죽어도 괜찮나요?'

환자: ……'일이 다 끝난 후에'…… 일이 다 끝나기 전에는 죽어서는 안 된답니다.

의사: '딸을 일찍 만나려고 자살한다면 어떻게 되나요?' 빛에게 물어봐 주세요.

환자: ……내가 어두운 곳에 있습니다.…… 어두운 곳에서 위를 보고 있습니다.…… 위에는 높은 곳에 빛이 보입니다.…… 어두운 곳에 있으면서 위쪽의 높은 곳에 있는 빛을 쳐다보고 있습니다.

의사: '이 광경은 어떤 의미입니까?' 빛에게 물어봐 주세요.

환자: '자살하면 안 돼'…… '자살하면 딸을 만날 수 없어' 말하고 있습니다.

의사: '이대로 계속 노력하며 살아간다면 딸을 만날 수 있겠습니까?' 물어보세요.

환자: '물론이지'라고.[57]

---

57 이이다 후미히꼬, 『사는 보람의 창조』, 381~382쪽.

3) 불교의 천도재와 구병시식: "자살, 끝이 아니더라"

매주 성당이나 교회, 사찰에 가는 사람이 꽤 많지만, 그중에 성경이
나 불경에 나오는 죽음과 관련한 가르침을 일상생활에서 확신하고
있는 사람은 얼마나 될까? 예수님이나 부처님은 "죽음은 끝이 아니
라 새로운 시작"이라고 가르치고 있지만, 자살이 현실 고통의 해결
책이라고 착각하는 사람이 넘쳐나고 자살 예비군이 갈수록 늘어나
는 현상은 어떻게 설명할 수 있을까? 그것은 예수님 말씀대로, 부
처님 가르침대로 죽음이 끝이 아님을 분명히 알면서 삶을 영위하
고 죽음을 준비하다가 때가 되면 삶을 여유 있게 마무리하는 사람
이 거의 없다는 뜻으로 해석할 수 있다.

티벳 사원 삼예사

티벳 사람, "자살해도 고통은 계속된다"

티벳의 보통사람들은 죽음과 자살을 어떻게 이해하고 있을까? 티벳 사람들의 죽음 이해는 우리와 어떻게 다른가? 티벳 사람들의 죽음 이해를 직접 알아보기 위해 촬영 팀과 함께 티벳 라싸를 찾아갔다. 티벳인들에게 영혼이 모이는 곳으로 통하는 삼예산 삼예사에서 대학을 졸업하고 영어·일본어·중국어 가이드로 일하고 있는 20대 중반의 '니드롱'이라는 여성을 만났다.

질문: 티벳 사람들은 죽을 때 '조장'을 원하는데 그 이유는 무엇인가?

답변: 조장을 할 경우 육체를 먹은 독수리가 내 육체와 함께 하늘로 날아가는 역할을 해준다고 믿기 때문에 많은 사람들

티벳 20대 여성. "한국인은 죽으면 끝이라고 생각한다는 말을 듣고 나는 크게 놀랐다. 자살한다고 고통이 끝나는 게 아니다. 티벳에서는 자살하는 사람이 없다. 티벳인은 윤회를 믿기 때문에 자살해도 고통은 계속된다고 생각한다."

이 조장을 원한다.

질문: 영혼을 믿지 않아 죽으면 다 끝난다고 생각하는 한국인에게 어떻게 설명해 줄 수 있는가?

답변: 자살하는 한국인들이 많다는 소식은 마음이 아프다. 한국인이 죽으면 끝이라고 생각한다는 말을 듣고 나는 크게 놀랐다.

질문: 티벳에서 자살한 사람을 보거나 들어본 적 있나?

답변: 들어본 적 없다.

질문: 자살 이야기를 들어본 적이 없다는 것이 우리는 이해하기 어려운데?

답변: 자살을 예방하는 다큐를 멀리 티벳까지 찾아와서 촬영하는 게 나도 놀랍다.

질문: 죽으면 고통이 끝난다고 생각하나?

답변: 자살한다고 고통이 끝나는 게 아니다. 티벳은 윤회를 믿기 때문에 자살을 해도 그 고통은 계속된다고 생각한다.

질문: 그 고통이 어떻게 연속되는가?

답변: 티벳에서는 어릴 때부터 윤회 교육을 받는다. 좋은 일을 했든지 나쁜 일을 했든지 항상 자기 자신에게 돌아온다. 자살을 한다고 모든 것이 끝나는 것은 아니라고 모든 티벳인들은 생각한다.[58]

천장 체험 가족

티벳 특유의 자연환경과 죽음 이해가 잘 드러나 있는 현상이 바로 천장天葬이다. 사람이 죽고 영혼이 시신에서 분리되면, 시신을 메고 독수리들이 기다리고 있는 천장 터로 간다. 천장사가 시신을 해체하면 독수리들이 몰려들어 시신을 먹는다. 뼈가 남으면 빻아서 보릿가루에 묻혀 독수리에게 준다. 살아생전에 먹거리가 부족해서 야크라는 짐승의 고기를 먹었으므로, 죽으면 천장을 통해 시신을 짐승에게 보시하는 것이다. 천장은 고산지대라는 티벳의 자연환경과 죽음 이해에 알맞은 시신 처리 방식이다. 부모의 시신을 어떻게 독수리에게 줄 수 있을까. 우리 상식으로는 상상하기 어려운 일이다. 사람이 죽어 영혼이 시신에서 분리되면, 시신은 입다가 남겨진 옷에 불과하다고 달라이 라마는 가르쳤다. 죽으면 시신으로부

---

58 오진탁, 『자살 예방 해법은 있다』, 109~110쪽.

터 영혼이 떠나므로, 죽는다고 끝이 아니라는 것은, 티벳에서 누구나 알고 있는 상식으로 통한다. 그곳에서는 놀랍게도, 포와 수행법을 통해 시신에서 영혼이 분리되었는지 확인한다. 사람이 죽으면 시신은 남겨진 옷가지에 불과하므로, 티벳인 누구나 천장으로 자기 장례를 치르기를 바라고 있다.

어느 날 라싸 인근 삼예사 조장鳥葬[59] 터를 둘러보다가, 중국 청해성에서 3일 동안 버스를 타고 그곳을 찾은 가족을 만났다. 그들은 천장 터에 순서대로 잠깐씩 누웠다. 왜 천장 터에 누워보았느냐고 물었더니, 자기도 죽으면 그곳에 누워 조장을 지낼 것이라고 했다. 천장을 지내는 것은 우리의 명예라고 디벳인은 아무 거리낌 없이 답한다. 천장 터 순례를 통해 죽음 준비와 함께, 삶을 제대로 영위하라는 가르침을 되새기는 삶의 준비를 티벳인은 배우고 있다. 티벳인들은 전혀 죽음을 두려워하지 않고, 죽음을 자연스럽게, 당연히 지나가야 할 하나의 과정으로 받아들인다.

천장 터 순례 가족

아버지 취췬쟈 31세, 아내 즈끼 21세, 아들 럽씨쟈 7세, 조카 칩빠 21세.

---

59 티벳에서는 천장, 혹은 조장이라고 부른다. 죽은 사람의 시신을 독수리에게 보시해 독수리와 함께 하늘로 올라간다고 해서 천장이라 하고, 독수리가 시신을 먹는다고 해서 조장이라 부르기도 한다.

티벳 랑구스 천장 터

천장 터 순례 가족

어른을 따라 어린이도 천장 터에 누워본다. 어린이 죽음준비교육의 현장. 죽
으면 천장을 통해 시신을 장례 지내는 것이 티벳인 모두의 희망사항이다.

질문: 어디서 왔는가?

답변: 청해성 암도 지역에서 왔다.

질문: 가족 소개를 해 달라.

답변: 아내와 아들, 조카와 함께 천장 터를 방문했다.

질문: 어떻게 왔는가?

답변: 삼예산 천장 터를 순례하기 위해 4일 동안 버스를 타고 왔다.

질문: 이곳의 방문 목적은 무엇인가?

답변: 천장 터를 순례하고 기도를 드리러 왔다.

질문: 천장 터에 한 번씩 돌아가면서 눕는 이유가 무엇인가?

답변: 우리가 죽으면 천장 터에서 시신을 장례지내는 것이 티벳인 모두의 소망이다. 나중에 죽어서 '신제'(gshinrje, 염라대왕) 앞에 섰을 때 쉽게 통과할 수 있도록 천장 터를 방문해 죽음을 미리 연습한 것이다. 아이한테도 똑같이 죽음 연습을 시켰다. 죽음은 어른뿐만 아니라 어린아이에게도 똑같이 찾아오는 게 아닌가.

질문: 죽는 것이 두렵지 않은가?

답변: 죽는 것은 두렵지 않다. 죽는다고 해서 다 끝나는 게 아니기 때문이다.

질문: 자살하고 싶었던 적이 있는가?

답변: 살기 힘들다고 해도, 자살을 생각본 적이 한 번도 없다.[60]

---

60 오진탁, 『자살 예방 해법은 있다』, 167~168쪽.

죽음 이해의 차이, 삶의 방식 차이로 이어진다

죽음 이해의 차이는 삶에 대한 이해와 삶의 방식에 크게 영향을 미친다. 우리 사회에서는 살다가 어려움이 닥치면, 마치 해결책이라도 되는 듯이 자살 충동을 느끼는 경향이 있다. 그래서 자살률 1위가 된 게 아닌가. 경제적으로 잘 사는 한국에서 자살이 많이 발생한다는 사실에 티벳인들은 크게 놀란다. "조금 힘들다고 어떻게 자살할 수 있는가?" 죽는다고 해서 모든 게 끝나는 게 아니므로, 삶의 고통을 자살로 해결될 일이 아니라고 티벳인은 생각한다. 오히려 삶의 고통을 자신에게 주어진 기회 혹은 축복으로 간주한다. 삶의 고통을 수용해야만 미래에 보다 나은 삶을 만날 수 있으므로 삶의 고통으로 인해 자살로 뛰어드는 일은 없다. 이처럼 고통 인식이 우리와는 크게 다르기 때문에 티벳인들에게서 스트레스, 우울증, 자살 사례를 들어본 적이 없다. 오히려 현실에 크게 절망하더라도 자신의 고통에 눈을 감기보다 상처를 감내한다. 부정적인 경험이 실제로 의미하는 바를 알고 축복으로 승화시킬 수 있기 때문이다. 우리 사회는 죽음 이해가 크게 부족하여 세속적인 가치에 함몰되는 일이 많다. 죽음을 제대로 알지 못한 채 오로지 세상일에만 탐닉하다가 임종 순간을 여유 있게 맞지 못하는 것은 어쩌면 사필귀정事必歸正이 아닐까 싶다.

구병시식 치유사례: "자살, 끝이 아니더라"

만일 자살해서 모든 문제가 해결된다면 좋겠지만, 스스로 귀한 목숨을 끊었기 때문에 현실에서 지금 받고 있는 고통보다 더 큰 고통을 죽어서도 받게 된다.[61] 구병시식[62]을 40여 년 동안 하고 있는 차길진 법사는 우리 사회의 자살률 급증 현상에 대해 '자살체험 학습 프로그램'을 운영하고 싶다고 말한다. 자살자 영혼들이 죽음 이후 어떤 고통을 받고 있는지 직접 체험해 보면 자살률이 뚝 떨어지리라고 그는 장담한다.[63] 차길진 법사에 따르면, 영과 육이 분리되는

---

61 천진·현현, 『지리산 스님들의 못 말리는 행복 이야기』, 불광출판사, 2010, 28쪽.

62 탤런트 김수미의 구병시식救病施食으로 유명한 묘심화妙心華 스님을 취재한 BBC 방송 'Kick Ass Miracles' 다큐팀 앤드류 페터 PD는 "막상 한국의 구병시식과 빙의 퇴마의식을 접하니 매우 흥미롭다. 평소 영혼의 존재를 믿고 빙의 현상에 대한 신빙성에 공감하는 입장이라 더 관심 있게 지켜봤다"라고 소감을 밝혔다. 방송 진행을 맡은 크리스 크루델리 씨도 "아시아 국가의 다양한 전통 의식을 지켜봤지만 가장 인상적이었다"며 놀라움을 감추지 못했다. 묘심화 스님의 구병시식을 취재한 다큐는 2006년 4월 전 세계 40여 개 국에 방영되었다.(스포츠조선, 2005년 9월 13일)

63 1950년대 말, 차 법사는 15살 때 참석한 시위현장에서 영원히 잊지 못할 현상을 목격했다. 시위대의 박수를 받으며 소방차 위에서 "타도! 이승만 정권!"을 외치던 학교 선배가 갑자기 중심을 잃고 휘청이더니 바로 옆을 지나던 고압선에 감전되어 떨어져 죽었다. '악' 하는 비명소리도 잠깐, 차 법사는 죽은 선배의 몸에서 그의 영혼이 빠져나오는 것을 목격해 너무 놀라 뒷걸음 질치고 말았다. 영화 「사랑과 영혼」에서 남자 주인공이 죽는 순간 육체로부

순간은 흔히 생과 사의 갈림길이다. 육신은 흙으로 돌아가고 영은 영혼의 세계로 가는 분기점이다. 인간은 누구나 그 길을 거쳐 새로운 세계에서 또 다른 삶을 누리게 된다. 영육이 합일된 인간으로 태어나는 일이 제 마음대로 되는 것이 아니듯이, 유명을 달리해 영혼의 세계에서 또 다른 삶을 누리는 것 역시 자기 의사와는 전혀 상관없이 이루어지는 것이다.[64]

"자살하면 끝인 줄 알았습니다. 그러나 끝이 아니더라구요."

차 법사의 구병시식에 나타난 자살자 영혼들이 공통적으로 하는 말이다. 어떤 경우에서든 자살은 안 된다. 수많은 자살자 영혼들은 자살을 후회한다고 말한다. 그들은 현재 살아 있을 때보다 더 큰 고통을 당하고 있으며, 끔찍한 모습으로 구병시식 현장에서 눈물을 흘렸다. 현실의 괴로움에서 벗어나기 위해 '다 잊고 잠이나 자자'는 심정으로 자살을 선택했지만, 죽은 뒤 더 큰 고통을 받게 될 줄은 꿈에도 생각하지 못했을 것이다. 게다가 구병시식에 나타난 자살자 영혼들은 천도하기도 힘들다. 자살자가 갖고 있는 원한도 크지만 무엇보다 영계에서 자살자에게 내린 벌이 엄중해 아무리 구병시식이라 해도 그 죄를 덜어줄 수 없기 때문이다.[65]

터 영혼이 빠져나왔듯이, 그 선배 역시 그런 모습이었다. 다른 사람의 눈에 선배의 영혼이 보일 리 없었지만, 차 법사만은 그 영혼을 목격할 수 있었다.

64　차길진, 『영혼의 X파일 1』, 후암, 2007, 105쪽.
65　일간스포츠, 2010년 7월 15일.

얼마 전 한 남자가 구병시식 후 자살하고 싶다며 차 법사를 찾아왔다. 그는 아내가 죽은 뒤 심각한 우울증에 시달리고 있었다. "이 세상에 저를 사랑하고 이해해 줬던 유일한 사람입니다. 아내가 없는 세상에선 살아갈 이유가 없습니다." 그는 중증 우울증 환자였다. 이렇게 살 바엔 차라리 구병시식으로 아내를 만난 뒤 깔끔하게 이 세상을 떠나겠다고 굳게 결심했다. 주변에서는 구병시식을 말렸다. 정말 그가 구병시식 후 자살하면 어쩌냐는 것이었다. 하지만 차 법사는 장담했다. "그는 결코 자살하지 않을 겁니다." 결국 모든 이들의 걱정 속에 구병시식이 시작됐다.

"당신, 왜 자살하는 약을 갖고 있어요? 내가 당신을 얼마나 사랑하는데. 나도 당신과 같이 있고 싶지만 이 방법은 아니에요!" 아내 영혼은 나타나자마자 남편을 달랬다. 남편도 아내 영혼의 사랑을 느꼈는지 참았던 눈물을 봇물처럼 터뜨렸다. "여보, 미안해. 하지만 당신 없이 한순간도 못 살 것 같았어. 내가 잘못했어." 구병시식 후 그는 아내의 사랑을 확인하곤 우울증에서 벗어났다. 물론 자살도 하지 않았다. 그는 아내의 당부대로 아이들을 위해 좋은 아빠로 돌아가 열심히 살고 있다고 한다.[66]

---

66 일간스포츠, 2010년 3월 9일.

아버지의 자살 이후 계속 이어지는 자살 행렬

어느 날 친구로부터 차 법사에게 전화가 왔다. 친구는 심한 우울증을 앓고 있었다. 그의 아버지는 불치의 병에 걸려 치료가 잘 되지 않자 죽음을 택했다. 그의 큰아버지 또한 자살했다. 큰아버지의 자식들인 사촌 남동생이 독약을 먹고 자살했으며, 사촌 여동생은 목매달아 죽었다. 여기에 자신에게 문득문득 엄습하는 우울증은 자살만이 살 길인 것처럼 느껴지게 했다. 친구를 위해 구병시식을 해 본 결과, 일본의 게이샤의 원혼이 집안을 떠나지 않고 맴돌고 있기 때문이었다. 게이샤의 영혼에 한을 안겨준 것은 친구의 아버지였다. 그의 아버지는 군수로 재직하던 당시 일본을 여행할 기회가 있었다. 그때 그는 시모노세키의 한 유곽遊廓에서 잠을 자게 됐다. 그는 여기서 일본인 게이샤를 만나 하룻밤을 지내게 됐는데, 그녀에게 몸값을 속량해 주기로 약속했다. 하지만 그는 약속을 지키지 않고 우리나라로 건너왔다. 한마디라도 일단 약속하면 반드시 그것을 지키는 것이 일본인이다. 평생 자신을 유곽에서 구해 줄 남자를 기다리던 게이샤의 배신감과 비참함은 도저히 상상하지 못할 정도였다.

한국인 남자에 대한 한은 결국 그녀를 자살하게끔 만들었다. 이후 충주 친구의 집안을 맴돌면서…… '스스로 자살하게끔 만드는 보이지 않는 힘'은 바로 한 많은 일본인 여성의 원혼이 있었기 때문이었다. 구병시식을 하는 동안 게이샤 여성은 쌓인 한을 주체하지 못했다. 그녀의 영혼을 담는 그릇으로 일본 인형과 꽃을 사서 예를 지내고는 그 꽃과 인형을 강물에 띄워 보냈다. 남자의 한마디 말에 자신의 운명을 걸고 있었던 일본 게이샤 여성과의 약속을 지키지 못한 것이 결국 그 집안사람 4명의 목숨을 빼앗아가게 만들고 만 것이다. 그리고 살아 있는 자들도 '살아는 있는데 살아 있는 게 아닌' 상태로 만들었다.[67]

소녀의 자살 이후 급사가 이어졌다

어떤 여성이 딸을 위한 구병시식을 해주고 싶다고 차길진 법사를 찾아왔다. 부인의 딸은 중학교 3학년생이었는데, 얼마 전에 아파트에서 뛰어내려 목숨을 끊었다. 짧은 생을 스스로 마감하고 이제는 다른 세계에서 한이 맺혀 있을 소녀와의 만남을 위해 구병시식을 행했다. 소녀는 생전에 차 법사와 안면이 있던 아이였고, 소녀의 영혼도 차 법사를 금세 알아봤다. 소녀가 죽은 지 얼마쯤 지나서부터 함께 어울려 다니던 사내아이들에게 심상치 않은 일이 벌어지기 시작했다. 소녀의 친구 오빠가 남한산성에 놀러 갔다가 실족해서 목숨을 잃는 사고가 생겼다. 얼마 뒤에는 소녀를 데리고 다니며 함께 어울렸던 삼촌이 필리핀에 갔다가 갑자기 심장마비로 세상을 떠났다. 배를 타고 제주도에 가던 또 다른 아이가 느닷없이 쇼크사한 일도 있었다.

　사내애들과 어울리기 좋아하던 소녀가 친구네 집에서 삼촌들과

67　차길진, 『영혼은 비자가 없다』, 후암, 2007, 102쪽.

놀다가 성폭행을 당한 것이다. 그 뒤 임신한 사실을 알고 절망감에 몸부림치다가 스스로 목숨을 끊었다. 어린 소녀의 영혼은 분노 그 자체였다. 생전에 그녀와 어울려 다니던 사내애들의 잇단 죽음도 한 맺힌 어린 소녀의 영혼이 저지른 복수였다. "법사님, 복수를 했으니 이제 제자리로 돌아가고 싶습니다." 어린 소녀의 영혼은 지쳐 있었다. 한때의 불장난이 비극적인 사건이 되어 유명을 달리한 네 명의 영혼들은 영계에서도 정처 없이 떠돌고 있었다. 차 법사는 복수의 일념으로 구천을 떠돌던 어린 소녀의 영혼을 위로하고 안식을 취하도록 했다.[68]

불교에서는 자살도 타살로 분류된다. 누군가가 자살자를 꾀어 죽게 만들었다는 것이다. 자살은 자신을 살인하는 범죄다. 자살이야말로 가장 고통스러운 고뇌의 길로 가는 직행 코스인 것이다. "자살하면 끝인 줄 알았다. 그러나 끝이 아니더라." 구병시식에 나타난 자살자 영혼들이 공통적으로 하는 말이다. 따라서 우리 사회의 오래된 민간신앙인 무속, 현대 정신건강의학의 최면치료, 그리고 불교의 구병시식을 통해 제시했듯이, 자살 이후 큰 고통을 겪는 것을 증언하고 있다. 어떤 경우에서든 자살은 안 된다. 수많은 자살자 영혼들은 자살을 후회한다고 말한다. 지금까지 살펴보았듯이, 자살자는 현재 살아 있을 때보다 더 큰 고통을 당하고 있으며, 끔찍한 모습으로 구병시식, 최면치료, 그리고 무속의 현장에서 눈물을 흘렸

---

68 차길진, 『영혼의 X파일 1』, 105~107쪽.

다. 현실의 괴로움에서 벗어나기 위해 '다 잊고 잠이나 자자'는 심정으로 자살을 선택했지만, 죽은 뒤 더 큰 고통을 받게 될 줄은 꿈에도 생각하지 못했을 것이다.

4) 자살하면 다음 삶에서 똑같은 과제를 만난다

서양에서 생사학을 창시한 정신건강 전문 의사, 퀴블러-로스(Elisabeth Kuebler-Ross, 1926~2004)는 많은 사람들이 편안히 죽음을 맞을 수 있도록 도움을 아끼지 않은 사람이다. 그녀는 죽음을 앞두고 고통을 겪고 있는 환자들을 세심하게 보살핌으로써 단 한 사람도 자살을 택하지 않도록 인도했다. 환자들이 병으로 인한 고통을 참지 못해 자살하려 할 때마다 그녀는 그들을 괴롭히는 것이 무엇인지 물었다. 육체적 고통 때문이라면 약물 처방을 통해 효과적으로 통증을 치료했고, 가족 문제라고 말하면 그것을 해결해 주기 위해 노력했으며, 우울증 때문이라면 효과적으로 치료될 수 있도록 도왔다. 그녀의 목표는 사람들이 자연사할 때까지 존엄성을 지키다가 후회 없이 다음 생을 맞이하도록 돕는 데 있었다.

자살은 아직 자신이 배워야 할 과제를 남겨둔 채 죽는 행위이다. 자살하면 다음 단계로 넘어가지 못하고 처음부터 다시 시작해야 하기 때문이다. 어떤 여자가 남자친구와 헤어지고 더 이상 살 수 없어 자살하려고 한다면 그녀는 다시 상실과 함께 사는 법을 배

위야 한다.[69]

퀴블러-로스에 따르면, 삶에서 우리가 마주치는 어려움은 우리 삶에 주어지는 일종의 과제로서 스스로 수용하고 극복해야 할 것이라고 한다. 우리의 영혼은 이 과제를 마쳐야만 다음 단계로 넘어갈 수 있다는 얘기다. 만일 자살을 택함으로써 과제를 마치지 못했다면, 우리는 다음 삶에서 똑같은 과제를 만나게 된다. 결국 자살은 자신이 감당해야 할 일을 뒤로 미루는 어리석은 행위일 뿐이며, 미뤄진 과제는 죽은 이후에도 계속 그를 따라 다니게 된다. 삶에서 마주치는 어려움들을 피해 자살했다면, 남겨진 영혼은 후회와 죄책감에서 벗어날 수 없다. 게다가 새로운 삶에서는 원래 감당해야 했던 과제와 함께, 자살이라는 어리석은 선택의 책임까지도 짊어져야 한다.[70]

69 퀴블러-로스, 박충구 역, 『삶과 죽음에 대한 기억』, 가치창조, 2001, 274쪽.
70 퀴블러-로스, 위의 책, 274쪽.

제4부

생사학의 치유 효과

1장
생사학으로 우울증 치료한다[1]

＼

앞에서 유서 분석을 통해 자살자의 주장이 잘못된 죽음 이해에 근거해 있음이 밝혀졌다. 불교의 구병시식, 최면치료, 임사체험, 무속 등의 관점에서 보면 자살 현상의 밑바탕에는 '죽음에 대한 오해'가 깔려 있다. 자살에 대한 근본적인 해결책은 정확하게 "죽음이란 무엇을 의미하는가", "자살이 무엇을 의미하는가" 등을 차분히 가르

---

[1] 자살 예방 효과를 보다 구체적으로 제시하기 위해 양적 분석도구를 보조적으로 활용한다. 자살 시도자 교육사례는 생사학적 분석 중심으로 제시했고, 분석 도구를 보조로 활용해 우울증을 측정했다. 물론 이 연구의 핵심은 생사학적 분석에 있고, 우울증 수치 변화는 보조자료일 뿐이다. 수강생들이 매주 인터넷 강의를 수강하고 자유게시판에 올리는 소감문, 두 가지 리포트, 첫 시간과 마지막 시간 자살과 죽음 관련 의식조사 등을 기본 자료로해서 수강생의 자살 시도와 우울증 관련 증상, 수강생 의식의 변화를 분석했다.

치는 데 있다. 죽음이 무엇을 의미하는지 안다면 자살하지 않게 된다는 사실을 우리는 알아야 한다. 바로 이것이 자살 예방의 기본으로, 삶과 죽음의 준비교육이다.

「자살 예방의 철학」은 수강생을 대상으로 분석도구를 활용해 객관적으로 분석했다. 수강생 65명 중 첫 시간에 우울증과 자살 시도 검사를 실시한 결과, 우울증으로 판정된 수강생이 7명이었다. 우울증과 자살 시도 수강생 7명은 한 학기 동안 다른 수강생들과 함께 인터넷 강의를 수강했을 뿐 한 번도 직접 만나 상담하지 않았다. 또 특별 관리를 하지도 않았지만, 15주 강의를 마치고 우울증 검사를 다시 했더니 모두 정상적인 수준으로 바뀌었다.

생사학의 치유 효과가 시사하듯이, 죽음과 삶을 깊이 있게 가르치는 생사학이 자살 예방의 해법으로 적합하다. 자살 현상의 근저에는 죽음에 대한 오해가 깔려 있으므로, 생사학 교육을 통해 죽음과 삶의 질을 향상시킬 수 있으면 자살 예방의 토대는 자연스럽게 마련될 수 있을 것이다. 지금까지 살펴보았듯이, 생사학의 관점에서 보면 자살 현상의 밑바탕에는 '죽음에 대한 잘못된 인식'이 뿌리 깊게 깔려 있다. 사실 죽음 문제에 비하면 자살 현상은 빙산의 일각에 불과할 뿐이다. 바닷물 아래에 잠겨서 우리 시야에는 잘 잡히지 않지만, 자살 현상의 몸체는 죽음에 대한 이해 부족과 불행한 임종 방식이다. 우리 사회의 죽음 이해와 임종 방식에 문제가 많아서 자살이 자주 발생하는 것일 뿐이다.

자살을 효과적으로 예방하기 위해서는 자살 자체에 초점을 맞추기보다는 이면에 숨어 있는 죽음에 대한 오해와 편견, 불행한 임종 방식에 대해 심층적으로 재검토해야 한다. 자살 문제보다 죽음에 대한 이해와 임종 방식이 훨씬 중요하고, 죽음에 대한 오해로부터 자살이 발생하기 때문이다. 생사학 전문가 칼 베커[2]도 다음과 같이 말한다.

사회심리학과 의학은 불교가 수 세기에 걸쳐 가르쳐온 사실을 점차 이해하게 되었다. 죽음은 끝이 아니다! …… 인간의 뇌 기능이 멈춘 후에도 의식은 존재한다는 증거는 의학을 통해 계속해서 밝혀지고 있다. 우리는 심장 정지와 뇌사로 죽음을 이해해야 했지만, 심장 정지와 뇌사 이후 과연 어떤 일이 일어나는지 또한 매우 중요하다. 인간의 영혼 혹은 정신이 육신의 죽음 이후에도 유가족의 기억과 삶에, 또한 죽은 당사자의 경험에 계속 유지되고 있다! 죽음에 대한 이와 같은 새로운 이해를 통해 우리는 어떻게 살아야 하는지, 어떻게 죽음을 맞이해야 하는지…… 배워야 한다. …… 그리고 자살이 더 이상 탈출구가 아님을 이해한다면, 우리는 자살을 더 잘 예방할 수 있다.[3]

---

2 일본 교토 대학 교수인 칼 베커는 세계적으로 인정받는 생사학 전문가이다.
3 칼 베커, 「죽음, 끝이 아니다」, 『웰다잉과 성숙한 장례문화를 위하여』, 서울 시설공단 주최 세미나, 2015년 9월, 27쪽.
   무디가 밝힌 자살미수자의 체험사례는 자살 예방 상담에 효과적이라고 칼 베커는 말한다. 임사체험자는 밝고 매력적인 사후세계를 체험하는 데 비해 전통문화는 육체의 죽음 이후에도 영혼이 계속 생존하는 것을 믿어 왔다. 그러나 현대 과학은 영혼 같은 정신작용은 뇌의 부산물이어서 뇌가 활동하지 않으면 정신 활동이 불가능하다고 주장한다. 의사들 대부분이 이를 믿고 있다. 그러나 주도면밀한 최근의 연구는 불교 전통의 지혜가 옳다는 사실, 뇌가 기능하지 않더라도 의식 활동이 가능하다는 것을 보여주고 있다고 칼 베커는 말한다. 1970년대 미국의 레이몬드 무디, 퀴블러-로스로부터 시작된 임사체험 연구는 과학적으로 인정받기 시작했다. 미국 버지니아 대학 의과대학의 국제임사체험협회 데이터베이스는 수천만 건의 임사체험 사례를 수집했다. 최근의 연구에 따르면, 측정 가능한 뇌 기능이 전혀 없던 파멜라 레이놀즈는 자기 신체에서 떨어진 거리에 있는 것을 자각해 기억할 수 있었고, 뇌 기능이 회복된 후에 이를 정확히 증언했다. 심장 전문 의사 마이클 새봄은 파멜라 레이놀즈의 임사체험 사례를 세밀하게 기록했다.[4]

자살미수자의 체험은 전혀 다른 내용이기 때문이다. 자살미수자의 체험은 '어둠의 체험'이라 불리는데, 어두운 우주의 한가운데서 실낱같은 빛도 보이지 않는다. 자살미수자의 '어둠의 체험'은 자살 시도자가 삶에서 겪는 좌절감, 절망감, 고독감보다 훨씬 쓸쓸하고 절망적이어서 자살 시도자는 두 번 다시 자살을 시도하지 않는다.(칼 베커, 이원호 역, 『죽음의 체험』, 생각하는 백성, 2007, 228~229쪽)

4   한림대 생사학연구소 편, 『죽음, 어떻게 이해할 것인가』, 한림대출판부, 2014, 94~95쪽.

따라서 칼 베커는 죽음을 가르쳐 자살이 더 이상 탈출구가 될 수 없음을 이해시킬 수 있다면 우리는 자살을 더 잘 예방할 수 있다고 강조한다. 임사체험과 자살미수자체험을 비교해 전하는 것만으로도 상담자에게 큰 영향을 준다는 것이다. 자살을 하면 현실보다 더 절망적인 상황에 놓인다는 사실은, 자살을 포기하고 보다 적극적으로 살고자 하는 의지를 북돋우는 계기가 되는 것이다. 미국에서도 이런 자살 예방 카운슬링은 효과를 나타내고 있다고 칼 베커는 말한다.[5]

그러므로 자살에 대한 근본적인 해결책은 결국 정확하고 깊이 있게 "죽음이란 무엇을 의미히는가", "자살이 무잇을 의미하는가", "죽음을 알면 자살하지 않는다", "자살한다고 고통이 끝나지 않는다", "자살해서는 안 되는 이유" 등을 다양한 연령층의 눈높이에 맞게 제시하는 교육에 있다. 1997년부터 대학에서 죽음 준비교육 과목을 개설해 운영했는데, 외환위기 이후 자살문제가 우리 사회에 부각되고 있어서 2005년부터 생사학의 콘텐츠를 활용해 「자살 예방의 철학」 과목을 독립시켜 가르쳤더니, 자살 예방 효과가 예상 이상으로 나오고 있다.

그러나 우리 사회에는 죽음 문제를 전문적으로 연구하는 생사학 전문가를 찾아보기가 어렵고, 더구나 생사학의 자살 예방 관련 연구는 하나도 없어서 학술연구로 진행하기가 불가능했다. 하지만

---

5 칼 베커, 앞의 책, 229쪽.

2005년부터 「자살 예방의 철학」 과목을 개설해 운영해 보니까 기대 이상의 성과를 거두었다. 단지 생사학 이론만 가르치는 게 아니라 생사학을 입증하는 다양한 동영상을 함께 제시했더니, 20대 대학생들에게 효과가 있었다. 생사학의 자살 예방 효과가 2005년부터 축적되어 있었으므로, 2007년부터 계속 책으로 출판해 오고 있다.[6]

「자살 예방의 철학」은 매주 강의와 4가지 관련 동영상이 제공된다. 수강생들에게 이 강의는 3학점을 취득하는 과목이 아니라 죽음과 자살, 그리고 삶에 대한 인식을 획기적으로 바꾸는 과목이므로 매주 성실하게 또 꾸준히 수강할 것을 권한다. 생사학의 콘텐츠로 진행되는 이 수업은 자살 예방의 효과가 높은 것으로 평가되고 있는데, 수강생들도 의식변화가 교육효과로 분명히 드러났다. 이번 연구에서는 수강생들의 의식변화와 함께, 분석도구를 활용해 우울지수의 변화를 구체적인 수치로 제시하고자 한다.[7] 이에 먼저 첫 시

---

6 오진탁, 『마지막 선물』, 세종서적, 2007.
   오진탁, 『자살, 세상에서 가장 불행한 죽음』, 세종서적, 2008.
   오진탁, 『삶, 죽음에게 길을 묻다』, 종이거울, 2010.
   오진탁, 『자살 예방 해법은 있다』, 교보문고, 2013.
   오진탁, 『자살 예방의 철학』, 청년사, 2014.

7 「자살 예방의 철학」을 수강하는 학생 65명(남자 15명, 여자 50명)이 본 연구에 참여하였다. 먼저 수강생들에게, 본 연구는 생사학 교육 이후 수강생들의 의식변화를 보기 위한 것으로, 학기 초와 학기 말에 설문조사가 이루어짐을 공지하였다. 참가 의사가 있는 학생들은 학기 초와 학기 말에 각각 온

간에 검사 결과가 우울증으로 판정되었던 수강생 7명을 집중 분석한다.[8] 어떤 힘든 일이 있었는지, 교육을 받은 이후 왜 자살을 더 이상 생각하지 않게 되었는지, 구체적으로 제시한다. 7명을 한 학기 동안 한 번도 직접 만나 상담하지 않고 다른 수강생들과 함께 「자살 예방의 철학」을 수강하는 방식으로 진행했다.

라인 설문조사 시스템에 접속하여 연구 참가 동의서에 서명하고 설문에 응답하였다. 심리학의 전문분석 도구를 통해 자살 예방 효과를 분석했더니, 의미 있는 결과가 도출되었다. 자살행동은 사전에 비해 사후에 유의미하게 감소했고, 우울 증상도 사전에 비해 사후에 유의미하게 감소했으며, 자살억제 의지가 사전에 비해 사후에 유의미하게 증가했다. 상담전문가도 자살 예방의 새 방법으로 평가했다.

8 「자살 예방의 철학」을 2005년부터 실시해 여러 차례 분석한 결과, 교육효과를 이미 여러 차례 제시(각주 6)했으므로, 일반 수강생에 대한 조사는 진행하지 않았다. 이번 연구에서는 고위험군 7명에 대한 조사에 초점을 맞추었다. 우울증 분석 도구는 상담전문가 조용래 교수의 자문을 받아 우울증 척도를 다음과 같이 구성했다. Beck 우울척도-II(Beck Depression Inventory-II: BDI-II)를 사용. BDI-II는 Beck, Steer와 Brown(1996년)이 우울 증상의 심각도를 측정하기 위해 사용해 오던 BDI를 Diagnostic and Statistical Manual of Mental Disorders-4th edition(DSM-IV; American Psychiatric Association, 1994년)의 준거에 더 적합하게 수정한 척도로, 총 21 문항의 자기 보고형 질문지·신체·정서·인지 영역에서 나타나는 우울 증상을 평가하며, 문항별로 제시되는 네 개의 문장 중 지난 2주 동안 자신의 경험에 가까운 한 문장을 선택하도록 되어 있다. 본 연구에서는 성형모 등(2008년)이 번안해 타당화한 한국판 BDI-II를 사용하였다. 본 연구에서 수집한 자료로 산출한 척도의 내적 일치도(Cronbach's α)는 90이었다.

「자살 예방의 철학」 - 수강생 최 양(사회복지학과), 평소 자살예방은 불가능하다고 생각했지만, 인강 수강 이후 예방이 가능하다고 생각을 바꾸었다.[9]

사례 1) "자살, 고통의 해결책 아니다"

우울증 점수 변화: S양 첫 시간 검사 29점, 마지막 검사 17점.[10]

자살 시도와 우울증 관련 증상: 어릴 때부터 몸이 약해서 많이 아팠

---

9   자살을 시도했던 최 양은 수업을 듣기 전까지만 해도 자살을 예방하는 것은 불가능하다고 생각했다. 최 양은 사회복지학을 전공하면서 자살예방센터를 방문한 적이 있었다. 센터에서는 자살을 시도하려는 사람들이 직접 방문하거나 전화를 할 경우에만 예방 프로그램을 제공할 뿐이었다. 센터에는 인원도 부족하고, 자살을 시도하려는 사람은 사람들의 눈에 드러나지 않는다. 다양한 동기로 자살하려는 사람을 예방하는 것은 불가능하다고 최 양은 생각했다. 하지만 「자살 예방의 철학」 수강을 통해 죽음이 끝이 아니라는 사실, 자살한다고 고통이 끝나지 않는다는 사실을 배우면서 자살을 예방할 수 있겠다고 생각한 최 양은 자발적으로 자살예방을 위해 동영상을 찍기도 했다.(유튜브 동영상 "한림대 인터넷 강좌 자살예방의 철학 2013년 1학기 수강했던 대학생 인터뷰")

10 우울증 검사에서 25점 이상이면 우울증으로 판단한다. 학기 초에 심리검사를 통해 우울증 증상을 정확히 양적으로 측정하고, 15주 동안 교육을 실시한 다음, 학기 말에 다시 우울증 검사를 통해 변화를 측정했다.

다. 어느 날 자다가 아파서 깼는데, 옆에서 잠든 가족 얼굴을 보고 순간적으로 자신의 목을 조르기 시작했다. 그때는 '나만 없으면' 하는 생각이 컸던 것 같다고 했다. 첫 번째 자살 시도 이후에도 S양은 자주 자살을 생각한다. 공부도 못하고, 꿈도 없고, 외모도 초라한 자신이 너무나 싫다고. 집에 오면 빚에 허덕이는 부모님을 볼 때마다 숨이 막혔다. 죽으면 힘든 상황에서 벗어날 수 있지 않을까 상상했다. S양은 10대 때 자살 고위험군 진단을 받았다. 그때 학교에서 받은 것은 외부기관에 상담을 받으라고 권하는 서류 한 장뿐이었다. 솔직하게 작성한 게 잘못이라는 생각이 들어 그 이후로는 마음속 이야기를 있는 그대로 쓰지 않는다고 했다.

교육 이후 변화: S양은 살다가 힘들면 어려움에서 벗어나는 방법으로 자살을 선택할 수도 있다고 생각했다. 처음에는 수업 듣는다고 과연 무엇이 나아질 수 있을까 의심했다. 그러나 한 학기 동안 생사학 교육을 받은 S양은 자살해서 모든 게 끝나는 게 아니라면, 지금 힘든 시기를 견디고 참아내야 한다고 말한다. 어떤 사람이 힘들었을 때 누군가 자기 말을 들어주었더라면 자살 생각을 바꾸었을 것이라는 말에 S양은 자기도 그런 마음이었다면서 울컥했다고 한다. 어느 누구도 고통스러운 죽음을 바라지 않지만, 단지 자신의 문제를 해결할 방법이 없어서 극단적인 선택을 하게 된다. 죽음과 자살에 대한 생사학의 체계적인 교육, 또 관련 영상자료를 통해 간접체험을 했던 S양은 자살이 현실 고통의 해결책이라는 잘못된 생각을 바꾸게 되었다. 앞으로는 더 이상 자살을 생각하지 않게 되었

다고 말한다.

사례 2) "죽는다고 고통에서 벗어나는 게 아니다"

우울증 점수 변화: B양 첫 시간 검사 31점, 학기말 검사 17점.

자살 시도와 우울증 관련 증상: B양은 중학교 3학년 때 친구 사이의 사소한 말다툼으로 학교생활이 원하는 대로 이루어지지 않자, 점점 학교와 집에서 짜증이 늘어났다. 어느 날 유서를 쓰고 자살을 결심했다. "정말 내가 살아서 뭐해. 집에서도 나를 원하지 않아. 엄마도 내가 차라리 태어나지 않았으면 좋았겠다고 말하잖아." 벽장에서 옷걸이를 꺼내 두 차례 자살을 시도했지만 실패로 끝났다. 스트레스를 받으면서 극심한 우울증과 불면증이 생겼고, 자살 시도를 할 무렵에는 거의 은둔생활을 했다.

   교육 이후 변화: 「자살 예방의 철학」을 수강하면서 B양은 자살과 죽음에 대한 의식이 정말 확연히 변했다고 했다. 더울 때나 짜증날 때나 힘들 때마다 죽겠다는 말을 입에 달고 살았지만, 이런 말이 얼마나 무서운 말인지 이제 알게 되었다. 우울한 기분이 들 때 예전에는 사람을 만나지도 않고 집에만 박혀 있었는데, 이제는 우울증이 자살로 이어질 수 있다는 생각에 친구들을 더 만나고 가족과 더 대화하려고 노력하고 있다. B양은 다음 내용에 충격을 받았다. "사람들은 죽으면 모든 게 해결된다는 잘못된 생각을 하고 있다. 생사학 교육을 통해 죽음이 끝이 아니고 인간의 성숙, 영혼의 성숙이라

는 열린 시각을 갖는 것이 바람직하다." 이전에는 자살하면 모든 게 끝난다고 생각했던 학생은, 죽음과 자살에 관련된 다양한 강의 내용과 동영상 자료를 통해 자살의 문제점을 확실히 알게 되었고, 또 『자살 예방 해법은 있다』를 읽으면서 죽는다고 문제가 해결되지 않는다는 사실을, 다양한 예시를 통해 보다 확실히 마음속에 각인시켰다.

사례 3) "자살 생각을 하지 않은 때가 없었다"

우울증 점수 변화: C양은 첫 시간 검사 28점, 마지막 검사 16점.

자살 충동과 우울증 관련 증상: 평소 우울증에 시달렸던 C양은 사는 것과 죽는 것의 고통은 같다고 느꼈다. 평소에는 굳이 살아서 고통을 받을 필요가 없고 그냥 죽어버리는 것이 좋다고 생각했다. 자살을 하나의 해결책이라 여겼다. 정말 삶이 너무 고통스러운 사람들에게는 자살이 하나의 도피처로 간주되는 것이다. 자살은 당사자의 선택이므로 다른 사람이 간섭할 일이 아니라고 생각했다.

교육 이후 변화: "사실, 자살 생각을 하지 않은 때가 한 순간도 없었다. 자살하게 되면 자살이 모든 문제를 해결해 줄 것만 같은 생각이 마음을 지배했다." 그러나 죽음과 자살에 대한 생사학 교육을 받으면서 고통과 마주치게 되는 것은 삶의 자연스러운 현상이고, 삶의 과정에서 고통을 만나고 극복하는 것이 우리의 할 일이라고 수업을 통해 배웠다. 자살한다고 어려움에서 벗어나는 게 아니

라 더 큰 난관에 봉착하게 되기 때문이다. '죽고 싶다'는 말은 '잘
살고 싶다', '지금과는 다른 방식으로 보다 잘 살고 싶다'는 뜻이다.
또 자살은 아직 자신이 배워야 할 과제를 남겨두고 죽는 어리석은
행위임을 C양은 알게 되었다. 「자살 예방의 철학」을 듣지 않았더
라면 자살 충동을 결코 멈추지 못했을 것이라고 말했다. 잘 살아보
고 싶은데, 일이 뜻대로 풀리지 않으니까 마지막 수단으로 자살을
선택하는 것일 뿐이라는 것이다. C양은 강의를 들을 때마다 죽음
에 대한 인식이 조금씩 더 바뀌는 모습이 신기했고, 한 학기 강의
를 통해 죽음과 삶, 그리고 고통에 대한 인식이 많이 변한 게 놀랍
다고 했다.[11]

치유요인은 다음과 같이 요약된다.

자살은 해결책이 아니다: 죽는다고 모든 게 끝나는 게 아니고 자살
한다고 문제가 해결되지 않는다는 사실을 가르치고, 동영상을 통
해 자살하면 고통이 해결되기는커녕 더 큰 난관에 봉착하게 되는

---

11 우울증으로 판정되고 자살을 시도했던 7명 학생들의 사례 중 3가지 사례를
　　구체적으로 제시했다. 다른 4명은 처음과 마지막 시간에 행한 우울증 검사
　　결과만 제시한다.
　　사례4 L양, 첫 시간 검사 25점, 마지막 시간 검사 17점.
　　사례5 P양, 첫 시간 검사 33점, 마지막 시간 검사 16점.
　　사례6 K양, 첫 시간 검사 28점, 마지막 시간 검사 15점.
　　사례7 J양, 첫 시간 검사 35점, 마지막 시간 검사 15점.

사실을 직접 보여주었다. 자살 시도 수강생들은 큰 충격을 받아 자살이 더 이상 현실 고통의 해결책이 될 수 없음을 알게 되었다.

죽음을 알아야 잘 살 수 있다: 학생들은 죽음이 끝이 아니라 새로운 삶의 시작으로 인간의 성숙, 영혼의 성장이라는 보다 열린 시각을 갖게 되면서 죽음에 대한 생각이 확연히 변했고, 삶에 대한 가치관 역시 변했다. 보다 잘 살기 위해 노력해야 한다는 사실을 알게 되었다.

현실의 고통을 받아들여 감내해야 한다: 어떤 학생은 자살할 생각을 한 순간도 하지 않은 적이 없었지만, 죽음과 자살에 대한 생각이 변하면서 삶에서 마주치게 되는 고통 인식 역시 바뀌게 되었다. 생사학에 따르면, 고통은 누구나 삶의 과정에서 만나게 되는 것으로, 자살을 통해 도망치는 대신 자신에게 주어진 고통, 즉 과제를 수용해 극복하는 것이 바로 자기가 할일이라는 식으로 생각이 바뀌게 되었다.

'죽고 싶다' 대신 '잘 살고 싶다': '죽고 싶다', '자살한다'는 말은 죽겠다는 뜻이 아니다. '이렇게 살기 싫다', '지금 방식으로 살기 싫다.' 그러니까 '다른 방식으로 살고 싶다', '보다 잘 살고 싶다'는 뜻이다. 따라서 수강생들은 교육을 받은 이후 '자살하고 싶다'는 말을 하지 않고, '보다 잘 살고 싶다'고 말이 크게 바뀌게 되었다.

수업 첫 시간 우울증 검사에서 25점 이상이 나와 우울증으로 평가된 수강생 7명은 한 학기 동안 「자살 예방의 철학」을 수강했을 뿐 한 번도 직접 만나 상담하지 않았다. 다른 수강생들과 똑같이 인터넷 강좌를 수강했을 뿐이지만, 마지막 시간의 우울증 검사에서 모두 정상적인 수준으로 바뀌었다. 학생들이 제각기 고민하던 문제를 직접 들어볼 기회도 없었고, 단지 죽음과 자살을 생사학적으로 깊이 있게 가르치고 관련 동영상 자료를 통해 간접 체험하게 했더니 생각이 크게 바뀐 것이다.

자살 예방은 1차 예방교육, 2차 위기개입, 3차 자살 시도자 사후관리로 진행된다. 우리 사회는 2차 위기개입 위주로 진행해 오다가 최근에 3차 사후관리를 추가로 진행하고는 있지만, 정작 자살 예방이 죽음에 대한 깊이 있는 이해 없이 이뤄져 왔고, 예방교육은 체계적으로 실시되고 있지 않다. 앞에서 자살자 유서를 중심으로 살펴보았듯이, 자살 현상의 근저에는 '죽음에 대한 잘못된 인식'이 깔려 있다. 사람들은 죽으면 다 끝나니까, 자살과 함께 삶의 고통에서 벗어난다고 착각한다. 자살자의 죽음에 대한 오해를 풀어주기 위해 현대의 임사체험, 현대 정신건강의학의 최면치료 등을 통해 죽는다고 다 끝나는 게 아니라는 사실을 알려주었다. 또 무속, 최면치료, 천도재와 구병시식의 자살 예방 콘텐츠를 통해서 자살이 더 이상 탈출구가 될 수 없고, 자살하면 더 절망적인 상태에 놓인다는 사실을 제시했다. 이와 같은 생사학의 자살 예방 콘텐츠를 바탕으로, 여기에서는 우울증에 걸려 자살을 시도한 학생들이 생사학 교육을 받은 이후 왜 더 이상 자살을 생각하지 않게 되었는지, 생사학이 어떤 치유 효과가 있었는지 보다 구체적으로 살펴보았다.

「죽음의 철학적 접근」 – 수강생 J 양이 교육 이후 왜 더 이상 자살을 생각하지 않게 되었는지 증언하고 있다.

J양은 자살을 두 번 시도했고, 주변에 자살자가 세 명 있었다. 수업을 듣기 전에는 자살은 용기 있는 선택이라 생각했다. 자살 시도는 자신을 괴롭혔던 사람에게 복수하는 것이라 다짐했다. 그 당시엔 마음대로 죽을 수 없이 고통을 느꼈다. 그러나 수업을 나 듣고나서 생각이 바뀌었다고 했다. 수업을 듣기 이전에는 고통스러운 현실에서 벗어나리라는 기대감으로 자살을 시도했다. 하지만 수업을 듣고서 자신의 어리석음에 소름마저 끼친다고 했다. 자신이 두 번 자살을 시도한 것을 숨겨야 할 일이라고 J양은 생각하지 않았다. 자살을 두 번이나 시도했다가, 생사학 교육을 받은 이후 더 이상 자살을 생각하지 않는 자신이 솔직하게 증언한다면 훨씬 효과가 있을 것이라 생각했다.[12]

그러므로 우리 사회에 효과적인 자살 예방법이 없는 것은, 죽음과 자살에 대한 충분한 이해 없이 위기대응 위주로 자살 예방을 진행해 왔기 때문이다. 우리 사회는 1차 예방교육의 토대 없이 2차

---

12 유튜브 동영상 "자살예방교육 수강생 의식변화"

위기개입과 3차 사후관리 위주로 자살 예방을 진행했다. 또 자살의 개인적 원인과 사회문제 해결을 통한 자살 예방은 사실상 불가능하지만, 생사학의 치유 효과가 제시했듯이, 죽는다고 다 끝나는 게 아니고 또 자살한다고 고통이 없어지지 않는다는 사실, 다시 말해 죽음을 정확하게 가르침으로써 자살을 효과적으로 예방할 수 있다. 생사학 교육을 통해 학교와 사회에서 첫째로 죽음은 무엇을 의미하는지, 둘째로 자살한다고 고통이 왜 해결될 수 없는지, 셋째로 어떻게 살아야 하는지, 넷째로 삶을 잘 마무리하기 위해서는 죽음을 어떻게 준비하고 어떻게 죽어야 하는지를 차분히 가르치는 게 바로 자살 예방의 기본교육으로, 삶과 죽음에 대한 준비 교육이기도 하다.[13]

---

13 대만은 생사학 연구·교육·출판이 활발하게 진행되고 있다. 2010년부터 필수선택 과목으로 '생명 교육'을 지정해 고등학교 한 학기 동안 매주 2시간씩 죽음·자살·호스피스 등에 관한 교육을 실시하고 있다. 대만은 생사학 연구와 교육 등에 힘입어 아시아에서 죽음의 질이 가장 앞서가는 국가로 평가된다. 미국에서는 약 12개 대학이 죽음 준비교육 과정을, 약 100개 대학이 목회나 사별상담 프로그램을, 수백 개 대학이 저학년의 비전공 학생을 위한 교양과목을 운영하고 있다. 일본의 경우, 약 24개 대학에서 죽음과 임종 과정에 대한 과목을 가르치고 있다.(한림대 생사학연구소 주최 세미나, 『죽음 정의, 어떻게 할 것인가』, 2013, 45~46쪽)

2장
생사학 배우면 어떻게 바뀌는가

\

사례 1) "우울의 시간은 길었지만, 이제 자살을 생각하지 않는다"

K양은 2019학번으로, 2019년 2학기에 인강(인터넷강의) 「죽음의 철학적 접근」을 수강했을 때에는 1학년 학생이었다. K양은 최근까지 죽음을 고민하면서도 단 한 번도 죽음의 '의미'에 대해 고민하지 않았다. 학생에게 죽음이란 이 삶을 끝내는 것, 지금 심장이 멈추는 것, 육체에 한정된 의미의 죽음이었다. 상황이 너무 힘들 때에는 어떻게 되든 상관없이 그저 벗어나고 싶었다고 한다. 이런 자신을 바꿔보고 싶다는 생각에 「죽음의 철학적 접근」 인강 수업을 수강하게 되었다.

K양의 우울과 불안의 시간은 길었지만, 죽음을 직면했던 첫 순간은 아직도 잊지 못한다. 초등학생 때 왕따를 당했다. 하지만 당시 누구에게서나 자기가 왕따를 당하는 게 자기 잘못이라는 이야기를

들어야만 했다. 그 이후 K양은 마음의 문을 닫고 살았다. 중학교에 진학하기 전까지 학교에서는 항상 엎드려 울었다. 그때부터 막연히 현실에서 도망치고 싶었다. 그때 처음 자살을 하고 싶다고 느꼈던 것 같다고 말했다. 중학교에 진학한 이후 우연한 계기로 학교 상담 선생님에게 상담을 받기 시작했다. 상담을 받는 학생을 대부분의 선생님들은 좋지 않은 시선으로 바라보았다.

K양은 중학교 때 심리 불안정 고위험군으로 결과가 나왔고, 담임 선생님은 K양을 불러 고위험군에 뽑히면 멀리 상담도 다녀야 하고 할 게 많아진다며 수치가 잘못된 것이라는 확답을 요구하였고, 그녀는 마지못해 '그렇다'고 답했다. 고등학교 때에도, 대학교 때에도 주변에 정말 심리 상담이나 자살 예방 교육이 필요한 아이들이 있었지만 대부분 결과를 거짓으로 작성했다. 중학교 때 우울증이 심해져 정신과 진료를 권유한 선생님의 전화를 받고 어머니는 울며 화를 내셨다. "네가 그러면 내가 뭐가 되니, 너 그런 거 받으면 기록에 남고 안 좋아." K양은 어머니의 그 말을 듣고 참 많이 낙담했다. 대학교에서 치러진 심리검사에서도 고위험군으로 판정받았지만, 의무적으로 받아야 하는 상담 외에는 나가지 않았다. 그녀는 어머니의 울음 섞인 목소리를 다시 들을 자신이 없었다. 누군가 왜 자살에 대해 생각했느냐고 묻는다면 명확하게 답할 자신이 없었다. K양은 단지 자신이 처한 상황이 싫었을 뿐이고, '이렇게' 살기가 싫었을 뿐이었다.

자살자 주변에서는 자살의 악순환이 일어난다. 왜 자살자 주변에서는 자살이 반복될까? 중학교 때 K양 집 앞에서 마주치던 아이 하나가 자살했다. 아직도 그때 생각을 하면 조금 숨이 막힌다고 말한다. 당시는 세월호 사건이 터졌던 즈음이라, 학교는 활기보다는 침묵과 왠지 모를 눅눅함이 느껴졌다. 그 아이에 대한 이야기는 학생들 사이에서 금기시되었다. "선생님들은 우리에게 그 어떤 설명을 해주지 않았고, 우리는 그저 그 아이의 죽음을 막연하게 받아들여야 했다. 친구들은 그 상황에서 그 어떤 말을 해야 할지 몰라 그저 멍하니 죽음에 대해 고민했다."

자신을 제대로 이해해야 죽음을 잘 이해할 수 있고 삶도 잘 영위할 수 있다. 자신이 겪고 있는 괴로움은 결국 타인의 조언과 애정보다는 스스로 해답을 찾고 나아가야만 해결될 수 있다고 K양은 말한다. 학생은 늘 대체로 행복하기보다는 불행했지만, 이제부터는 지난날보다 불행을 더 잘 견딜 수 있다고 생각한다. 다음은 K양의 인강 수강 소감이다.

"고통을 겪음으로써 성숙해진다"

「죽음의 철학적 접근」 수강을 통해 죽음과 자살을 깊이 있게 배움으로써 삶의 자세와 고통에 대한 나의 시각을 바로잡는 시간이었던 것 같다. 우리는 고통을 지나치게 회피하고 부정하는 경우가 많다. 고통이 없다면 행복도 없다는 말에, 삶에 행복만 가득하다면 행복을 행복이라고 느낄 수 없으며, 행복은 고통이 있어 존재한다는 생각이 들어 고통을 바라보는 시각을 좀 달리할 수 있었다. "인간은 고통을 겪음으로써 성숙해진다." 흔한 말이지만 그 의미를 느낀 것은 처음이었다. 우리는 어린 시절 수십 번 넘어지면서 걷는 방법을 배운다. 만약 우리가 넘어지는 것이 두려워 걷지 않는다면 우리는 평생 걷지 못할 것이다. 단순히 지금 넘어지는 것이 두려워 걷지 않는다면, 걸어야 한다는 압박은 늘 우리와 함께 할 것이다. 퀴블러-로스의 말처럼 우리는 다음 단계로 넘어갈 수 없게 된다. 반드시 마주하고 이겨내야 할 과제, 죽음과 자살로 피할 수 없다. 우리는 고통을 견디고 마주해야만 나아갈 수 있을 것이라고 생각한다. 이에 힘들거나 어려운 일이 있으면 쉽게 '죽고 싶다', '자살할까' 등으로 어려움을 회피하거나 죽음을 가벼이 생각하고 말했던 것 같아 후회한다. 고통을 직시하고 이겨내기 위해 노력해야만 한다는 것을 알았다. 내가 지금 이겨내고 직시하지 않으면 어려움은 결코 사라지지 않는다. 사람들은 죽으면 끝이라는 생각에, 현실을 견디지 못해 자살한다. 자살해 죽는다고 해서 끝이 아니고, 죽음 이후에도 그 고통을 계속 겪고 상황이 악화된다는 것을 안다면 그 누구도 자살을 시도하지는 않을 것이다.

사례 2) C양이 보낸 메일 "한 번도 아픔을 말한 적 없다"

「죽음의 철학적 접근」강의를 신청하지 못해 수강할 수 있는지 문의하는 메일과 전화를 학기 초마다 여러 번 받는다. C양은 오래전부터 우울증에 걸려 있어 자주 죽음에 대해 생각했고, 그것을 생각하는 것만으로도 눈물이 났다고 했다. 내가 다시 메일을 보냈다. "학생이 우울증이나 자살 충동과 관련해 어떤 아픔이 있었는지, 치유를 위해 솔직하게 적어서 보내세요."

> 제가 10년 전의 일에도 눈물이 나는 건 치유가 되지 않아서겠지요. 한 번도 제 아픔을 길게 말한 적이 없어요. 눈물 닦은 휴지만 한 아름이에요. 뭉쳐 있는 감정을 문장으로 써보니 토해내는 기분이 들어요.

C양이 처음 자살을 시도한 때는 중학교 3학년, 시험이 끝나고 집에 와서인데, 충동적으로 그냥 없어지고 싶다고 생각했다. 고등학교 2학년 때부터 높은 성적에 대한 압박감과 실망스러운 자신 때문에 매일 울면서 잠에 들었다. 한림대에 입학했지만, 목동에서 춘천 한림대까지 왕복 4시간 정도였는데, 춘천에 살고 싶지 않았다. 집에 들어가면 방문을 잠그고 살았다. 고등학교 때 생각을 하면 울컥 눈물이 나는 건 여전했다. 매일매일 죽고 싶다고 생각했다. 대학생활 마지막 학기를 다니면서 개강 전 몇 주 동안 도서관을 다니는데,

뭘 봐도 죽는 것이 연상되었다. 머리를 감으려고 샤워기를 보면 물에 빠져 죽는다, 차를 보면 차에 치여 죽는다, 도서관 옥상의 휴게실에서 떨어져 죽는다, 자다가 심장마비로 죽는다 등등 이런 생각이 마음에 가득 찼다. C양의 상태가 심각해서 인강을 수강할 수 있도록 했다. 그러면서도 오랫동안 우울증을 가지고 있었기 때문에 고작 3개월 동안 공부한다고 해서 크게 나아질 수 있을까 하는 의구심이 있었다. 하지만 제출한 첫 번째 레포트를 보니 많은 변화가 읽혀졌다. 9월 29일 카톡을 보냈더니 답이 왔다.

인강 수강과 과제로 제시한 책을 통해 한 달밖에 되지 않았지만, 믿기지 않을 만큼 바뀌었어요. 자살한다고 다 끝나는 게 아니고 문제가 해결되지 않는다는 사실을 아는 것만으로 이렇게 바뀔 수 있다는 게 놀랍습니다.

학기말 종강 무렵 다시 메일을 보내 인강 수강 이전과 이후의 변화를 말해 보라고 했다. C양은 수강하기 오래전부터 자살을 생각하고 있었다. 하지만 세 달 동안 수강하면서 죽음과 자살에 대한 인식에서 확연히 다른 사람이 되었다. 죽는다고 해서 다 끝나는 게 아니므로, 자살하면 문제가 해결되지 않아 그 이후에도 고통받게 된다는 것을 배웠다. 사람들이 자살을 생각하는 것은 고통을 견디기 힘들기 때문인데, 삶의 과정에서 누구나 고통을 겪는 것임을 C양은 알았다. 이런 내용을 반복해서, 또 분명하게 배우다 보니 자기 안에서 고통을 극복할 수 있는 힘이 생겼다고 했다.

한 학기 동안 인강을 수강하니까, 죽음에 대한 이해만이 아니라 삶의 태도까지 바뀌었다고 했다. 죽음에 대한 이해가 사람을 바꾼다는 사실을 절감했다. 첫 주 강의에서 죽음, 인간, 삶은 서로 연결되어 있다는 가르침을 이제 몸으로 느낀다고 했다. 살면서 힘든 일을 마주할 때, 수강 이전이었으면 다 끝내고 싶다고 생각했지만 지금은 힘든 일이 있어도 어떻게든지 견뎌낼 생각을 한단다. 이 차이

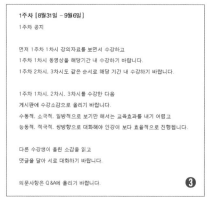

① 2020년 2학기 인강 「죽음의 철학적 접근」 공지사항
② 1주차 동영상 강의, 관련 동영상, 강의자료 ③ 1주차 공지
④ 1주차 게시판에 올린 수강생들의 수강소감, 댓글 통한 상호소통. 매 학기마다 수강생 100명이 매주 수강 소감을 작성해 약 1,300개 올린다.

가 얼마나 큰지 C양은 잘 알고 있다. 자신이 살아가는 방식이 죽음에 대한 이해와 임종 방식을 결정한다는 말 또한 가슴에 콕 박혔다. "강의를 듣지 않았으면 우울증으로 자살을 시도해 삶을 마무리 했을 것이라 생각하니 끔찍합니다. 마지막 학기에 들은 「죽음의 철학적 접근」으로 제 인생이 바뀌었습니다."[14]

C양이 이 글을 읽고 보낸 카톡

교수님께서 이렇게 정리해 주신 글을 보니, 과거의 제가 얼마나 문제가 많았는지 새삼 느껴집니다. 아픔이 오래 지속되었던 사람은 그 아픔에 무뎌져 자신이 아픈지도 모른 채 살아간다고 하지요. 제가 바로 그랬습니다. 인강 수강 이후 치유되고 난 이후 생각해 보니까, 과거의 제가 정말 많이 아팠구나, 새삼 느껴집니다. 아주 먼 과거의 일처럼 느껴지고, 이젠 제 일이 아닌 듯, 마치 남의 일처럼 느껴집니다. 죽음을 배운 것이 제 인생의 터닝 포인트가 되었습니다. 이번 학기에 배운 것, 평생 잊지 않겠습니다. 다시 한번 감사드립니다.

---

14 코로나19의 유행으로 전국의 학교는 어쩔 수 없이 2020년 1학기는 비대면으로 수업을 진행했고 2학기도 같은 상황이 반복되고 있다. 갑자기 찾아온 비대면 디지탈 강의 시기를 맞이해, 2020년 여름에 인강 「죽음의 철학적 접근」을 전면 업그레이드했다. 매주 동영상 강의와 함께, 교육 효과 향상을 위해 죽음과 자살 관련 동영상 57개를 제시하고 있다.

사례 3) 위기에 빠진 나의 삶을 구하다

학생은 지금까지 살면서 힘든 일이 있을 때마다 모든 것을 그만두고 싶다는 생각과 함께 극단적인 생각을 자주 했었다. 부모님의 이혼으로 청소년 시절에는 자주 엇나갔고, 부모님과의 갈등은 점점 심해져갔다. 견딜 수 없이 가슴이 답답할 때마다 항상 아파트 15층에 올라가 까마득한 아래를 보며 죽으면 편할 것 같다는 어리석고도 위험한 생각을 자주 했다. 성인이 되면서 옥상에 올라간다든가 한강 아래를 바라보는 철없는 행동은 자연스럽게 줄어들었지만, 죽고 싶을 정도로 힘든 상황을 맞닥뜨리게 되면 자신도 모르게 항상 자살을 생각했던 것 같다고 했다.

아이러니하게도 자살자들 중 정말 죽고 싶어 자살하는 사람들은 없다. 그렇다면 자살자들이 진정으로 원했던 것은 과연 무엇일까? "자살자가 원하는 것은 죽음이 아니라 삶이다. 삶에서 원하는 게 되지 않아 살기 힘드니까 죽음으로 뛰어드는 것일 뿐이다"라는 문장에서 그 해답을 찾을 수 있다고 학생은 말한다. 살고자 하는 욕구를 자살이라는 잘못된 방법으로 표출하는 것이다. 학생도 예전에 부모님에게 사랑과 관심을 받고 싶었을 때 오히려 자살을 고민한 적이 많았다. 하지만 자살을 하면 현실의 고통에서 벗어나는 대신 오히려 더 큰 고통과 불행의 구렁텅이에 빠질 수 있다는 중요한 사실을 알게 되었다고 한다. 어느 자살 시도자의 증언이다. "대부분의 사람들은 동요나 후회, 무상감, 절망감으로 인해 목숨을 끊어버립니다. 그러한 죽음으로는 아무것도 얻을 수가 없습니다. 삶을 도중에 포기하면 자신이 선택한 그 교훈을 얻을 수가 없게 되는 것입니다. 인생에서 도망친다고 해결되는 것은 아무것도 없습니다."

실제로 무속인들은 자살자의 영혼이 이 세상을 떠나지 못한 채 가족의 주위를 맴돌면서 또 다른 불행을 일으킨다고 말한다. 동생이 자살을 한 자살 유가족의 증언이다. "동생의 자살로 오토바이사고, 교통사고, 교도소에 간 사건도 있었고, 죽은 사람도 있는 등 우환이 끊이지 않았어요." 자살을 하면 저승을 가지 못하고 떠도는 것에 끝나지 않고 생전 자신이 가장 사랑했던 가족들까지 괴롭히게 되는 것이다. 이러한 자살 시도자들의 사례와 유가족들의 사례는 스스로 소중한 목숨을 포기하는 행위인 자살이 끝없는 고통을 겪게 하는 '인과응보'의 행위라는 것을 알려준다. 자살예비군이 많은 우리나라가 현재 얼마나 위험한 상황인지를 다시금 깨닫게 만들며 자살 예방의 중요성을 일깨워준다. 그렇다면 죽음과 삶은 어떻게 이해해야 하고, 자살 예방은 어떤 방법으로 이루어져야 하는지, 학생은 다음과 같은 의견을 제시했다.

'생사관의 확립과 생명 교육이 먼저'

책을 다 읽었을 때 비로소 죽음과 자살에 대한 오해와 생사관의 부재가 자살을 하는 가장 본질적인 이유라는 것을 알 수 있었다. "죽음이 무엇인지 알면 자살을 시도하지 않을 것이다. 죽음의 정체를 알면, 죽음 이후의 세계에 대해 이해하고 있다면 자살을 선택할 수 있는 마음이 생기지 않을 것이다." 하지만 우리나라 사람들 대부분이 자살에 대해 큰 오해를 하고 있다. 죽음에 대한 이해가 부족한 사람들은 자살이 모든 문제의 해결책이며 죽으면 끝이라고 생각한다. 나 또한 단 한 번의 생명 교육만으로도 삶이 변화한 것 같다. 사실 「죽음의 철학적 접근」 수업을 만나기 전까지 나는 뭘 하든 의욕이 없었으며, 심지어는 삶에 대한 의욕 자체가 사라지고 있었다. 가족과 친구들과의 대화도 무의미하게 다가왔으며 오랫동안 마음속 깊이 자리 잡은 우울감으로 인해 자존감 또한 바닥을 치는 상태였다.

우연히 나는 이 강의를 수강할 수 있게 되었으며, 몇 개월 만에 삶에 대한 의욕이 생겨나는 것을 경험했다. 생명 교육을 통해 자연스레 자살할 생각은 사라지게 되었으며, 대신 '의미 있는 삶과 아름다운 마무리'에 대한 흥미와 기대가 내 마음속 깊이 자리 잡았다. 분명한 것은 죽음에 대한 이해를 통해 삶의 질이 향상되었으며 심리적 안정감 또한 되찾았다는 사실이다. 죽음에 대한 교육은 누구에게나 필요하다. 개인적으로는 특히 청소년들에게 죽음에 대한 이해와 교육이 가장 시급하다고 생각한다. 나는 힘든 청소년기를 경험했다. 어떤 삶을 살아야 하는지, 자살 대신 어떤 해결책을 강구해봐야 하는지 누구도 내게 가르쳐주지 않았다. 자살충동을 자주 느끼는 청소년들에게는 죽음에 대한 교육이 절대적으로 필요하다. 생사관이 제대로 확립되지 못한 우리 사회에서는 청소년들에게 죽음이 끝이 아니라는 가장 중요한 사실을 아무도 가르쳐주지 않는다. 가능성이 무궁무진한 청소년들에게 정말 필요한 것은 바로 사회적 관계와 심리적 안정이며, 죽음과 삶 그리고 자기 자신에 대한 제대로 된 이해와 교육이다. 자살 예방, 아직은 가야 할 길이 많지만 그래도 나는 이 책을 통해 우리 사회 속 한 가닥 희망의 빛줄기를 본 것 같다. 책의 제목인 『자살 예방, 해법은 있다』처럼 자살 문제도 죽음에 대한 이해와 교육을 통해 충분히 예방함으로써 해결될 수 있다는 것을 알았기 때문이다.

사례 4) 할머니가 어느 날 갑자기 사라지셨다

H양은 「죽음의 철학적 접근」 강의도 물론이지만, 『자살 예방 해법은 있다』라는 책 또한 죽음에 대한 생각을 많이 바꿔놓은 계기가 되었다고 했다. H양은 원래 종교에 대해 회의적이고, 영적인 존재나 그러한 경험에 대해 불신하는 사람이었다. 과학적으로 증명된 결과만을 믿고, 그렇게 받아들이는 것이 편한 사람이었다. H양이 이 수업을 듣게 된 가장 큰 이유는 친할머니의 사건도 있었고, 「호스피스의 이해」라는 과목을 들었기 때문이라 한다. 그 과목을 듣고 나서 죽음에 대한 호기심이 생겼는데, 때마침 「죽음의 철학적 접근」 과목을 보게 되어서 신청하였고, 큰 변화를 가져다주었다고 했다.

H양이 19살 때 친할머니, 그러니까 아버지의 어머니가 자살을 하였다. 어린 고등학교 시절에 할머니의 죽음은 고통스러운 것이었다. 할머니의 죽음 뒤 남겨진 이들은 한없이 슬프고, 힘들고, 죽은 이를 그리워하며 세월을 보낸다는 인식을 각인시켜 주었다. 할머니의 자살 이후 가족들은 너무나 힘든 세월을 보냈다. 돌아가시기 전날까지만 해도 부모님과 재미있게 통화하며 웃으시던 분, 평소 쾌활하고 밝으신 분이었다. 명절마다 내려가면 내 새끼들 왔느냐며 언제나 기쁘게 반겨주시던 분이었다.

그런데 하루아침에 할머니가 가족들 앞에서 사라지셨다. 그 일 이후 자살이라는 단어가 보이기만 하면 할머니 생각에 슬픔과 괴로움이 몰려왔고, 죽음에 대한 생각은 안 좋게 자리 잡아버렸다. 죽으면 끝이라는 생각이 확고히 자리 잡게 되었다. H양이 이 강의를 듣게 된 이유는 할머니를 이해해 보고 싶어서였다. 왜 그러한 방법으로 떠나셔야 했는지, 왜 자식들과 손주들 가슴에 못을 박고 가셨어야만 했는지, 이 강의를 들으면 조금이라도 이해를 할 수 있을까 하는 생각에서였다. 죽음이라는 것에 대해 한 번도 배운 적이 없던 학생에게 할머니의 죽음은 충격적이었고, 고통스러웠으며, 무서운 것이 되어 버렸다. 자살이 얼마나 나쁜 것인지 뼈저리게 깨닫게 되었다.

중학교 3학년 때 딱 한 번이지만, 따돌림을 당하던 같은 반 학우가 친구들 몰래 자살하러 옥상에 올라가는 것을 H양이 말린 적이 있었다. 옆에서 이야기를 들어주고 다시는 자살을 생각하지 않게 늘 옆에 있어 주었다. 나중에 그 친구를 다시 만났을 때, 그때 자기를 말려줘서 정말 고맙다고 몇 번이나 말했다. 그 당시에는 그저 그 친구가 죽지 않기를 바라는 마음에 말린 것이었지만, 인강을 듣고 책을 읽고 나서 생각해 보니 정말 잘한 일이었다고 생각된다고 했다.

사례 5) "살기 힘든데 왜 자살하면 안 되나?"

살면서 "죽고 싶다"는 생각을 안 해본 사람이 있을까? 사람들은 죽음에 대해서 너무도 가볍게 얘기하곤 한다. "힘들어 죽겠다", "졸려 죽겠다", "배고파 죽겠다" 등등, 일상 속에서 흔히 듣고 하는 말들이다. 실제로 사람들은 자살의 유혹에 종종 빠지곤 한다. 일이 뜻대로 안 풀려서, 생각지도 못한 나쁜 일이 생겨서, 미래가 불투명해서 등등 이유는 많다. "삶이 괴로워서 죽으려는 사람은 왜 자살하면 안 되나요?" 이 질문에 대해 학생은 스스로의 선택이라고 말한다. 죽음이 끝이고, 죽음만이 고통에서 벗어나게 해줄 수 있다고 사람들은 생각한다. 그러나 만약 죽음이 끝이 아니라 다음 스테이지가 있다면 어찌할 것인가?

최면치료를 통해 우울증의 원인을 발견하게 된 환자 이야기이다. 이 환자는 우울증이 너무 심해서 이런저런 치료를 해보았지만 차도가 없어 전생퇴행을 시도했다. 그는 전생에 부잣집 중국인이었으나, 20살 무렵 아버지가 사고를 당해 돌아가신 뒤 집안이 몰락하고 스스로 마음을 못 잡아 자살이라는 선택을 했다. 놀라운 건 현생의 모습 또한 전생과 비슷한 점이 많다는 것이다. 어릴 때 부모님이 모두 돌아가시고 큰형과 형수 손에서 모멸감을 많이 느끼며 자랐고, 경제적으로도 힘들어 마음의 여유 없이 불안한 마음을 갖고 살아가고 있었다. 마치 과거의 삶에서 열심히 살며 극복해야 했었던 것을 이번 생에서 한층 더 어렵게 재시험을 보는 듯 말이다.

이 사례를 읽고 학생은 정말 머리를 한 대 맞은 듯한 충격을 느꼈다. 학생 또한 살면서 많은 자살 충동을 느꼈다. 정말 진지하게 생각한 적도 많았는데, 이유가 가정불화였다. 사람을 정말 무기력하게 하는 것은, 가족관계처럼 스스로가 선택할 수 없는 경우이다. 가족관계는 학생이 아무리 노력해도 바꿀 수 없다는 것을 처절하게 느꼈고, 무기력함을 느꼈으며, 그 감정은 학생을 자살로까지 몰고 갔다. 물론 주변의 도움으로 잘 이겨냈지만, 아직까지도 아찔한 기억이 남아 있다고 했다. 다음은 학생의 수강 소감이다.

"나는 죽고 싶은 게 아니다. 그렇게 살고 싶지 않은 것이다."

『우리가 걱정하는 일의 90%는 일어나지 않는다』라는 제목의 책이 있다. 실제로 우리가 하는 걱정의 대부분은 공상에 불과하며, 실제 연구자들에 따르면 걱정의 90%는 절대 일어나지 않는다고 한다. 『모르고 사는 즐거움』의 저자인 심리학자 어니 젤린스키는 구체적인 수치를 제시했다. "우리가 하는 걱정의 40%는 절대로 일어나지 않으며, 30%는 이미 일어난 일에 관한 것이고, 22%는 굳이 걱정할 필요가 없을 정도로 사소하다. 4%는 걱정해 봤자 어쩔 수 없고, 나머지 4%는 충분히 우리 힘으로 바꿔놓을 수 있는 문제이다." 죽은 사람들 중 한이 많은 사람은 구천을 떠돌고, 자살한 사람은 다른 세상으로 떠나지 못해 저승을 못 간다고 한다. 또한 우리에게 가장 큰 죄가 바로 자살이고, 부여된 명을 살지 못했기 때문에 벌점이 크다고 한다. 따라서 그 사람은 사람으로 다시 태어날 수 없고 사후세계에 편안히 머물 수도 없다고 한다. 자살한다고 고통이 끝나는 게 아님을 안다면 결코 자살할 수 없을 것이다. SNS에 떠도는 유명한 말이 있다. "너는 죽고 싶은 게 아니라, 그렇게 살고 싶지 않은 거다." 내가 힘들 때마다 나 자신에게 이렇게 말한다. "그래 나는 죽고 싶은 게 아니라 더 나은 삶을 살고 싶은 거야, 좀 더 노력하자."

사례 6) "나는 조울증 환자였다"

학생은 개인의 판단에 따라 자살해도 된다고 생각했다. 목숨을 좌지우지할 권리는 개인에게 있다고 생각하는 사람이었다. 그래서 가수 종현의 죽음에 더 동요되고, 그의 자살에 눈물을 흘렸다고 한다. 학생은 살면서 가볍게 말하는 '죽고 싶다'가 아니라, 삶의 포기를 며칠간 골똘히 생각했던 적이 있다. 자살 시도도 했다. 종현의 유서가 공개된 날, 지난날이 생각나 기숙사 침대에 가로 누워 눈물을 한 움큼 쏟아냈다. 의사는 학생이 '조울증'이라 했다. 치료를 위해 상담도 받아보고, 검사란 검사는 다 받아보았지만 치료 방법을 찾을 수 없었다. 의사와 상담원은 '자살하지 말라'라고만 했지 왜 자살을 하면 안 되는지, 죽고 나면 어떻게 되는 것인지에 대해선 이야기해 주지 않았다. 그래서 '자살하지 말라'라는 말에 대한 반항심은 극에 달했다. 죽으면 다 끝이라는 생각에, 편안해지기를 간절히 바랐다. 바로 3년 전 이야기였다. 학생은 '조울증'에 대한 치료를 끝맺지 못한 채로 병원에서 도망치듯이 치료를 강제 중단했다. 그런 의미에서 강의와 책을 접한 것은 대학생활 중의 큰 행운이라 했다.

"나는 조울증에서 어떻게 벗어나게 되었는가"

현대인들은 죽으면 다 끝이라는 안일한 생각을 가지고 있는 듯하다. 나 또한 죽으면 다 끝이고 편안해질 것이라는 생각을 가지고 있었다. 죽으면 끝이 아니라는 점과 육신과 영혼이 분리되는 과정에 대한 여러 사람들의 증언을 읽고 나는 저절로 고개를 끄덕이게 되었다. 다양한 사례와 증언은 나를 설득시키기에 충분했다. 특히 김영우 박사의 최면치료 장면을 글로 적어놓은 것이 인상 깊었다. 정신건강의학이 다 해결해 주지 못하는 부분이 있다는 것을 나는 조울증 치료과정에서 직접 체험한 바 있기 때문이다. 최면치료를 통해 과거의 나를 만나면서 현재의 자신을 보다 깊이 있게 이해하게 된다는 것이 매우 흥미로웠다. 처음에는 한국 사회에서 쉽게 접근하지 못하는 독특한 치료방식이어서 생뚱맞다고 생각했다. 하지만 환자들의 다양한 치료 사례를 보며 보다 열린 시각으로 최면치료를 바라볼 수 있게 되었다. 과거의 삶이 현재의 삶에 미치는 영향이 드러나면서, 환자들은 당면한 문제를 하나씩 풀어나가는 모습을 보았다. 나 자신도 희망이 없다고 생각할 때마다 자살을 돌파구로 생각했던 적이 많았다. 『자살 예방 해법은 있다』를 읽고 치료 사례를 통해 공감하고 또 위안을 얻을 수 있었다. 앞으로 삶의 과정에서 어느 날 갑자기 마음이 요동친다면 난 주저 없이 책을 집어들 것이다.

제5부

아름다운 마무리를 위한 수행

만일 죽음이 오로지 한 번만 찾아온다면 죽음에 대해 알 기회가 도무지 없을 것이다. 그러나 다행스럽게도 우리의 삶이란 탄생과 죽음 사이의 끊임없는 춤판, 쉴 새 없는 변화의 춤판이다. 산에서 흘러내리는 계곡의 물소리나 바닷가에서 철썩이는 파도소리, 혹은 내 심장이 박동하는 소리를 들을 적마다 우리는 덧없음의 소리를 듣게 된다. 이러한 변화와 작은 죽음들을 통해 우리의 삶이 죽음과 연계되어 있음을 알게 된다. 그 소리들은 죽음의 맥박이자 죽음의 고동 소리로, 집착하고 있는 일체를 내려놓으라고 우리를 재촉한다. 사람들은 부지런히 오가며 쉴 새 없이 움직이지만, 죽음에 대해서는 한마디도 하지 않는다. 그러나 죽음이 그들에게, 아내에게, 아이들에게, 친구에게 찾아왔을 때, 그들은 죽음을 의식하지도 준비하지도 못했기 때문에 감정이 폭풍처럼 몰려와 그들을 압도하면 울부짖고 분노하면서 절망에 빠지게 된다. 그러니까 평소 죽음과 자주 접촉해야 한다. 죽음이 언제 어디서 우리를 기다리고 있는지 우리는 모른다. 그러니까 우리는 어디서든지 죽음을 기다려야 한다.

우리는 일상생활에서 항상 깨어 있는 상태로 살 수가 있을까? 늘 무언가에 쫓기듯이 일상에 묻혀 살아가다 보면, 우리는 어떤 것이 진정으로 '자신'을 위한 삶이고, 그렇지 않은 삶인지를 분별해 내기가 쉽지 않다. 이처럼 자신이 중심이 되지 않는 생활을 날마다 이어 나가다 보면 자칫 '사는 게 이게 아닌데' 하는 번민과 회의에 휩싸일 때가 있을 것이다. 수행의 목적은 명상과 일상생활을 통합시키는 것이다. 날마다 비인간적이고 폭력적인 상황이 깊어만 가는 현대 사회에서 갖가지 스트레스, 마음의 혼란은 수행을 생활화하는데 크나큰 걸림돌로 작용한다. 이런 때일수록 명상과 일상생활의 통합은 더욱 시급하다.

어떻게 해야 수행을 통해 우리의 일상을 잔잔한 유머 감각과 넉넉한 초연함으로 가득 채울 수 있을까. 방법은 하나밖에 없다. 날마다 규칙적으로 수행하는 것. 왜냐하면 오직 수행을 실천함으로써만 우리는 우리 본성의 고요함을 온전하게 맛볼 수 있으며, 그 결과 명상 수행의 체험을 일상의 삶에서도 유지할 수 있기 때문이다. 만일 진정으로 수행하는 삶을 성취하고자 한다면, 가끔씩 약을 복용하거나 치료를 받듯 수행하지 말고, 매일매일 음식물을 통해 영양분을 섭취하듯 수행에 임해야 한다. 죽음 명상은 또한 '죽음과 함께 살아가는' 우리가 최후의 순간을 아름답게 마무리할 수 있도록 마음의 평안과 고요, 그윽한 경지에 다다를 수 있도록 해준다. 5단계로 진행되는 아름다운 마무리를 위한 수행은 우리의 영혼을 맑고 밝고 아름답게 이끌어 주고, 눈부신 혜안에 이르는 여정旅程으로 인도한다.

아름다운 마무리를 위한 수행

1단계 죽음 이해: 죽음, 어떻게 이해하는가
2단계 죽음 준비, 어떻게 할 것인가
3단계 죽음 순간: 어떻게 죽을 것인가
4단계 죽음 이후: 나는 어디 있는가
5단계 의미 있는 삶, 아름다운 마무리

명상 자세와 호흡법

허리를 쭉 펴고 눈은 반쯤 감고 시선은 앞에 내려놓는다.
입은 다물고 혀는 입천장에 붙여 고정시킨다.
다리는 가부좌 혹은 반가부좌로 편안하게 앉는다.
양손을 모아 아랫배에 살짝 붙여놓는다.
호흡은 아랫배로 천천히, 자연스럽게 호흡을 하면서
어떤 생각이 일어나든지 억지로 누르지 말고 그대로 지켜보면서
오직 아랫배로 자연스럽게 들이쉬고 내쉬는 들숨과 날숨,
호흡에만 집중한다.

죽음은 언제든지, 어디서든지, 누구에게나 찾아올 수 있지만
죽음이 언제, 어디서, 누구에게 찾아올지 아직 정해져 있지 않다.
그러므로 누구나, 언제든지, 어디서든지,
여유 있게 죽을 수 있도록 철저하게 준비해야 한다.

1단계 – 죽음 이해: 죽음, 어떻게 이해하는가

과학 만능, 경제 일변도, 육체와 물질 중심의 현대 사회에서
죽음을 정확히 이해하기는 쉬운 일이 아니다.
죽음을 받아들이지 못한다는 말은, 이 삶을 전부로 안다는 뜻으로,
우리는 죽어야만 하는 육신의 한계,
세속의 울타리와 육신의 감옥에 갇혀버리고 만다.
사람들은 육체 중심으로 살다가 이런 방식으로 삶을 마감한다.

따라서 우리 사회 죽음 이해는 성숙하기 어렵다.
즉음의 질뿐만 아니라 삶의 질 역시 향상되기 어렵다.
죽음 이해는 죽음 이해 문제만이 아니라
자기 자신을 어떻게 이해하고
삶을 어떻게 영위하느냐 하는 문제와 직결되기 때문이다.
죽음 이해, 인간 이해, 삶의 이해 세 가지는
서로 분리될 수 없는 삼위일체의 관계에 있다.

죽음 이해는 삶을 의미 있게 영위하는 일과 직접 연관된다.
의미 있게 살고 아름답게 마무리하기 죽음을 잘 알아야 한다.
죽는 법을 배우는 것은 사는 법을 배우는 것이기 때문이다.
따라서 죽음을 이해하는 것보다 중요한 게 있을까?

"의식의 영역을 보다 확장시켜야
우리 자신뿐만 아니라 죽음을 잘 이해할 수 있다.
죽음이 우리 삶의 목적이며 완성이라는 증거를 보려면
우리의 의식경계를 확장시켜야만 한다.
그렇지 않으면 우리 자신과 죽음을 제대로 이해할 수 없다."[1]

"죽은 이후 영혼이 있느냐 없느냐 하는 문제는
증명이나 논증의 문제가 아니다.
지금 이 삶에서 자기 자신과 인간 존재를
얼마나 깊이 있게 이해하느냐 여부에 달려 있다."[2]

죽음 이해, 왜 어려운가?
죽으면 다 끝나는가? 죽음은 새로운 시작인가?
죽음 이해, 누가 증명해야 하는가?
생사학 전문가가 죽음이 끝이 아니라 말한다고
우리가 순순히 받아들일 수 있을까?

자기가 자신을 어떻게 이해하는가?

---

1   디팩 쵸프라, 정경란 역, 『죽음 이후의 삶』, 행복우물, 2006, 17쪽.
2   소걀 린포체, 『티벳의 지혜』, 41~61쪽 ; Gary Doore ed. *What survives?*,
     Tarcher Putnam Book, 1990, 203쪽.

자기 자신을 얼마나 깊이 있게 이해하느냐?

이 질문에 어떻게 답하는가 여부에 따라

각자 죽음 이해의 방향이 정해지게 된다.

따라서 죽음 이해는 다른 사람이 정하는 게 아니다.

죽음 이해는 결국 자기 자신이 정하는 것이다.

왜 우리는 죽음 이해하기가 어려운가?

의식이 육체 안에 갇혀 있어서

죽음을 제대로 보지 못하기 때문이 아닐까?

"죽음은 끝이 아닌 새로운 시작이다.

육체 속에 영혼이 깃들어 있는 것이 아니다.

몸 안에 영혼이 깃들어 있다고 생각하지 마라.

영혼이 육체를 지니고 있는 것이다.

영혼은 육체가 자기 할 일을 마쳤음을 알고

낡은 옷을 버리듯이 한쪽에 벗어놓는다.

일단 죽게 되면 미련 없이 내생으로 여행을 떠난다는

각오를 평소부터 지녀야 한다."[3]

"죽음은 고향으로 가는 것이다.

죽으면 어떻게 될지 두렵기 때문에 죽기 싫어한다.

---

3   법정,『아름다운 마무리』, 문학의 숲, 2010, 279쪽.

죽음이 무엇인지 안다면 두려워하지 않을 것이다.

죽음은 삶의 계속이고 완성이다.

죽음은 육신의 죽음일 뿐 영혼은 계속 유지된다.

사람은 결코 죽지 않는다."[4]

한글 서예, "가득 차 있는 것보다도 오히려 텅 빈 데서 존재의 알맹이를 보게 되고, 밖으로 드러난 현상에 눈을 팔기보다 소리 없는 소리에 귀 기울이고 있을 때, 우주와 나는 하나가 될 수 있습니다." (법정 스님)

---

4   신홍범, 『데레사』, 두레, 1997, 96쪽.

2단계 - 죽음 준비: 어떻게 할 것인가

우리는 태어난 순간부터 죽음과 함께 살게 되고,
죽음의 순간 삶을 마감하는 것이므로,
삶을 아름답게 마무리하기 위해서는
죽음을 정확하게 이해하고 철저하게 준비해야 한다.
죽음 준비, 일상의 삶에서 꾸준히 실천하는 수밖에 없다.

죽음 준비의 구체적 방법이 있다.
만일 갑자기 죽음이 찾아오면, 죽을 준비가 되었는지,
떠날 준비가 되었는지, 매일 자신에게 물어보는 것이다.

스티브 잡스는 17살 때 이런 경구를 읽은 적이 있다.
"매일 마지막 날처럼 산다면, 언젠가 의인이 되어 있을 것이다."
그는 이후 33년간 매일 아침 거울을 보면서 자신에게 물었다.
'오늘이 마지막 날이라면 지금 하려고 하는 일을 할 것인가?'
며칠 연속 'No'라는 답을 얻으면 변화가 필요하다는 걸 알게 된다.

그에게 죽음은 결단을 내릴 때마다 가장 중요한 도구였다.
죽음 앞에선 모두 떨어져나가고 오직 진실로 중요한 것만 남는다.
죽음을 생각하는 것은, 그에게 있어서 무언가 잃을지도
모른다는 두려움에서 벗어나게 하는 최고의 방법이었다.

그러므로 죽음의 진리에 맞게 살아야 한다고 그는 말한다.

"죽음이 어느 때 우리를 찾아오는지 알 수 없다.
죽음이 언제 어디서 우리 이름을 부를지라도
'네' 하고 선뜻 일어설 준비만은 되어 있어야 할 것이다.
육신을 70, 80년 끌고 다니면 부품 교체가 아니라
폐차 처분할 때가 있다. 죽음은 자연스러운 것이다.
육신의 죽음을 끝이라고 보면 막막하게 되지만,
새로운 시작이라고 본다면 어떤 희망이나 기대를 하게 된다."[5]

"죽음은 헌 옷을 버리고 새 옷을 입는 것이다.
죽음이 다가오면 낡은 몸을 버리고 새 몸을 받아야 한다.
죽음이 찾아왔을 때 두려워하지 말고 기뻐해야 한다.
왜냐하면 쓸모없는 낡은 몸을 완전히 이별하고
새롭고 완전한 몸을 받을 것이기 때문이다.
삶은 또 다른 삶으로 이어진다. 죽음은 우리 삶의 일부분.
죽음은 깊은 내면을 경험하는 기회일 뿐이다.
나는 가끔 죽음이 기다려지기도 한다.
매일 기도를 통해 죽음, 중음 과정, 내생을 생각한다.
죽음을 쉽게 받아들이고 그 순간 정말 죽음의 과정을

---

5 MBC 스페셜 「아름다운 마무리」, 2010년 3월 12일.

완전히 이용할 수 있을까 생각하면 흥분된다."[6]

아직 살아 있는 지금 죽음을 받아들이지 않는다면,
삶을 통해, 죽음의 순간에, 죽은 이후에 대가를 치르게 된다.
바로 지금 이 삶에서 죽음을 받아들이지 않을 경우
지금의 삶과 앞으로 다가올 모든 삶은 황폐해지고
우리는 삶을 온전하게, 충분히 살 수 없게 된다.
우리는 죽어야만 하는 우리 자신, 바로 그 상태에 갇히게 된다.

자동차 사고나 질병에 대비하기 위해 누구나 보험에 가입하지만,
또 노년을 대비해 누구나 연금을 준비하지만,
자기 삶을 단숨에 종결짓는 죽음, 지금까지 얼마나 준비했는가?
남의 죽음인 듯이 아무 준비 없이 황망하게 죽어도 되는 것일까?
오늘밤이 지나면 내일이 올 수도 있고 내생來生이 올 수도 있다.
내일과 내생 중 어느 것이 먼저 찾아올까.
내일이 먼저 찾아올지 내생이 먼저 찾아올지 아무도 모른다.

죽음 준비는 삶의 제한된 시간을 보다 의미 있게 영위함으로써
편안히 죽을 수 있도록 준비하는 것이다
따라서 죽음 준비는 죽을 준비가 아니라 바로 삶의 준비.

---

6   KBS, 「다큐 스페셜」, 1998년 5월 3일.

이제 다시 자신에게 물어보자.

어떻게 죽을 것인지……. 웃으면서, 여유 있게 떠날 수 있는가?

죽음이 찾아오더라도, 웃으면서 떠날 수 있도록 준비했는가?

3단계 – 죽음 순간: 어떻게 죽을 것인가

우리는 죽음과 관련해 네 가지를 알 수 있다.

1) 누구나 죽는다.

2) 언제나 죽을 수 있다.

3) 어디서나 죽을 수 있다.

4) 누가, 언제, 어디서, 어떻게 죽을지 아직 정해져 있지 않다.

인간은 죽음 앞에서 누구나 평등하지만

사람이 죽어 가는 마지막 모습은 똑같지 않다.

만약 지금 갑자기 죽는다면 어떻게 죽을 것인지……

웃으면서, 여유 있게 떠날 수 있는가?

죽음이 찾아오더라도, 웃으면서 떠날 수 있도록 준비했는가?

죽음을 정확히 모른 채 갑자기 죽는다면,

얼마나 황망하겠는가? 얼마나 불행하겠는가?

이제 자신에게 물어보자. 어떻게 죽을 것인지……

웃으면서, 여유 있게 떠날 수 있는가?

지금 죽음이 찾아오면, 웃으면서 떠날 수 있게 준비했는가?

어떤 사람이 절망, 두려움으로 죽었다면

그의 삶 역시 불행했다고 말할 수밖에 없지 않을까?

죽음은 절망이라면서 죽는 사람이 얼마나 많은가?
죽음은 두려움 자체라면서 죽는 사람이 얼마나 많은가?
죽음은 아무것도 없는 끝이라며 죽는 사람이 얼마나 많은가?

죽음을 절망이라고 단정하는 것은 바로 자기 자신.
죽음을 두려움이라고 단정하는 것은 바로 자기 자신.
죽음을 아무것도 없는 끝이라 단정하는 것도 바로 자기 자신.
우리 사회에서 죽어 가는 사람의 마지막 모습은 얼마나 불행한가?
죽음의 순간 절망, 두려움, 불안의 감정에 휩싸인 채 죽는 사람은
스스로 불행한 죽음을 자초한 줄 알고 있을까?
불행한 죽음을 자초한 줄 혹시 알게 된다면 얼마나 억울할까?

마지막 죽음의 모습은 사람마다 다르지만 9가지 종류가 있다.
첫 번째 절망과 두려움, 두 번째 부정, 세 번째 분노,
네 번째 슬픔, 다섯 번째 삶의 마무리, 여섯 번째 수용,
일곱 번째 희망, 여덟 번째 마음의 여유, 아홉 번째 밝은 죽음.[7]

아니 리루의 죽음은 그녀의 삶과 마찬가지로 평온했다.
그녀에게 죽음이 다가올 무렵, 정신은 여전히 깨어 있었다.

---

[7] 이 부분은 2부 「생사학의 죽음 이해」의 5장 '죽음 앞의 인간, 우리는 어떻게
죽는가' 참조.

아페 돌제는 가는 곳마다 활기찬 웃음과 기쁨,
어떤 곤란한 상황도 한결 쉽게 만드는 재능을 지녔다.
그는 아니 리루가 죽음에 이르렀다는 말을 듣고 그녀를 찾았다.

"아니 리루! 이제 참된 기개를 보여줄 시간이란다.
스승을 만나 가르침 받았으니 커다란 축복을 받은 것이다.
더구나 수행 역시 제대로 닦는 값진 기회도 만났지.
아니 리루, 이제 해야 할 일은 가르침의 정수,
특히 스승이 죽음의 순간을 위해 제시한 지침을
지속적으로 마음에 유지하는 것뿐이란다.
그대 마음에 조금도 흩어짐이 없게 해라.
우리는 잘 지낼 거야. 그러니, 잘 가거라."[8]

죽음 앞에서 인간은 누구나 평등하건만
죽는 모습만큼 차이 나는 게 또 어디 있는가?
마지막 죽음의 모습은 그 사람의 전부를
조금의 거짓도 없이 있는 그대로 보여준다.
죽음은 삶의 모습을 있는 그대로 비추어주는 거울.

자, 이제 죽음이 찾아왔습니다.

---

8   소걀 린포체, 『티벳의 지혜』, 372~374쪽.

나의 죽음은, 어떤 모습입니까?

서산대사 게송
"올 때는 흰구름 더불어 왔고
갈 때는 밝은 달 따라서 갔네
오고 가는 한 주인은
마침내 어느 곳에 있는고."

4단계 - 죽음 이후: 나는 어디 있는가

육신이 호흡과 심장박동을 멈추면,

영혼은 3일 반에 걸쳐 육신으로부터 분리된다.

이제 나는 누구인지, 나는 어디에 있는지 자신에게 물어보자.

누구든지 자기 자신의 존재를 당연히 전제하고 살아간다.

그렇다면 도대체 내가 누구인가?

과연 나라고 부를 것이 도대체 어디에 있는가?

죽어 가는 육신이 자기 자신인가?

육신에서 분리된 영혼이 자기 자신인가?

나는 과연 어디에 있는가?

"죽은 뒤에 몸뚱이가 화장되면 재가 되고,

땅에 묻으면 다시 흙으로 돌아갑니다.

중생들은 죽은 뒤에도 평소 쓰던 육신에 집착하게 됩니다.

그러나 영혼은 육신과 함께 죽는 게 아닙니다.

마음은 참다운 생명입니다.

몸은 거품같이 한동안 인연 따라 모였다가

인연이 다하면 흩어지게 됩니다.

육신도 지수화풍 4가지가 모여 형상을 이루었다가

인연이 다하면 몸은 사라지게 마련입니다."[9]

누구든지 자기 자신을 당연히 전제하고 살아가지만,

과연 내가 누구인가? 도대체 내가 누구인가?

내가 누구인지 알고 있는가? 육신이 바로 자신인가?

죽어 화장한 뒤 육신이 자신이라고 말할 수 있는가?

내가 있다면, 화장하고 난 뒤에도 나라고 부를 수 있어야 한다.

우리가 알고 있는 어떤 것이든지 죽음과 함께 사라진다.

우리가 알고 있는 것 중 화장한 뒤 변함없이 유지되는 것은 없다.

그렇다면 도대체 내가 누구인가? 과연 무슨 답을 할 수 있는가?

육신에서 분리된 영혼이 바로 자기 자신인가?

아직 살아 있는 지금, 그 영혼의 존재를 실감하고 있는가?

영혼을 실감 못하면서 어떻게 영혼이 자기라고 말할 수 있는가?

자기가 누구인지 모르면서 자기 존재를 전제로 살아가는 중생,

자기 존재를 전제로 살아가는 삶, 이보다 더 어리석을 수 있을까?

제대로 살지 못하고 편안하게 떠나지 못하는 이유가 있다.

자기가 누구인지 아무것도 모른 채 살다가 죽어가기 때문.

부모미생전父母未生前 본래면목本來面目,

부모가 태어나기 전 나는 어디 있었는가?

---

9   청화, 『영가천도법어』, 광륜출판사, 2009, 32쪽.

태어나기 전 자신의 본래 모습은 무엇인가?

태어나기 이전 우리는 어디에 있었는가?

죽어 화장한 뒤 우리는 어디에 있을까?

자기가 있다고 생각해 삶에 애착을 두고 죽음을 두려워하는 것.

나라고 부를 것이 없다면, 죽음을 두려워할 이유가 어디 있는가?

나라고 부를 것이 없다면, 삶에 애착할 이유 또 어디 있겠는가?

나라고 부를 것이 없다면, 또한 죽음을 두려워할 이유가 없다면,

지금 있는 그대로 마음의 평화가 흔들릴 이유 또한 없다.

자기로 여기는 것이 있으므로, 죽음이 두렵고 삶에 애착하는 것.

자기 마음에 채워야 할 것, 내 존재로 여겨야 할 것은 없다.

우리 마음은 저 푸른 하늘처럼 텅 비워 두면 된다.

죽은 뒤에 우리는 빛의 존재를 만나게 된다.

빛의 존재에게서 평온함과 사랑을 받는다.

빛의 존재는 두 가지 질문을 던진다.

첫째, 어떤 삶을 살았는가?

당신은 삶에서 영혼이 얼마나 성숙했는가?

둘째, 죽어 가는 순간 마음의 상태가 어떠한가?

당신은 죽음을 얼마나 평온하게 맞이했는가?

이런 질문과 함께 영상처럼 떠오르는 내 삶의 모습을

티벳

빛의 존재와 함께 보게 되면 삶에 대한 평가는 저절로 내려진다.
빛의 존재는 우리의 삶의 모습 하나하나를 이미 알고 있다.
태어나기 이전과 죽은 이후 영혼이 얼마나 성숙했는지 비교하면
우리 삶이 있는 그대로 평가받게 된다.
우리가 태어난 이유는 삶의 과정 속에서
영혼을 보다 성숙시키기 위함이었기 때문.

우리는 세속적 성공과 출세를 위해 온 힘을 기울이지만,
빛의 존재는 세속적인 일에 전혀 관심 없다.

우리가 세상에 태어난 이유도 여기에 있지 않다.

세속적인 일에만 모든 능력을 쏟는 것은 바람직하지 않다.

마음에 지혜 광명을 회복시키는 일이 훨씬 중요하다.

삶과 죽음을 초월한 영혼의 지혜를 갖추는 일이야말로

빛의 존재가 유일하게 관심을 갖는 일이고,

우리가 이 세상에서 해야 할 일.

죽음은 자기 삶을 있는 그대로 비추어주는 거울.

죽음의 순간, 자기가 살았던 삶을 어느 것 하나 감출 수 없다.

죽음 통해 자기의 존재 가치, 영혼의 성숙 여부가 드러나게 된다.

살아 있는 지금, 이 질문에 맞추어 죽음 준비하는 것이 필요하다.

두 가지 질문은 우리 삶의 질과 죽음의 질을 판정하는 기준.

두 가지 질문 도외시한 채 세속적인 성취와 출세만을 도모하면

빛의 존재가 던지는 질문 앞에서 할 말이 없게 된다.

우리 사회에 불행한 죽음이 양산되는 이유도 바로 여기에 있다.

5단계 - 의미 있는 삶, 아름다운 마무리

죽은 뒤 육신의 굴레에서 벗어나게 된 영혼의 지각능력은
살아 있을 때에 비해 아홉 배나 강화된다.
그러므로 자기 영혼이 얼마나 성숙되었는지,
자기 마음이 얼마나 밝아졌는지도 분명하게 드러나게 된다.
죽음을 준비하면 삶과 죽음에 희망이 아직 남아 있지만,
삶에서 마음을 닦고 사랑을 실천해 지혜가 밝아지지 않으면
또한 죽음을 충분히 공부하고 대비하지 않았다면
죽은 뒤에도 여전히 이 세상에 집착해 떠날 줄 모르게 된다.

우리는 마치 죽음이 문제인 듯이 말하지만
죽음이 아니라, 죽음을 바라보는 우리의 시선이 문제일 뿐!
죽음을 절망, 두려움, 아무것도 없는 끝이라고
섣부르게 단정하는 우리의 어리석음이 문제!

죽음이 던지는 근본 메시지는
죽음을 준비한다면 삶과 죽음에 커다란 희망이 아직 남아 있다는 것,
죽음을 철저히 준비하고 수행을 하고 사랑을 나눈 사람에게
죽음은 패배가 아니라 승리, 삶의 가장 영광스러운 성취의 순간.

살아생전에 마음의 눈을 밝히지 못했다면

죽음의 과정과 죽음 이후에 혹독한 대가를 치르게 된다.
살아생전에 죽음을 충분히 준비해 바르게 이해했다면
죽음 이후 영혼은 쉴 곳을 자연히 찾아 떠날 수 있겠지만,
그렇지 못하면 영혼은 갈 곳을 잃은 채 방황하게 된다.

바람에 날리는 낙엽이 이리저리 휩쓸려 헤매듯이
죽음 이후 영혼은 자기 삶을 스스로 선택하는 게 아니라
업의 바람에 따라 이리저리 흘러가게 될 따름이므로,
영혼의 성숙 정도에 따라 삶도 선택 당하게 된다.

우리 삶에는 선택과 자유의지가 있지만,
죽음의 세계에는 그런 선택과 자유의지가 없다.
자기에게 알맞은 세계만이 그의 눈에 보일 따름.
자기가 감당할 수 없는 빛, 밝은 세계는 눈에 보이지 않으므로
그 영혼에게 죽음 이후의 세계는 존재하지 않는 것이나 다름없다.
죽음의 세계만 그런 게 아니라 삶 역시 마찬가지!

자기 마음을 닦고 사랑을 실천해 지혜가 밝아지지 않았다면
또한 죽음을 충분히 공부하고 대비하지 않았다면
죽은 뒤에도 여전히 이 세상에 집착해 떠날 줄 모르게 되고
영혼은 갈 곳을 잃은 채 방황하게 된다.

아름다운 마무리를 준비하기 위해 수행하거나

죽음을 직접·간접으로 체험한 사람은 이전과 크게 바뀌게 된다.

예전엔 죽음에 무관심했고 세속 일에 모든 것을 걸었지만,

이제는 영혼의 성숙, 사랑의 실천에 관심을 기울이게 된다.

세속적 가치와 성공에만 매달릴수록 죽을 때 후회하게 된다.

또한 이전의 삶과는 크게 다른 식으로 삶을 영위한다.

임사체험자들은 죽음에 대한 두려움에서 벗어나게 되고,

죽음이 끝이 아님을 확신하게 된다.

이전보다 훨씬 관대해지고 사랑을 베풀며

영혼이나 영성에 대해 큰 관심을 보이는 등

삶과 죽음을 보는 방식이 이전과는 크게 달라지게 된다.

죽음에 대한 공포와 두려움이 현격하게 줄어들고

죽음을 한층 깊이 받아들이게 된다.

또 사람을 돕는 일에 더욱 많은 관심을 갖게 되고

사랑의 중요성을 좀 더 진지하게 생각하게 되며

물질적 향락을 덜 추구하게 되고

영적인 의미에 대한 확신이 증대된다.

"사람들은 평화롭게 죽기를 바란다.

우리의 삶이 폭력으로 가득 차 있거나

성냄, 집착, 공포 같은 감정으로 크게 혼란스럽다면,

평화롭게 죽을 수 없음 또한 자명한 일이다.

죽음을 평온하게 맞이하려면 올바르게 사는 법을 배워야 한다.

평화로운 죽음을 희망한다면 삶에서 평화를 일구어야 한다."[10]

"아름다운 마무리는 삶에 대해 감사하게 여긴다.

아름다운 마무리는 근원적인 물음, '나는 누구인가' 묻는 것이다.

아름다운 마무리는 내려놓음이다, 비움이다.

아름다운 마무리는 언제든 떠날 채비를 갖춘다.

어느 것에도 얽매이지 않고 순례자의 모습으로 산다.

우리 앞에 놓인 많은 우주의 선물도 감사히 받아쓸 뿐,

언제든 빈손으로 떠날 수 있도록 준비한다.

아름다운 마무리는 낡은 생각, 낡은 습관을 떨쳐버리고

새로운 존재로 거듭나는 것이다.

아름다운 마무리는 끝이 아니라 새로운 시작이다."[11]

---

10   소걀 린포체, 『티벳의 지혜』, 7쪽.

11   법정, 『아름다운 마무리』, 22~26쪽.

참고문헌

경전

『잡아함경』, 대정장 2권

『법구비유경』 대정장 4권

『성경』

단행본

가완디, 김희정 역,『어떻게 죽을 것인가』, 부키, 2016.

각묵,『초기불교의 이해』, 초기불전연구원, 2010.

감산, 오진탁 역,『감산의 장자莊子 풀이』, 서광사, 1990.

구미래,『한국인의 죽음과 사십구재』, 민속원, 2009.

김영우,『영혼의 최면치료』, 나무심는사람, 2002.

김영우,『빙의는 없다』, 전나무숲, 2012.

김진태,『달을 듣는 강물』, 해냄, 1996.

김현아,『죽음을 배우는 시간』, 창비, 2020.

고재욱,『당신이 꽃같이 돌아오면 좋겠다』, 웅진지식하우스, 2020.

국사편찬위원회 편,『상장례, 삶과 죽음의 방정식』, 두산동아, 2005.

디팩 쵸프라, 정경란 역,『죽음 이후의 삶』, 행복우물, 2006.

다찌바나 다카시, 윤대석 역,『임사체험(상)』, 청어람미디어, 2003.

달라이 라마, 심재룡 역,『달라이 라마 자서전』, 정신세계사, 2012.

로저 콜, 주혜경 역,『사랑의 사명』, 판미동, 2011.

박형민,『자살, 차악의 선택』, 이학사, 2010.

서경석,『시대의 증언자, 쁘리모 레비를 찾아서』, 창비, 2006.

송강 시우,『나의 사랑 나의 스승 한산 화엄』, 도반, 2019.

346

신홍범,『마더 데레사: 그 사랑의 생애와 영혼의 메시지』, 두레, 1997.

파드마삼바바 편, 류시화 역,『티벳 사자의 서』, 정신세계사, 1995.

문창용,『다시 태어나도 우리』, 홍익출판사, 2017.

미쉘 마틴, 신기식 역,『까르마파, 나를 생각하세요』, 지영사, 2007.

법정,『아름다운 마무리』, 문학세계, 2008.

____,『한 사람은 모두를, 모두는 한 사람을』, 문학의숲, 2010.

____,『오두막 편지』, 이레, 1999.

____,『무소유』, 범우사. 2010.

불교생명윤리정립위 편,『현대 사회와 불교 생명윤리』, 조계종출판사, 2006.

성철 스님,『자기를 바로 봅시다』, 해인사 출판부, 1987.

셜리 케이건, 박세연 역,『죽음이란 무엇인가』, 엘도라도, 2015.

소걀 린포체, 오진탁 역,『티벳의 지혜』, 민음사, 1999.

_____,『죽음으로부터 배우는 삶의 지혜』, 판미동, 2009.

안동림 역주,『장자莊子』, 현암사, 1993.

안양규,『불교의 생사관과 죽음 교육』, 모시는사람들, 2015.

오오하마 아까라, 임헌규 역,『노자의 철학』, 인간사랑, 1992.

오진탁,『마지막 선물』, 세종서적, 2007.

_____,『자살, 세상에서 가장 불행한 죽음』, 세종서적, 2008.

_____,『삶, 죽음에게 길을 묻다』, 종이거울, 2010.

_____,『자살 예방 해법은 있다 - 죽음 이해가 삶을 바꾼다』, 교보문고, 2013.

_____,『자살 예방의 철학』, 청년사, 2014.

윤영호,『나는 죽음을 이야기하는 의사입니다』, 컬쳐그라퍼, 2012.

이이다 후미히코, 김종문 역,『사는 보람의 창조』, 자유문학사, 2005.

일묵,『초기불교의 윤회 이야기』, 불광출판사, 2019.

조용헌,『방외지사方外之士』1, 정신세계원, 2005.

차길진,『영혼의 X파일 1』, 후암, 2007.

_____,『영혼은 비자가 없다』, 후암, 2007.

청화, 『영가천도법어』, 광륜출판사, 2009.

천진·현현, 『지리산 스님들의 못 말리는 행복 이야기』, 불광출판사, 2010.

칼 베커, 이원호 역, 『죽음의 체험』, 생각하는 백성, 2007.

퀴블러-로스, 박충구 역, 『삶과 죽음에 대한 기억』, 가치창조, 2001.

_____, 최준식 역, 『사후생』, 대화문화아카데미, 2009.

_____, 류시화 역, 『인생수업』, 이레, 2006.

_____, 장혜경 역, 『충만한 삶, 존엄한 죽음』, 갈매나무, 2020.

토마스 브로니쉬, 이재원 옮김, 『자살』, 이끌리오, 2002.

피터 싱어, 장동익 역, 『삶과 죽음』, 철학과 현실, 2003.

허용무 사진·김훈 글, 『원형의 섬, 진도』, 이레, 2001.

헬렌 니어링, 이석태 역, 『아름다운 삶, 사랑, 그리고 마무리』, 보리, 1997.

외국서적

Gary Doore, ed. *What survives?*, Tarcher Putnam Book, 1990.

Kenneth J. Doka ; John D. Morgan, *Death and Spirituality*, Baywood, 1993.

Matthieu Richard, *Journey to Enlightenment the Life and World of Khyentse Rinpoche*, Aperture, 1996.

Shelley Kagan, *Death*, Yale University, 2012.

郭慶藩, 『莊子集釋』, 臺北: 華正書局, 民國 76年.

大濱晧, 『莊子の哲學』, 東京: 勁草書房, 1978.

德清, 『莊子內篇解』, 臺北: 新文豊出版公司, 民國 63年.

陳鼓應, 『莊子今注今譯』, 香港: 中華書局, 1990.

____, 『莊子注譯』, 北京: 中華書局, 1985.

논문

오진탁, 「우리 사회는 죽음을 바르게 이해하고 있는가」, 『대한의사협회지』, 56권 2호, 2013.

_____, 「연명의료결정법에 대한 생사학적 비판」, 『충남대 인문과학연구』, 109호, 2017.

_____, 「불교의 49재, 생사학으로 읽다」, 『충남대 인문과학연구』, 115호, 2019.

정복례, 「우리나라에서 연명의료결정에 관한 법률 적용」, 『경북간호과학지』, 20권 2호, 2016.

정재우, 「의료에 관한 가톨릭 생명윤리의 맥락과 연명의료 결정에 관한 성찰」, 『가톨릭철학』, 2013.

지식협동조합 좋은 나라 주최 세미나, 『죽음을 어떻게 맞이할 것인가?』, 2015.

밝은 죽음을 준비하는 포럼, 『급증하는 자살, 어떻게 할 것인가』, 2004년 10월 29일.

한림대 생사학연구소 편, 『죽음, 어떻게 이해할 것인가』, 한림대출판부, 2014.

한림대 생사학연구소 주최 세미나, 『죽음 정의, 어떻게 할 것인가』, 2013.

언론(신문)

경향신문

법보신문

중앙일보

조선일보

일간스포츠

언론(잡지)

『불교문화』

『월간조선』

다큐

나티 바라츠, 「환생을 찾아서(Unmistaken Child)」, 2009년.

KBS, 「다큐 스페셜」, 1998년 5월 3일.

박기호, 「영매 – 산 자와 죽은 자의 화해」, 2002년.

춘천 MBC, 「자살, 한국 사회를 말하다」 2부작, 2011년 6월.

인터넷자원

http://www.who.int/ncds/management/palliative-care/introduction/en/

유튜브 동영상

"김영우 박사 인터뷰 1부"

"김영우 박사 인터뷰 2부"

"무속인 인터뷰"

"자살시도했던 이우재 부장판사 1부"

"자살시도했던 이우재 부장판사 2부"

"자살예방교육 수강생 의식변화"

"자살자 영혼 친언니에 실렸다"

"자살한 동생 영혼을 몸에 실었던 언니 인터뷰"

"최면치료를 받은 K씨"

"한림대 인터넷 강좌 자살예방의 철학 2013년 1학기 수강했던 대학생 인터뷰"

자료

호스피스·완화의료 및 임종 과정에 있는 환자의 연명의료결정에 관한 법률.

지은이 **오진탁**

한림대학교 철학전공 교수이며, 1997년부터 생사학 강의를 하였다. 한림대에서 '죽으면 다 끝나는지, 죽음을 어떻게 이해해야 하는지' 알고 싶을 때, 혹은 예전에 우울증을 앓았거나, 자살충동을 느꼈거나, 자살을 시도한 적이 있거나, 지금 그런 고민을 하고 있는 학생들에게 인강 '죽음의 철학적 접근'을 수강하라고 공개적으로 말한다. 다음 (Daum) 까페 '한국생사학협회' 〈오진탁의 생사학 이야기〉 폴더에 죽음과 자살에 관한 100가지 이상의 글과 자료를 제시해 놓아서 누구나 접속할 수 있다.

저서로 『마지막 선물-죽음이 가르쳐주는 삶의 지혜』, 『자살예방 해법은 있다』, 『죽음, 삶이 존재하는 방식』, 『자살예방의 철학 – 생명교육과 자살시도자 교육사례』 등 다수가 있고, 번역서로 『티벳의 지혜』, 『죽음으로부터 배우는 삶의 지혜』, 『한글세대를 위한 금강경』, 『능엄경 1, 2』 등 다수가 있다.

죽으면 다 끝나는가?

초판 1쇄 인쇄 2020년 10월 13일 | **초판 1쇄 발행** 2020년 10월 20일
지은이 오진탁 | **펴낸이** 김시열
펴낸곳 도서출판 자유문고

(02832) 서울시 성북구 동소문로 67-1 성심빌딩 3층

전화 (02) 2637-8988 | 팩스 (02) 2676-9759

ISBN 978-89-7030-151-8 03100   값 17,000원

http://cafe.daum.net/jayumungo